KB244094

1318의 S라인 공부법

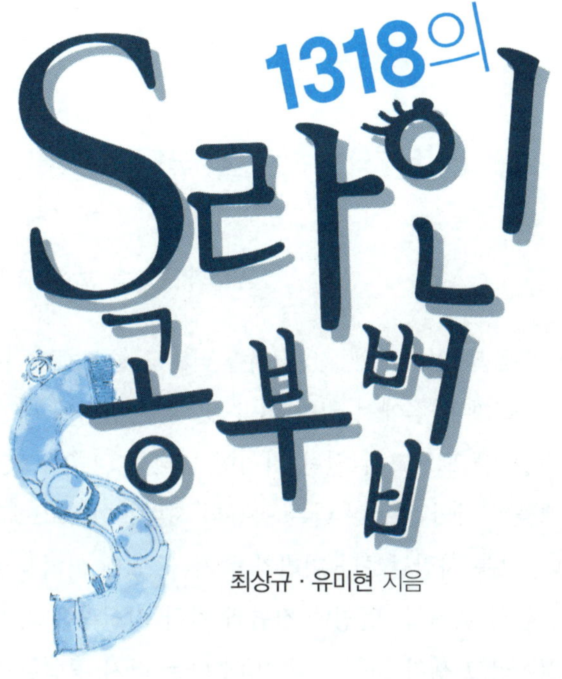

최상규 · 유미현 지음

함께읽는책

들어 가며

선배의 조언

끊임없는 시행착오를 두려워 말라

최다희 서울대학교 언어학과 06학번

자신이 진정 원하는 것이 무엇인지를 남보다 일찍 깨달아라

고등학교 때 서점에서 입시 전략 및 공부 방법에 대한 책을 시간 가는 줄 모르고 읽었던 기억이 난다. 그때는 그런 글을 쓴 선배들이 나와는 전혀 다른 종류의 사람들이라고 생각했던 것 같다. 보통 사람들보다 머리가 좋거나, 원래 어려서부터 공부를 열심히 했거나, 엄청난 집념과 강한 정신력을 가진 사람들일 것이라고 생각했다. 그에 비해 나는 단지 평범한 학생에 불과했기 때문에, 내가 나중에 이런 글을 쓰게 되리라고는 생각하지도 못했다. 지금도 이러한 생각에는 변함없으며, 단지 여러분보다 몇 년 더 일찍 고등학교 시절을 보낸 선배로서 내 경험을 공유하고자 한다.

대학교와 입시라는 문제가 나에게 직접적인 문제로 다가오게 된 것은 중학교 3학년 말이었다. 그 전까지는 막연히 공부는 내가 해야 할 일들 중의 하나였을 뿐, 진로와 공부를 연결지어서 진지하게 생각해 보지는 못했다. 그런데 중학교 3학년 2학기가 되자, 가깝게 지내던 친구들은 벌써 자신의 미래에 대해 확고한 생각을 가지고 있었고, 특목고를 갈 것인지 일반고를 갈 것인지, 혹은 이과 또는 문과를 선택할 것인지를 벌써 정해두고 있었다. 물론 이렇게 일찍부터 자신의 길을 결정해 둔 친구들도 불안한 마음은 어느 정도 있었겠지만, 아무 생각도 하지 않고 있었던 나는 매우 혼란스러웠다. 만약 그때 내가 정말 무엇을 하고 싶고, 무엇을 잘 할 수 있는지에 대한 생각이 확고했다면, 그 후 고등학교 생활이 훨씬 더 수월했을 것이다. 나는 고 1 때 주변 사람들이 만류했음에도 불구하고 이과를 선택했다가 나중에서야 수리적인 능력이 부족한 현실을 깨닫고 문과로 전향했던 뼈아픈 기억이 있다. 결정을 빨리 내린다고 해서 무조건 좋은 것은 아니지만, 자신이 진정 원하는 것, 되고 싶은 것이 무엇인지를 남보다 일찍 알면 입시에서 반은 성공한 것이라고 생각한다.

고등학교에 입학하면, 틀에 박힌 고된 생활 패턴이 반 강제적으로 형성된다. 아침 6시 기상, 7시 등교, 정규 수업 후 이어지는 야간 자율학습, 10시 하교……. 이런 생활 습관에 적응하는 것도 대단히 힘든 일이다. 그런데 많은 학생들이 잠을 얼마나 자야 하는가를 매우 중요한 문제라고 생각하고 잠을 줄이려고 한다. 나도 한때는 그랬다. 게다가 나는 원래 잠이 많은 체질이라 하루에 8시간 이상 자야지 피곤하지 않았다. 그런데 고등학교에 들어오면서 공부량이 너무 많아지자 수면 시간을 하루에 5시간으로 줄여봤는데, 오히려 집중력이 떨어져서 공부가 잘 안 되었고 수업시간에는 자주 졸게 되었다. 8시간까지는 아니더라도 피곤하지 않을 정도의 충분한 수면은 반드시 필요하며, 몇 시간 자느냐 하는 것보다 중요한 것은 깨어 있는 시간을 어떻게 활용하는가 하는 것이다.

내가 보아 온 공부 잘하는 친구들은 시간관리를 철저하게 잘 했다. 그날 자기에게 주어진 시간, 즉 학교 수업시간이나 학원 수강시간을 제외한 시간을 효율적으로 활용했다. 그 친구들이 어떻게 계획을 세웠는지는 모르지만, 선생님께서 갑작스럽게 자율학습 시간을 주실 때, 곧바로 각자 해야 하는 공부에 착수하는 것을 볼 수 있었다. 나는 계획의 중요성을 알게 된 뒤 매일 아침에 그날 공부해야 할 과목과 분량을 메모해 두었다.

선행학습을 언제, 그리고 또 얼마나 해야 하는가도 고민스러운 문제이다. 사람에 따라서 선행학습이 도움이 되기도, 그렇지 않기도 하겠지만, 나는 같은 조건이라면 선행학습을 하는 것이 더 유리하다고 생각한다. 그런데 선행학습이 도움이 안 되는 경우는 제대로, 정확하게 배우지 않았을 때인 것 같다. 학원이나 과외수업에서 상위 학년의 내용을 배울 때, 잘 이해를 못했더라도 나중에 또 배울 것이기 때문에 대충 넘어가는 경우가 많다. 그런데 막상 학교에서 다시 그 부분을 배우게 될 때는, 예전에 한 번 들어보았던 내용이라서 자세히 듣지 않고도 자기가 알고 있다고 착각하기 쉽다. 개념도 친숙하고,

예시 문제도 낯설지 않기 때문이다. 그러나 몇 번 들어봤고 대충 알고 있다는 것만으로는 시험문제를 잘 풀 수 없다. 정작 시험에서 묻는 것은 그 내용을 정확히, 그리고 빈틈없이 이해하고 있는지를 판가름하기 위한 것이고, 이것은 선행학습을 했느냐의 여부와는 상관없이 지금까지 배운 것을 확실하게 알고 있어야만 풀 수 있다. 내가 과외로 학생들을 가르치면서 선행학습을 많이 한 학생을 만나보며 느낀 것은, 그 학생은 보기에는 이해를 잘 하는 것 같고 쉬운 문제들은 곧잘 풀어내지만, 실제로는 완전하게 이해하고 있지는 않다는 점이었다. 결론은, 선행학습은 하면 할수록 좋지만, 단 그 내용을 직접 설명할 수 있을 정도로 자기 것으로 완전히 소화시킨다는 것을 전제로 할 때 효과를 발휘할 것이다.

누구나 여러 과목들 중에서 자신이 선호하는 과목은 하나씩 있을 것이다. 내가 가장 자신 있었던 과목은 영어였다. 잘하는 과목은 좀 소홀해지기가 쉬운데, 나는 학교 성적이 좋은 것에 만족하지 않고 좀더 욕심을 내서 공부했던 것이 영어가 내 주 과목이자 특기(?)가 되는 데 큰 도움이 되었다고 생각한다. 나는 2학기 수시모집에서 영어 특기자 전형으로 서울대학교에 지원하였다.

공부 방법보다도 중요한 것은 공부하려는 의지와 자신감

나는 영어를 공부할 때 중요한 것이 단어와 문법이라고 생각한다. 독해와 듣기가 대부분을 차지한다고 생각하는 사람들도 많은데 물론 영어 공부에 일정한 법칙은 없으니 어떤 사람들에게는 그 방식이 더 효과적일 수 있다. 그러나 나의 경우에는 단어와 문법 공부를 선행했고, 이들이 기반이 되어서 독해와 듣기 실력을 쌓을 수 있었다.

단어를 외울 때는 어원을 생각해 보거나, 한 단어 안에 뜻을 지닌 부분들로 나누어 보면서 외우면 더 쉽게 외워졌다. 예를 들어 'disrespectful' 이라는 단어를 보면, 'dis–' 는 반대의 의미를 가지고 'respect' 는 '존경하다' 의 의미, '–ful' 은 형용사를 만드는 어미이므로, 이 단어는 '존경하지 않는' 혹은 '무례한' 이라는 뜻을 가진다는 것을 알 수 있다. 그리고 단어들 간의 연관성을 생각하면서 외우는 것도 도움이 된다. 나는 동의어와 유의어를 정리해 두었고, 비슷하지만 뜻이 다른 단어들도 구별하면서 외웠다. 예를 들어 'healthy' 와 'healthful' 은 의미가 비슷하지만 쓰임이 다르고, 'invaluable' 과 'valueless' 는 정반대의 의미이다.

문법을 배울 때는 문법을 위한 문법이 아니라, 독해를 정확히 하기 위해서 배운다는 점을 명확히 해 두어야 한다. 그렇지 않으면 문법 문제는 잘 풀면서도, 책을 읽을 때 문장이 좀 길어지면 해석을 못하는 경우가 있다. 내가 수능시험을 볼 당시에는 문법 문제가 세세한 부분보다는 핵심적인 내용을 물어보는 경향이 많았기 때문에 문법책을 볼 때 큰 흐름을 잡는다는 생각으로 공부했다. 그리고 독해를 할 때 잘 이해되지 않는 문장은 여러 번 읽어보면서 문장 구조를 파악하고 넘어갔다. 필요하다고 생각되면 그 문장을 노트에 적어 두었다가 문법책을 참고하거나 선생님께 여쭈어 보기도 했다. 시험을 볼 때는 당연히 속도가 중요하지만, 연습에서는 단순히 문제를 풀기보다는 지문의 내용을 완전하게 이해하는 데 초점을 두었다.

이제까지 내가 이야기한 것은 처음에도 말했지만 한 선배의 경험담에 불과하다. 나도 중 · 고등학교 시절, 공부 잘하는 친구들을 관찰하면서 그들의 특별한 방법을 배우려고 하였다. 그런데 공부 방법보다도 중요한 것은 공부하려는 의지와 자신감이 아닌가 싶다. 이러한 자신감이 있다면 누가 공부 방법을 가르쳐주지 않더라도, 그리고 처음에는 비효율적인 공부 방법을 가지고 있더라도 여러 차례 시행착오를 겪으면서 결국에는 자신만의 노하우가 생길 것이다. 그리고 자신이 얻은 노하우가 자기에게 가장 효과적일 것이다. 나도 지능지수는 평균인 평범한 학생이었다는 사실을 다시 상기하며, 여러분도 누구보다도 자신을 믿고 한 걸음씩 성취해 나가는 기쁨을 누리기를 바란다.

2007년 10월 관악 캠퍼스에서

선생님 말씀

공부는 왜 하는 걸까?

유미현 선생님

달인은 자신의 일의 의미를 발견함으로써 시작된다

초등학교 때부터 "공부해라, 공부해라"라는 말을 귀에 못이 박힐 정도로 들어왔을 거야. '공부는 원래 그냥 열심히 해야 하는 건가 보다.'라고 생각하면서 무작정 공부한 사람들도 많을 텐데…….

어느 날 갑자기 '공부는 왜 해야 하는 거지?' 이런 의문이 생긴 적은 없는지?

'포레스트 검프'라는 영화를 보면 주인공인 포레스트 검프가 무작정 달리니까 그 뒤로 많은 사람들이 같이 달리는 장면이 나와. 어디를 향해 달리는지 그리고 왜 달리는지도 생각해 보지 못한 채 무작정 달리는 모습이 조금은 우스꽝스러웠던 기억이 나.

지금 우리의 모습이 그렇지 않을까 싶어. 공부를 하긴 하지만 왜 하는지 모르면서 무작정 하고 있지나 않니? 누구나 다 공부를 잘할 수는 없을 거야. 그것은 사람마다 타고난 재능이 다르기 때문일 거야. 어떤 사람은 노래를 잘 부르는 재능이 있고, 또 어떤 사람은 그림을 잘 그리는 재능이 있지. 또 어떤 사람은 아이들을 좋아하고 잘 돌보는 재능이 있고, 어떤 사람은 기계를 잘 다루고 무언가를 잘 만들어내는 재능이 있지. 자신만의 재능을 발견해서 조금이라도 빨리 그 재능을 계발하는 것이 정말 중요해. 어떤 사람은 남들보다 조금 더 공부를 잘할 수 있는 재능을 갖고 있기도 하고……. 이러한 재능이 있는데도 그것을 계발하지 않는 학생들이 많아. 공부를 잘할 수 있는 능력을 갖고 있는데도 노력하지 않아서 공부를 못하는 학생들을 보게 되는데 참 안타깝더라구.

공부를 잘하는 것은 직업 선택의 폭을 넓혀주지. 공부를 못하면 자신이 꼭 이루고 싶은 꿈을 접어야 하는 경우가 생긴단다. 예를 들어, 공부를 못하면 의사가 될 수 없고, 멋진 비행기 조종사도 될 수 없어. 법원에서 근엄한 법복을 입고 판결을 내리는 판사도 될 수 없고…….

많은 직업이 공부와 밀접한 관계가 있어. 특히 자격증과 관련된 전문직들은 굉장히 어려운 시험을 거쳐야만 해. 공부를 못하면 그 꿈을 이루는 것은 정말 불가능하다고 할 수 있어.

철저한 자기관리 기술이 공부달인을 완성한다

어떤 분야의 달인이 된다는 것, 특별히 공부의 달인이 되는 것은 쉽지 않은 일이지. 달인이란 그 분야에 통달한 사람, 이

치에 정통한 사람이라고 할 수 있어. 공부의 달인이란 바로 공부를 하는 데 있어서 나름대로의 일가견을 가지고 그 방법에 통달한 사람이 아닐까 싶어. 요즘 각종 분야의 달인을 소개하는 TV 프로그램이 방송되고 있는데 그들을 보면 어떤 공통점을 발견할 수 있어. 그것은 자신이 하는 일에 대단한 자부심을 갖고 있다는 거야. 자신이 하는 일을 정말 좋아하고 자신만의 의미를 발견한 거지.

공부의 달인도 이와 마찬가지라고 생각해. 공부를 좋아하고 공부를 하는 자신만의 의미를 발견하는 것……. 공부의 달인은 공부 방법만 잘 아는 사람이 아니라 공부를 잘하기 위해 꼭 필요한 자기관리 기술도 뒷받침이 되는 사람이지. 공부를 잘하려면 시간관리를 비롯한 자기관리도 철저해야 하거든.

이 책에서는 공부 방법과 자기관리 기술, 게다가 인간관계 기술까지 다루고 있어. 다시 말해 공부의 달인이 꼭 갖추어야 할 모든 것을 가르쳐 주고 있지.

이 책은 공부를 잘 하는 구체적인 방법뿐만 아니라 공부를 잘하는 데 기초가 되는 부분까지 하나하나 친절하게 안내해 주는 종합 안내서 같다고나 할까?

이 책을 통해서 어떻게 하면 공부를 잘할 수 있는지, 상급학교 진학 준비는 어떻게 할 수 있는지, 더 나아가 자신에게 맞는 직업을 선택하는 것까지도 도와주려고 해. 여러분 모두가 공부의 달인으로 거듭나기를 바라면서…….

2007년 10월 서울대에서

스승님 말씀

학창시절은 큰 꿈을 갖고 차근히 미래를 준비하는 데 힘써야 할 황금 같은 때

최상규 선생님

무더위가 지나고 서늘한 가을 바람이 아침 저녁으로 불어댑니다. 게으름을 유혹하는 기분 좋은 가을입니다. 우리 모두 아침밥을 뜨는 둥 마는 둥 허둥지둥 새벽에 등교해서 예쁜 꽃들의 합창을 돌아볼 겨를도 없이 학교에서 바쁜 일정을 보낸 후 하고 싶은 운동도, 게임도, 보고 싶은 TV 프로도 뒤로 미루고 학원으로, 독서실로 정신 없이 바쁘게 지내고 있습니다.

무엇 때문에 이렇게 바빠야 하는 것일까요?
무엇 때문에 공부를 하는 것일까요?
행복을 누리기 위해서일 겁니다. 그럼 행복은 무엇일까요?

남의 간섭을 피하고 자유스러운 가운데 내가 하고 싶은 일을 맘껏 하는 것, 조물주가 주신 나의 잠재능력을 최대로 꽃피우는 일, 건강한 것, 막강한 권력을 휘두르는 것, 많은 재물을 모으는 것, 끝없이 재미있는 것을 찾아 즐기는 것 등 행복은 각자가 가치 있다고 생각하는 모든 것을 획득한 상태가 될 수 있겠죠.

그럼 구체적으로 우리 삶에서 느끼는 진정한 행복은 과연 어떠한 것일까요?

공부는 후회 없는 삶을 위한 첫 걸음

학생시절에 읽었던 『적과 흑』의 작가 스탕달의 묘비가 생각납니다. 스탕달은 생전에 자기 묘비에 '썼노라, 사랑했노라, 살았노라' 라고 써달라고 했습니다. 스탕달은 작가이므로 많은 작품을 썼습니다. 또한 외교관이었으므로 여러 나라에서 외교관 생활을 하면서 많은 여성과 달콤한 로맨스를 남겼습니다. 따라서, 묘비명 중 앞의 두 가지는 쉽게 이해가 되었습니다만 마지막의 '살았노라' 가 이해가 되지 않았습니다. 살지 않고 죽은 사람이 어디 있을까요?

나는 '살았노라' 를 '후회 없이 살았노라', '열심히 살았노라', '보람 있게 살았노라' 라고 해석했던 기억이 납니다. 열심히 사는 것은 정말 아름다운 일입니다만, 단지 열심히 산다고 행복하게 될까요?

주위에서 열심히 사는 많은 사람들을 봅니다. 이 중에는 성공한 사람도 많지만, 그렇지 못한 사람도 그에 못지 않게 많이 봅니다. 이런 차이는 자기 적성과 능력에 꼭 맞는 일에서 열심히 하느냐에 달려 있다고 생각합니다. 적성과 능력에 꼭 맞는 일을 열심히 할 때의 성과는 그렇지 않을 때와 비교해서 차이가 매우 큽니다.

여러분이 큰 뜻을 품고 굳은 다짐을 하며 학교에 입학한 지도 벌써 많은 시간이 지났습니다. 어느 한 순간 한 순간 행복을 준비하기 위하여 중요하지 않은 때가 없지만 지금 이 시간은 그 어느 때보다 더 중요합니다. 6년 동안의 중 · 고등학교 시절은 20대, 50대, 70대의 6년과 물리적으로는 같은 시간이지만 변화의 가능성과 파급 효과로 볼 때는 엄청난 차이가 있기 때문입니다.

저는 오랫동안 학교에 근무하면서 많은 걸 느꼈습니다. 모든 학생이 귀하고 사랑스러운데 중 · 고등학교 시절에 조금 공부를 게을리 하여 사랑하는 가족과 멀리 떨어져서 대학에 다니는 경우를 보면 얼마나 마음이 안타까운지 모릅니다. 또한 많은 학생들이 점수에 맞추어 진학을 하다 보니까 흥미나 적성에 전혀 맞지 않는 대학에 들어가 1~2년 후에 자퇴하고 재수하는 경우도 많이 봅니다. 4년 후 다시 다른 대학에 편입하거나 재입학하는 학생도 많습니다. 이 모두 국가적으로나 개인적으로나 한 가정의 입장에서나 얼마나 큰 낭비입니까? 또 그간 학생이나 부모님의 마음고생과 경제적 어려움은 얼마나 큽니까? 열심히 공부한 결과, 실력을 갖추어 자기가 원하는 학교 중 제일 좋은 곳을 골라서 선택하여 가는 것과 비할 수 있을까요?

학생의 하루 중 대부분을 책임지고 40년 가까이 교단에 선 입장에서 마음이 매우 무겁습니다. 어린 시절의 티 없이 맑고 초롱초롱한 눈빛이 내내 빛나야 할 터인데…….

학교생활을 마치고 정든 교정을 떠날 때, 후회 없이 교문을 나설 수 있도록!!

여러분의 삶이 내내 행복해지도록!!

학창시절은 큰 꿈을 품고 차근히 미래를 준비하는 데 힘써야 할 황금 같은 때입니다.

이 책은 학생들의 맑은 웃음과 초롱초롱한 눈빛을 소중히 아끼는 30대의 젊은 선생님과 60대의 교장선생님이 의기투합하여 발행하게 되었습니다. 그간 조금씩 메모했던 우리의 경험과 동료 교사의 조언, 공부 잘하는 학생들의 공부 방법 및 습관의 최대공약수를 추출하여, 이를 토대로 구체적인 공부 방법을 정리해 보았습니다.

한 구절이나마 여러분의 마음에 새겨져 인생행로에 도움이 되기를 바랍니다.

2007년 10월 교정에서

Contents **1318의 S라인 공부법**

Smile 준비

공부달인을 향한 워밍업 • 20

Line 01 자기 주도적 학습을 하는 학생이 성공한다 • 23
Line 02 나의 기초선을 먼저 파악하자 • 33

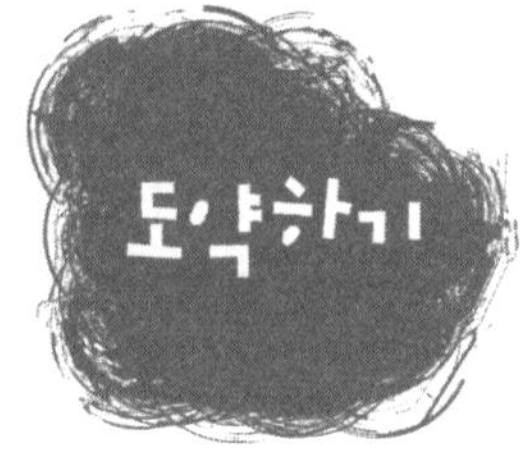

Study 출발

공부달인을 향한 기본기술 다지기 • 66

Line 03 달인이 말하는 과목별 공부 방법 • 69
Line 04 달인의 시험 대비 기술 • 107
Line 05 달인의 공부 잘하는 기본기술 • 141
Line 06 공부 잘하는 자녀 만들기 프로젝트 • 181

자기관리를 통한 공부달인 굳히기 • 196

Line 07 인간관계의 달인 되기 • 199
Line 08 시간관리의 달인 되기 • 233
Line 09 건강관리의 달인 되기 • 261

부록

목적 있는 공부

진로 탐구 • 274

Line 10 진로 탐구 • 277

에필로그 • 314

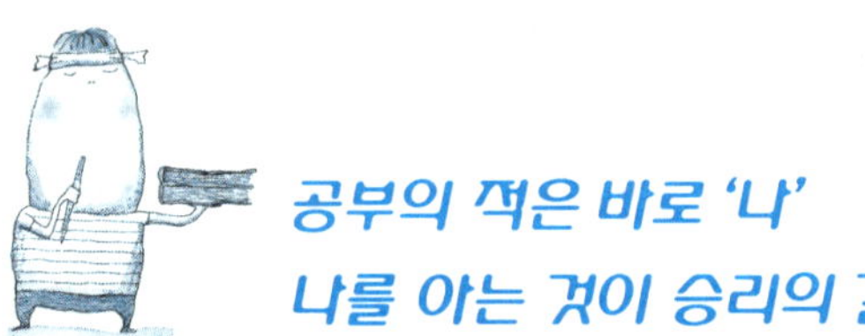

공부의 적은 바로 '나'
나를 아는 것이 승리의 길

Line 1 자기 주도적 학습을 하는 학생이 성공한다

Line 2 나의 기초선을 먼저 파악하자

공부달인을 향한 워밍업

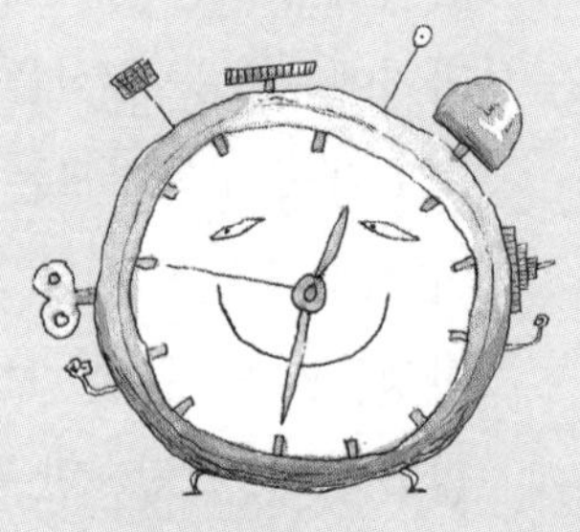

공부의 노예가 될 것인가? 공부의 지배자가 될 것인가!

자기 주도적 학습을 하는 학생이 성공한다

1 자기 주도적 학습은 평생의 자산

몇 년 전만 해도 대학 입시에서 수석을 차지한 학생들이 인터뷰에서 하나같이 하는 얘기가 있다면 "과외는 받지 않고 교과서 위주로 혼자서 공부했어요."라는 말이야. 요즘은 수능시험의 원점수가 공개되지 않으므로 수석의 의미가 없어졌지만 과거에는 수능 수석을 차지한 학생들의 인터뷰가 당장 기사로 보도되고 그 학부모는 자녀를 어떻게 교육했는지도 꽤 오랫동안 화제가 되곤 했지. 과외도 받지 않고 혼자 공부했다는 수석 학생들의 인터뷰를 보면서 속으로 의아하게 생각하는 사람이 많을 거야. 그렇지만 각 학교에서 전교 1등을 차지하는 학생들 중에는 실제로 과외를 받은 적이 없는 학생들이 상당히 많아. 이런 학생들이 공부 잘하는 비결은 바로 '자기 주도적 학습'에 있어. 어쩌면 공부의 달인으로 가는 첫 번째 비결 역시 '자기 주도적 학습'이라고 말할 수 있을 거야.

자기 주도적 학습이란 말 그 자체로 자기가 학습의 주체가 되어 공부하는 것이지. 일단 공부를 시작할 때에는 스스로의 동기에 의해 시작하고……. 공부의 목표를 세울 때에도 남이 세우는 것이 아닌 자기 스스로 세우고, 공부를 할 때도 스스로의 계획에 의해 스스로 실천해. 또한 공부한 것을 평가할 때도 자기 스스로 하는 것이지. 공부한 것을 평가하고 자신의 공부 계획을 수정하고 다시 새롭게 계획하고……. 한 마디로 자기 스스로 학습을 계획하고 실천해 나가는 것이 자기 주도적 학습이라고 할 수 있어.

“자기 주도적 학습이란, 스스로의 동기에 의해 시작하고, 스스로의 계획에 의해 목표를 세우고 스스로 실천하는 거야.”

부모님의 잔소리에 떠밀리다시피 공부하는 사람들은 자기 주도적 학습과 거리가 먼 사람들이야. 부모님이 공부하라고 하니까 어쩔 수 없이 공부를 하게 되면 공부는 더 이상 자신의 공부가 아닌 부모님의 공부가 되고 말아. 그때부터 날마다 공부의 노예가 되어 공부에 치여서 공부에 끌려다니고, 이제 공부는 너무 혐오스럽고 두렵기까지 한 대상이 되어 버리지. 학원이나 과외에 지나치게 의존하는 사람들에게는 자기 주도적 학습능력이 키워질 리 만무해. 학원에서 가르쳐주는 것에만 의존하고, 과거에 자주 출제되었던 문제 위주로 얕게 공부를 하다 보니 스스로 공부하는 능력을 키울 기회를 갖지 못하게 되는 것이지. 문제는 공부의 노예가 될 것인가? 공부를 지배할 것인가? 하는 데 있는 거야.

공부를 지배한다는 것은 곧 자기 주도적 학습을 한다는 거야. 그럼 어떻게 하면 자기 주도적 학습 능력을 키울 수 있을까? 우선은 공부를 하는 주체가 바로 ‘나’라는 것을 인식해야 해. 내가 공부를 계획하고 내가 공부를 하고 내가 한 공부 결과에 내가 책임을 져야 하는 것이지. 그리고 어떻게 하면 효과적으로 공부할 수 있는지 그 방법에 대해 고민해야겠지. 자신이 지금까지 해온 공부 방법이 문제가 있는지 없는지 생각조차 해보지 않은 사람들이 많을 거야. 반성 없이는 발전도 없단다. 열심히 공부하는데도 성적이 오르지 않는다면 그것은 분명 자신의 공부 방법에 문제가 있다는 것을 뜻해. 예를 들어,

이해하지 않고 무조건 외우는 식으로 공부하는 사람이 있어. 이해하지 않으면 기억에도 오래 남지 않는 법이야. 자신의 공부 방법에 문제가 있다면 과감히 고쳐 나가야 해.

다음은 자신의 자기 주도적 학습 능력을 간단히 점검해 볼 수 있는 문항이야. 자신에게 해당하는 내용을 O, X로 솔직하게 답해 봐.

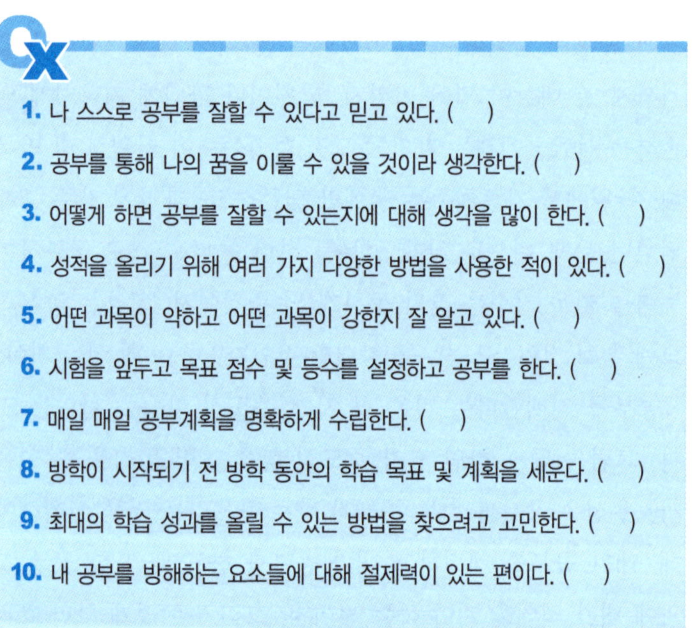

1. 나 스스로 공부를 잘할 수 있다고 믿고 있다. ( )
2. 공부를 통해 나의 꿈을 이룰 수 있을 것이라 생각한다. ( )
3. 어떻게 하면 공부를 잘할 수 있는지에 대해 생각을 많이 한다. ( )
4. 성적을 올리기 위해 여러 가지 다양한 방법을 사용한 적이 있다. ( )
5. 어떤 과목이 약하고 어떤 과목이 강한지 잘 알고 있다. ( )
6. 시험을 앞두고 목표 점수 및 등수를 설정하고 공부를 한다. ( )
7. 매일 매일 공부계획을 명확하게 수립한다. ( )
8. 방학이 시작되기 전 방학 동안의 학습 목표 및 계획을 세운다. ( )
9. 최대의 학습 성과를 올릴 수 있는 방법을 찾으려고 고민한다. ( )
10. 내 공부를 방해하는 요소들에 대해 절제력이 있는 편이다. ( )

10개의 질문 중 8개 이상에 O표를 체크하였다면 자기 주도적 학습 능력이 이미 갖추어진 학생이야. 그렇지만 O표가 3개 이하라면 앞으로 자기 주도적 학습 능력을 기르기 위해 많은 노력을 기울여야 하는 학생이라고 할 수 있어. O표의 개수가

"자신이 어떤 과목, 어떤 단원에서 약점을 가지고 있는지 파악한 후 공부의 가장 기본이 되는 교과서를 가지고 그 부분을 집중적으로 공략해야 해."

4개에서 7개 사이인 학생은 어느 정도는 자기 주도적으로 학습하고 있지만 좀더 실천 능력을 기르기 위해 노력해야 하는 학생이지.

어떻게 하면 자기 주도적으로 학습하여 최대의 효과를 올릴 수 있을까?

첫 번째 해야 할 일은 자신이 어떤 과목, 어떤 단원에서 약점을 가지고 있는지 파악해야 해. 특히 국 · 영 · 수와 같은 주요과목의 경우 약점이 있으면 그것으로 인해 고득점이 좌절될 수밖에 없거든. 자신의 약점 부분을 파악한 후 공부의 가장 기본이 되는 교과서를 가지고 그 부분을 집중적으로 공략해야 해. 내용을 충분히 이해한 후 정말 이해가 되었는지 확인하기 위해 문제집을 풀어보도록 해. 이해가 덜 되었다면 다시 참고서로 이해하려고 노력해야겠지.

두 번째 할 일은 매일 일정한 시간, 일정한 장소에서 규칙적으로 공부해야 해. 공부를 잘하는 데 있어서 환경은 매우 중요하거든. 집에 자신의 공부방이 있어서 그 곳에서 공부하는 것도 좋지만 많은 사람들이 공부하는 도서관을 공부 장소로 정하는 것도 좋아. 주위에서 열심히 공부하는 친구들을 보면 더 열심히 공부하고 싶은 마음이 생기니까.

세 번째, 공부를 시작하기 전에는 반드시 계획을 세워야 해. 계획을 세우기 어려워하는 친구들이 있어. 일단 수첩이나 작

"학창시절 자기 주도적 학습 능력을 확실하게 길러놓은 사람은 나중에 대학에 들어가고 취업을 한다 해도 별로 두려울 것이 없어. 한 번 길러진 자기 주도적 학습 능력은 평생의 자산이 되거든."

은 노트를 하나 마련한 다음 매일 공부를 시작할 때 펼쳐서 기록을 해. 날짜를 기록하고, 그날 반드시 해야 할 공부와 단원 등을 기록하고……. 계획을 하나씩 실천할 때마다 세웠던 계획을 지워나가는 거야. 그날 계획한 것이 모두 지워지면 매우 뿌듯한 느낌을 받게 되지. 너무 무리한 계획을 세워서 처음 계획한 것의 절반도 지우지 못한 경우는 다음 번에는 좀더 현실적인 계획을 세우도록 해야 해.

2 공부, 무작정 하는 사람? 뚜렷한 이유 때문에 하는 사람!

목표 없이 무조건 공부를 들이 파는 사람과 뚜렷한 목표를 가지고 공부하는 사람이 있다면 누가 더 효과적인 공부를 할 수 있을까? 당연히 목표가 있는 사람이 더 효과적인 성취를 맛볼 수 있을 거야. 왜냐하면 공부의 목표가 결국 나를 이끌어 공부할 수 있는 동기를 주고 힘을 주거든.

공부의 목표를 깨닫기 전에는 절대 공부의 달인이 될 수 없어. 공부의 목표를 알고 있어야 진정한 의미의 공부를 할 수 있는 것이야.

자신을 돌아보면서 내가 왜 공부를 하는지에 대해 진지하게 묻고 그 답을 얻어보기를 바래. 바람직한 공부의 목표는 공부가 자아실현, 즉 자신의 능력을 최대한 발휘하기 위한 방법으로서 이해되는 것이지. 더 나은 존재가 되기 위해서 누구든지 공부를 해야 하거든.

고등학교 1, 2학년 때는 거의 공부를 하지 않고 친구들과 어울려 놀기만 했던 학생이 있었어. 성적은 당연히 바닥권이었지.

그런데 고등학교 2학년 겨울방학이 되면서 그 아이가 갑자기 달라졌어. 그 이유가 뭔지 살펴봤더니 바로 꿈이 생겼던 거야. 일류 호텔 요리사가 되고 싶다는 꿈이 생기고 나서는 정말 사람이 180도 변했어. 왜냐하면 전문 호텔 요리사가 되기 위해 목표로 삼은 대학의 학과 점수가 꽤 높았는데 거기에 도전하고 싶다는 생각을 갖게 되었거든. 겨울방학부터 무섭게 공부를 하더니 3학년이 되니까 1, 2학년 때 바닥을 기던 성적이 수직상승을 하기 시작하는데……. 이렇게 꿈이 생기면 공부가 의미 있게 되고 강력한 모터를 장착한 자동차처럼 엄청난 추진력이 생긴단다.

나름대로 공부의 의미를 발견한 후에야 비로소 공부는 괴롭고 지겨운 것이 아니라 한없이 즐거운 일이라는 것을 깨닫게 되는 거야. 또 갈 길이 뚜렷한 사람은 학교 탓, 선생님 탓, 부모님 탓, 나라 탓 등 주변의 여건을 탓하지 않는 법이야.

현재 공부하는 것이 괴롭고 지겨운 사람은 자신이 왜 공부하고 있는지에 대해 먼저 생각을 해보았으면 좋겠어.

Tip 내가 공부하는 목적은?

1. 자신의 능력을 최대로 발휘하기 위하여
2. 자유로운 삶을 살기 위하여
3. 여유를 가지고 봉사하는 즐거움을 맛보기 위하여
4. 급변하는 사회에 대처하기 위하여
5. 진리를 깨닫는 즐거움을 누리기 위하여

학부모를 위한 Tip 공부 목표를 세울 때

자녀가 공부하는 것은 부모님의 체면 세워주기나 선생님의 자랑이 되기 위한 것이 아닙니다. 부모님이 언제까지나 자녀 곁에 있어줄 수 없습니다. 자녀 스스로 삶의 주인공인 자신의 능력을 굳게 믿고 주인의식을 가지고 능동적인 공부를 할 때, 때로 시간이 좀 많이 걸리고 힘은 들겠지만, 진정한 실력이 쑥쑥 늘어나게 됩니다. 억지로 공부해서는 결코 공부를 잘할 수 없습니다.

길가는 사람을 아무나 붙잡고 '어딜 가느냐?' 라고 묻는다면 '모르겠다.' 라고 대답하는 사람은 한 사람도 없을 것입니다. 그러나 '당신 인생의 목표는 뭐요?' 라고 묻는다면 자신 있게 대답하는 사람이 그리 흔치 않을 것입니다.

100m 달리기를 하는 선수가 골인 지점이 어디인지를 모른다면, 아무리 빨리 달린들 우승이 가능할까요? 집을 지을 때도 설계도에 따라 기초 공사를 먼저 하고 기둥을 세우고 벽돌을 쌓기 위한 철근 · 시멘트와 벽돌이 필요한 것처럼, 인생을 보람 있게 살아나가자면 많은 준비공부가 필요하고 인생을 살아갈 설계도가 필요합니다.

어느 날 공자의 제자 자로가 스승에게 물었습니다.

· 자로 : "왜 힘든 공부를 해야 하나요?"

· 공자 : "공부란 태평할 때 군인이 칼을 가는 것과 같다. 태평할 때 갈아 두지 않은 칼을 적군이 쳐들어온 후에 갑자기 갈 수는 없는 것이다."

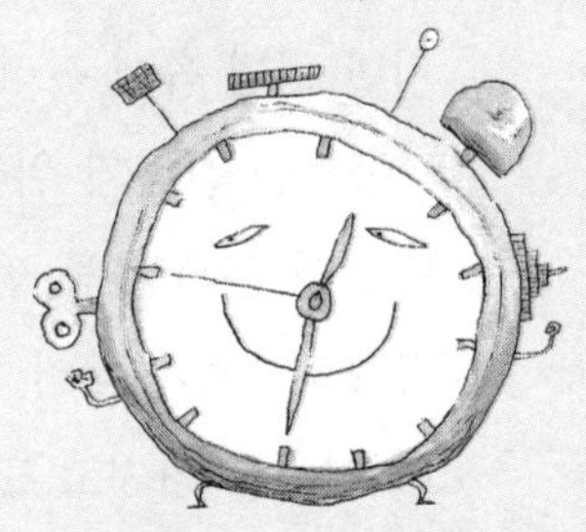

남들 따라하기? 내게 맞는 비법을 찾아라!

나의 기초선을 먼저 파악하자

공부를 위한 워밍업이 끝났다면 자 이제 시작해 볼까?

목표 지점도 보이고 마음도 다잡았는데 어떻게 해야 할지 모른다고? 그렇다고 남들 하는 대로 따라만 할 수 없겠지? 성공적인 공부의 시작은 자신만의 방법을 찾아내는 데 있어. 따라서 공부의 첫 단계는 바로 자기 자신을 정확히 아는 거야.

소크라테스의 '너 자신을 알라' 라는 명언이 떠오른다구? 하지만 평범 속에 진리가 있는 법!

공부를 잘하기 위해서는 자신의 성격이나 바이오리듬, 공부 방법의 문제점 등 먼저 자신에 대한 올바른 이해를 하는 것이 중요해. 예를 들어, 무얼 하든 쉽게 질리는 성격을 가졌다면 한 과목을 가지고 몇 시간을 끄는 것보다는 여러 과목을 조금씩 교대로 공부하는 게 좋겠지. 의사가 환자를 진찰할 때 그 환자의 정확한 상태를 알아보기 위해 여러 가지 검사를 하는 것처럼 나 자신의 상태를 알아보기 위해 몇 가지 검사를 해볼까 해. 내 성격은 어떤지, 또 나의 공부 방법의 문제점은 어디에 있는지, 어떤 과목을 좋아하고 싫어하는지…….

친구들과 함께 재미 삼아 체크해보고 서로 비교해보면 재미있을 거야.

1 나의 성격에 맞는 공부 방법은?

자신에 대해 가장 잘 알고 있는 사람은 누굴까? 바로 자기 자신이라고 생각하겠지. 그렇지만 의외로 자기 자신에 대해 잘 모르는 사람이 많아. 특히 자신의 성격은 더 잘 모르지. 그래서 자신의 성격은 내성적이라고 생각하는데 사실은 그렇지 않은 경우도 있거든.

"성공적인 공부의 시작은 자신만의 방법을 찾아내는 데 있어. 공부의 첫 단계는 바로 자기 자신을 정확히 아는 거야."

자신의 성격을 올바르게 아는 것이 공부를 잘하는 데도 도움이 돼. 자, 그럼 나의 성격은 어떤지 알아볼까?

다음의 테스트는 자신이 어떤 성격을 지니고 있는지를 간단히 알아보는 문항들로 구성되어 있어. 정답이 따로 있는 것이 아니므로 자신의 생각을 솔직하게 답하면 돼. 한 항목에 너무 시간을 지체하지 말고 빠짐없이 예 또는 아니오에 O표로 체크해 봐. 검사 도중 답란 양편에 쓰여 있는 알파벳은 신경 쓰지 않아도 돼.

1	대개의 경우 자신의 방법으로 혼자서 일하는 것을 좋아한다.	I	예	아니오	G
2	누구하고도 금방 알고 지낸다.	O	예	아니오	R
3	사소한 실패를 언제까지나 마음에 둔다.	S	예	아니오	F
4	잘 생각하지 않고 행동으로 옮기는 일이 종종 있다.	E	예	아니오	C
5	자신의 걱정스런 일을 좀처럼 잊어버릴 수가 없다.	S	예	아니오	F
6	망설임 없이 어려운 일에 뛰어들 수 있다.	E	예	아니오	C
7	비록 아무도 찬성해 주지 않아도, 내가 생각하는 것을 말한다.	O	예	아니오	R
8	리더가 되고 싶지 않다.	R	예	아니오	O
9	모든 사람과 같은 일을 하고 싶다.	G	예	아니오	I
10	남의 기분을 상하게 하지 않기 위해 끊임없이 신경을 쓴다.	S	예	아니오	F

11	무슨 일을 할 때, 확실히 빈틈없이 할 수 있도록 주의를 기울이고 싶다. 비록 그 때문에 다른 어떤 일을 포기하게 될지라도…….	C	예	아니오	E
12	책이나 신문을 읽을 때, 유독 슬픈 기사에만 눈길이 간다.	S	예	아니오	F
13	쉽게 자신의 잘못을 인정하지 않는 성격이다.	F	예	아니오	S
14	대개 인생을 있는 그대로 받아들인다.	C	예	아니오	E
15	팀을 짜서 일을 하면 힘을 발휘할 수 있는 타입이다.	G	예	아니오	I
16	모임에 참석하기보다는 집에 있는 쪽을 좋아한다.	R	예	아니오	O
17	최신 유행 패션에 항상 관심을 갖고 있다.	E	예	아니오	C
18	이 세상에는 괴로움과 불행이 너무 많다고 생각한다.	S	예	아니오	F
19	오랫동안 가만히 앉아 있는 것은 싫다.	E	예	아니오	C
20	언제나 새롭고 재미있는 일에 달려들려고 하는 편이다.	E	예	아니오	C
21	대개 어떠한 상황에 있어서도 자신감을 갖고 있다.	F	예	아니오	S
22	매사에 다른 사람들만큼 그렇게 간단히 움직이지 않는다.	F	예	아니오	S
23	어떠한 일에서나 친구들의 힘이 된다.	G	예	아니오	I
24	때때로 남이 나를 어떻게 생각하는가에 신경을 쓴다.	R	예	아니오	O
25	토론하는 곳에서는 거의 항상 무엇인가 말한다.	O	예	아니오	R
26	때때로 사소한 실패가 이것저것 머리에 떠올라 잠을 설치는 일이 있다.	S	예	아니오	F
27	자신의 개인적인 기분이 남에게 알려져도 별로 개의치 않는다.	G	예	아니오	I
28	만약 친구가 없다면, 어떻게 해야 할지를 모르겠다.	G	예	아니오	I
29	종종 남에게 알리지 않고 일을 저지른다.	I	예	아니오	G
30	나의 사고방식에 반대하는 사람들을 이기고 싶다.	O	예	아니오	R

31	하나의 일을 한창 하고 있을 때 옆길로 빗나가는 일이 종종 있다.	E	예	아니오	C
32	한번 결심한 후에라도 생각을 바꾸어 버리는 일이 있다.	E	예	아니오	C
33	사람들을 소개해서 서로 사이좋게 지내는 것을 좋아한다.	O	예	아니오	R
34	비밀을 갖는 일의 즐거움은 그것을 누군가에게 전달할 수 있기 때문이다.	G	예	아니오	I
35	무엇을 결정할 때, 그것이 남을 놀라게 하는 일이라면 결심이 흔들린다.	S	예	아니오	F
36	스스로 말하기보다 듣는 입장이 더 좋다.	R	예	아니오	O
37	싸움을 해도 금방 화해할 수 있다.	O	예	아니오	R
38	지금의 나 자신에 대해 만족하고 있다.	C	예	아니오	E
39	내 물건을 빌리려고 하는 사람은 미리 물어본 후 빌려가면 좋겠다.	I	예	아니오	G
40	고민이 있을 때 친구들에게 털어놓고 이야기하고 싶다.	G	예	아니오	I

채점 방법 각 항목에 답한 유형 중 E, G, O, F의 개수를 센 다음 아래의 그래프에 표시해봐.

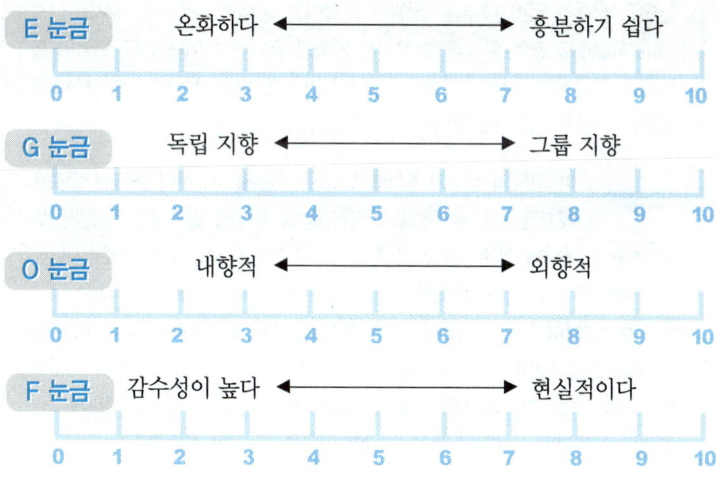

각 성격 유형에 대한 해석

E 점수 이 항목의 점수가 5점보다 낮은 사람은 성격이 온순하고 침착한 편이야. 이런 사람은 매사를 주의 깊고 신중하게 생각하기 때문에 결단하는 데 시간이 걸리지. 따라서 시간이 촉박한 상태에서 재촉 받는 일에는 적합하지 않아. 반면, 느긋하고 침착하기 때문에 일을 훌륭하게 처리할 수가 있지.
반대로 점수가 5점보다 높은 사람은 흥분하기 쉬운 사람으로, 보통 자신의 자연스런 감정대로 행동하지. 감정이 겉으로 드러나기 쉽고, 기분이 변하기 쉬운 특징을 가지고 있어. 이런 성격의 사람은 계획을 세우는 데 많은 시간을 요하는 일보다도 즉석에서 결정하는 일에 적합해.

G 점수 이 항목의 점수가 5점보다 낮은 사람은 독립 지향적인 사람으로 자기 혼자서 결단을 내려. 그 때문에 주위 사람과 잘 협조해 나갈 수가 없어. 공부를 하더라도 혼자 하는 것이 효과적이지.
반면 점수가 5점보다 높은 사람은 집단 지향적인 사람으로 그 집단의 기대에 적합하지 않은 일은 하지 않아. 이런 성격의 사람은 타인과 함께 일하는 것을 가장 즐겁게 여기기 때문에 공부를 할 경우 혼자 하는 것보다는 여럿이 함께 하는 것이 효과적이라고 할 수 있어.

O 점수 이 항목의 점수가 5점보다 낮으면 내향적인 사람, 즉 내성적인 사람으로 다른 사람의 눈에 띄는 것을 싫어해. 또 소란 피우는 것을 싫어해서 대부분의 경우 불평하기보다는 참아버리는 편이지.
반대로 점수가 5점보다 높은 사람은 외향적인 성격의 소유자로 새로운 상황이나 사람과도 쉽게 익숙해져. 따라서 변화를 좋아하며 어느 정도 위험이 동반되는 일을 찾아 나서지. 이런 유형의 사람은 활발한 성격에 맞는 자신감과 강력한 자아가 요구되는 분야의 일에 적합해.

F 점수 이 항목의 점수가 5점보다 낮은 사람은 감수성이 높은 사람으로 매사를 깊이 생각하고 인간관계에도 배려를 많이 하는 편이야. 또한 예술에 대해서 쉽게 감동하고 직감적으로 반응하기도 하지. 이런 사람은 창조적인 일이나 세심한 배려로 타인의 고민을 해결하는 일에 적합해.
점수가 5점보다 높은 사람은 인생에 대해 현실적으로 대처하고 의미 없는 일을 하는 것을 싫어하는 현실주의자야. 정서적인 사람이 보면 마음으로 사물을 볼 수 없는 둔감한 사람이라고 할지도 몰라. 이런 사람은 사람의 기분이나 감정보다 실제적인 사물이나 사실, 기술을 다루는 일이 더 적합하겠지.

※ 출처: 박동건 엮음, 『적성발견과 진로선택의 길』, 한국가이던스, 1990.

• 활발하고 적극적인 외향적 성격이라면

다른 아이들과 함께 그룹으로 공부하는 것을 선호하고 자기 의견을 발표할 기회를 통해 많이 배우게 돼. 실제로 앞에 나와 직접 해보는 것을 좋아하고 실험과 실패가 허용되는 분위기에서 학습효과가 더 높아져.

• 조용하고 침착하며 몇몇 친구들과 아주 친한 내향적 성격이라면

혼자 충분히 생각하고 이해하는 시간이 허용되는 분위기에서 공부하는 것이 좋아. 그룹 학습이나 발표하기에 앞서 설명을 듣고 질문을 주고 받는 과정이 있다면 더욱 좋겠지.

• 자기주장과 규칙을 중요시하고 논리적인 것을 좋아하는 성격이라면

자료를 수집하고 조직 · 평가하는 기회가 주어질 때 학습효과가 더 커. 학교에서 수행되는 과제들이 선생님에 의해 공정하게 평가되고 인정되는 것을 보고 싶어하지. 학습진도가 빠르게 나갈 때 자극을 받아 더 열심히 하는 경향이 있어. 이런 사람은 원인과 결과를 밝히는 설명 방식을 잘 이해하는 편이야.

• 다른 사람의 관심과 칭찬에 민감한 감성적인 성격이라면

칭찬과 인정이 따를 때 더 잘 배우게 돼. 자기에게 던지는 교사나 부모의 한마디 말이 학습동기에 중요한 비중을 차지하지. 교사와 학생, 학부모와 학생이 서로 잘 지내는 화목한 분위기에서 더 열심히 해. 반면 경쟁 분위기에서는 쉽게 좌절하는 편이야.

"열심히 공부해도 성적이 오르지 않는다면 밑 빠진 독에 물을 붓고 있는 건 아닌지 돌아보아야 해."

• 사람의 외모나 주위 환경의 세부적인 특징을 중요시하는 감각적인 성격이라면 비디오, 오디오 등을 이용한 학습 방법이 효과적이야. 세부적인 내용을 거듭 반복해서 암기하는 형태의 공부를 잘하는 편이야. 단계적인 설명과 개념이 어떻게 실제로 적용되는가를 보기로 들 때 이해가 빨라. 예습보다는 복습에 치중하는 것이 좋아.

• 상상력이 풍부하고 새로운 것을 좋아하는 직관적인 성격이라면 상상을 불러일으키고 자극시키는 공부 방법이 효과적이야. 단계적으로 짜여진 학습 방식보다 자기 진도에 맞추어 나갈 수 있는 분위기에서 효과가 더 좋아. 이런 사람은 예습을 통한 공부가 좋아.

E, G, O, F 점수가 모두 높게 나왔다면 친구들과 함께 모여 토론식으로 공부를 하는 것이 도움이 돼. 반대로 E, G, O, F 점수가 모두 낮게 나온 친구는 혼자서 조용히 자신의 방법대로 공부를 해야 해. 이런 친구들의 경우 여럿이 공부하는 것은 오히려 역효과만 난단다.

2 나의 공부 방법, 무엇이 문제점일까?

팥쥐 엄마한테 구박받던 콩쥐는 장독에 구멍이 뚫린 줄도 모르고 계속 물을 붓지. 왜 독에 물이 차지 않는지 생각하지 않고 말야. 이런 친구들이 아마 많이 있을 거야. 밑 빠진 독에 지금도 열심히 물을 퍼 넣고 있는 친구들 말이야.

물은 계속 붓는데도 채워지지 않는다면 그 원인이 무엇인지 빨리 생각해봐야 해. 그런 사람이 진정 현명한 사람이야.

다음 질문에 대답해보면 공부 방법의 문제점을 발견할 수 있을 거야.

다음은 공부 방법의 문제점을 점검하기 위한 항목들이야. 질문에 대해 평소에 생각했던 대로 솔직하게 O, X 로 답해 보도록 해.

1. 나는 이번 시험에서 몇 등, 또는 몇 점을 받아야겠다는 뚜렷한 목표가 있다. (　)
2. 공부를 하는 장소가 일정하게 정해져 있다. (　)
3. 공부를 하든, 책을 보든 책상 앞에 30분 이상 앉아 있을 수 있다. (　)
4. 틀린 문제는 반드시 체크해놓고 다시 한번 확인한다. (　)
5. 공부를 할 때 새로운 것을 깨닫는 기쁨을 느껴본 적이 있다. (　)
6. 공부를 할 때 계획표를 작성하는 편이다. (　)
7. 책상 위나 주변을 깔끔하게 정리하고서 공부를 시작한다. (　)

8. 공부를 하다가 TV소리가 나도 참을 수 있다. ( )

9. 과목마다 나름대로의 특성에 맞는 공부 방법을 알고 있다. ( )

10. 공부를 하는 데 중요한 것은 머리IQ보다는 노력이라고 생각한다. ( )

11. 장래에 무엇이 되고 싶다는 목표나 희망이 뚜렷이 서 있다. ( )

12. 자신을 격려하는 글귀를 눈에 잘 띄는 곳에 붙여 놓는다. ( )

13. 수업시간에 비교적 집중을 잘 하는 편이다. ( )

14. 여러 과목을 공부해야 하는 경우 일정한 순서에 따라 차근차근 한다. ( )

15. 공부는 나의 장래의 꿈을 이루기 위해 반드시 필요하다고 생각한다. ( )

16. 학습계획을 세우고 얼마나 실천했는지를 평가한다. ( )

17. 공부 장소는 싫증나지 않게 가끔 배치를 바꾸어 변화를 준다. ( )

18. 친한 친구가 공부하는 것을 보면 더욱 열심히 공부하게 된다. ( )

19. 시험공부는 적어도 시험 2주 전에는 시작한다. ( )

20. 공부 잘하는 친구를 보면 나도 언젠가는 그렇게 될 수 있다고 생각한다. ( )

21. 아침에 오늘 해야 할 일들을 머릿속에 떠올려본다. ( )

22. 공부하는 장소에서는 마음이 차분하게 가라앉는다. ( )

23. 지하철이나 버스 안에서도 집중해서 공부를 할 수 있다. ( )

24. 공부를 하다가 이해가 잘 되지 않는 부분이 나오면 쉽게 넘어가지 않는다. ( )

25. 모르는 것을 질문하는 것이 별로 쑥스럽지 않다. ( )

번호	응답 (O, X)	번호	응답 (O, X)	번호	응답 (O, X)	번호	응답 (O, X)	번호	응답 (O, X)
1		2		3		4		5	
6		7		8		9		10	
11		12		13		14		15	
16		17		18		19		20	
21		22		23		24		25	
합계	가: ( )		나: ( )		다: ( )		라: ( )		마: ( )

응답표는 세로로 다섯 문항씩 묶여져 있어. O표한 개수를 세어 세로로 합한 다음 가, 나, 다, 라, 마 옆의 ( )에 기록해 봐.

각 점수가 3점 이상인 경우는 그 부분에 대해 어느 정도 틀이 잡혀 있어서 별 문제가 없다고 생각해도 좋아. 3점 미만의 점수가 나온 항목이 문제야.

각 항목이 무엇을 의미하는지 알아보자.

- **가**: 공부를 할 때 뚜렷한 목표가 있는가, 또는 학습계획을 제대로 수립하고 있는가에 대해 알아본다.
- **나**: 공부하는 환경이 적합한지 알아본다.
- **다**: 공부하는 과정에서 집중력과 끈기가 있는지 알아본다.

• **라** : 구체적인 공부기술을 잘 아는지 어떤지를 알아본다.
• **마** : 공부에 대한 생각이 긍정적인지, 공부에 대한 신념이 확실한지 알아본다.

각 항목의 점수를 보면 자신에게 부족한 부분이 뭔지를 알 수 있을 거야. 그 부족한 부분이 바로 장독에 뚫린 구멍이라고 할 수 있지. 그럼 나의 구멍은 어디일까? 그리고 그것을 어떻게 막아야 할까? 함께 생각해 보자.

3 나의 공부 환경, 이대로 괜찮을까?

공부를 열심히 해도 공부하는 환경이 적합하지 않으면 그것도 역시 노력한 만큼의 성과를 거두기는 어려워. 나는 과연 어떤 환경에서 공부하고 있고, 앞으로 어떤 환경에서 공부해야 할지 생각해 보는 시간을 가져보렴. 그리고 요즘 학원을 다니는 사람이 많지? 그런데 어떤 사람은 학교 공부로도 충분한데 학원을 다녀서 오히려 역효과만 나는 학생이 있어. 학교 공부와 학원 공부, 과연 어떻게 지혜롭게 할지 알아볼까?

(1) 공부 장소를 선택할 때도 신중하게

공부가 안 될 때는 방 배치를 바꿔보라는 말을 들어봤니? 방 배치를 바꾸면 기분이 새로워져 새로운 마음가짐으로 공부를 시작할 수 있기 때문이지. 공부하는 환경을 잘 선택해야 공부도 잘 될 거야. 책상 위엔 책과 공책, 그리고 만화책이며 온갖 잡동사니들이 가득하고 벽에는 연예인 사진으로 도배되어 있고, 바닥에는 벗어놓은 옷가지와 이불이 나뒹굴고 있으면 공부가 잘 되겠니?

우선 주로 공부하는 장소를 결정하는 것이 좋겠지. 집이냐 학교냐, 아니면 도서관이냐 독서실이냐?

어떤 곳에서 공부하는 것이 좋을지 잘 모르겠거든 다음 질문들에 답해 보렴.

나에게 맞는 공부 장소는 어딜까?

다음은 알맞은 공부 장소를 알아보기 위한 항목이야. O · X로 답해 보도록 해.

1. 혼자 쓰는 방이 있으며, 책상 위는 말끔하게 치워져 있거나 잘 정돈되어 있다. ( )
2. 다른 사람과 경쟁하며 공부할 때 능률이 오른다. ( )
3. 공부할 때 약간이라도 시끄러우면 공부가 안 된다. ( )
4. 친구들과 함께 있으면 주로 놀게 된다. ( )
5. 집에 있으면 TV소리나 가족들의 행동에 신경이 많이 쓰여서 할 일을 못한다. ( )
6. 간섭하거나 지켜보는 사람이 주위에 없을 때 능률이 더 오른다. ( )
7. 자유로운 자세로 공부할 때 공부가 잘 된다. ( )
8. 친구들과 함께 공부를 해도 내 계획대로 할 수 있다. ( )
9. 탁 트인 공간보다는 칸막이가 있는 나만의 공간에서 공부가 잘 된다. ( )

번호	응답(O, X)	번호	응답(O, X)	번호	응답(O, X)
1		2		3	
4		5		6	
7		8		9	
합계	A : ( )		B : ( )		C : ( )

각 문항에 대해 O라고 체크한 문항의 개수를 세어 세로로 합한 다음, 그 숫자를 각각 A, B, C에 기록한다. 그리고 어느 점수가 가장 높은지 살펴본다.

- A 항목의 점수가 가장 높은 사람 → 역시 집이 최고야!
- B 항목의 점수가 가장 높은 사람 → 학교는 나의 삶의 터전!
- C 항목의 점수가 가장 높은 사람 → 독서실, 도서관을 근거지로!

자, 어때? 어떤 장소에서 공부하는 것이 좋을지 결과가 나왔지? 집에서 공부하는 타입이 학교나 도서관 같은 데서 공부하면 공부가 잘 되지 않는 것이 당연하겠지? 주위 사람에 신경 쓰여서 말야. 반면 집에 가족들, 특히 어린 동생들이 있는 경

"공부 환경을 조성하기 전, 먼저 내 적성에 맞는 공부 장소를 정하라!"

우 집에서 공부하기란 웬만한 인내심을 갖고는 어려울 거야.

또 주위의 경쟁자들을 보면 공부가 더 잘 되는 사람이 있을 거야. 그런 사람은 집에서 공부하는 것보다는 열심히 공부하는 사람들이 많은 독서실이나 도서관을 이용하는 것이 좋겠지. 주의할 점은 친구들과 함께 독서실이나 도서관을 다니면 공부하기보다는 노는 쪽으로 유혹을 많이 받게 돼.

공부하는 장소에 대해서 이제 좀더 구체적으로 알아볼까?

• 집에서 공부할 경우

형제가 많지 않고 혼자 쓰는 공부방이 있는 사람은 집에서 공부할 수 있는 기본 조건은 갖추어져 있다고 볼 수 있어. 또 환경이 낯설어 공부가 잘 안 되는 사람이 있지. 그런 사람도 늘 익숙한 장소인 집에서 공부하는 게 좋아. 집에서는 편한 복장과 자유로운 자세로 공부할 수 있어서 좋지만, 집에는 학교나 독서실과는 달리 공부에 방해되는 유혹거리가 많아. TV, 라디오, 컴퓨터 게임 등이 바로 그것이지. 그래서 집에서 공부하려면 무엇보다 가족들의 협조도 필요하지만 공부하기에 적합한 환경을 만들기 위해 노력해야 해.

• 학교 교실이나 학교 도서관에서 공부할 경우

요즘에는 학교에서 강제적으로 자율학습을 시키는 경우가 거

"학원공부? 학교공부!
각각의 장·단점을 파악하고 적절히 이용하라."

의 없기 때문에 공부하기 싫은 학생이 학교에 남아 학습 분위기를 해치는 경우도 없는 편이지.

원하는 사람만 남아서 공부하니까 좀더 진지한 학습 분위기가 조성될 수 있을 거야. 집에 마땅한 공부 환경이 조성되지 않는 경우, 또 독서실 비용이 부담되는 경우에는 학교 교실이나 도서실을 이용해도 좋겠지?

학교에서 공부할 때의 최대 장점은 열심히 공부하는 친구들에게 자극을 받을 수 있다는 거야. 또 공부하다가 모르는 게 있으면 친구나 선생님께 물어볼 수도 있으니까 일석이조겠지?

• 도서관이나 독서실에서 공부할 경우

집에 공부방도 마땅치 않고 학교에서는 친구들이 신경 쓰여 공부가 잘 안 되는 사람들은 제3의 장소, 즉 도서관이나 독서실을 이용하는 것이 좋을 거야.

구립도서관이나 시립도서관은 대체로 입관료가 무료이거나 저렴해. 또한 머리를 식히기 위한 공간도 마련되어 있지. 공부하다가 가끔은 책을 읽을 수도 있고 말야.

독서실은 개인별로 책상이 있고 칸막이가 되어 있는 사립 공부방을 말해. 공공 도서관보다는 비용이 비싼 편이지만 등록한 기간 동안 자기만의 독립적인 공부방이 생기는 셈이지.

(2) 학원을 다녀야 할까? 아니면 학교 공부로 충분할까?

지역에 따라 차이가 있기는 하지만 대부분의 학생들은 학원을 다니는 것 같아. 그래서 학교 선생님보다는 학원 선생님과 더 친밀하게 지내는 아이들도 많지. 과거에 학원 수강을 불법으로 규정했을 때는 모두들 혼자서 공부했는데 지금은 학원까지 다녀도 그때만큼 공부를 잘하는 것 같지 않아.

한 설문조사를 보면 학생들 대부분이 학원에 다니면서도 학교 공부가 학원 공부보다 더 중요하다고 생각하는 것으로 나타났어. 정말 공부 잘하는 아이는 학원에 다닌다고 해서 학교 공부를 무시하지는 않아. 오히려 학원에 다닌다고 학교 공부를 무시하는 아이는 그다지 성적이 좋지 못해. 사실 학원에 다니는 친구들 중에서는 학교 공부만으로도 충분한 경우가 있어. 그런데도 학원을 다님으로써 혼자서 공부할 수 있는 시간도 빼앗기고 몸도 피곤하고, 돈도 그만큼 낭비하는 셈이야.

물론 학원을 다님으로써 효과를 보는 학생들이 있어. 예를 들어, 학교 수업에서 완전히 이해하지 못한 것을 학원에서 보충하게 되면 공부하는 데 많은 도움이 되겠지.

그러면 학원을 다녀서 성공하는 경우와 그렇지 않은 경우를 각각 비교해 볼까?

① 학원을 다녀서 성공하는 경우

· 자신의 필요로 학원 수강증을 끊어 달라고 부모님께 요구한

"학원에 다니는 친구들 중에서는 학교 공부만으로도 충분한 경우가 있어. 그런데도 학원을 다님으로써 혼자서 공부할 수 있는 시간도 빼앗기고 몸도 피곤하고, 돈도 그만큼 낭비하는 셈이야."

학생

· 자신이 어떤 과목 어떤 부분이 부족한지를 잘 알고 있는 학생

· 학원과 학교를 오가면서도 쉬 지치지 않을 만큼 강한 체력의 소유자

· 학교 수업의 80% 정도는 이해되는데 20% 정도가 이해되지 않는 학생

· 학원을 다니면서도 혼자서 공부하는 시간을 2시간 이상 확보할 수 있는 학생

· 부모님이 열심히 일해서 번 돈을 학원에 내는 게 정말 아깝게 느껴지는 학생

· 학원 수준이 자신에게 맞는지, 또 언제 시작하고 언제 그만두어야 할지를 잘 판단하는 학생

② 학원을 다녀서 실패하는 경우

· 본인의 의사와는 상관없이 부모님이 억지로 등록을 한 학생

· 학원에 다닌다고 학교에서 수업시간에 딴 짓만 하거나 잠만 자는 학생

· 학원에서 받는 수업을 공부의 전부로 생각하고 혼자서는 절대로 공부하지 않는 학생

· 친구와 몰려다니는 재미로 학원 다니는 학생

· 학원에 등록해 놓고 요 핑계 조 핑계 대며 빠지는 학생

학부모를 위한 Tip **학원의 선택**

학원은 크게 다음 5가지 부류로 나눌 수 있습니다.

1. 소위 유명 강사가 200~300명의 대규모 수강생을 대상으로 교재를 정하고 일방적으로 강의를 진행하여 일정 기간에 주어진 참고서를 끝내는 식의 학원
2. 수강생을 수준별로 나누어 소규모 그룹으로 지도하는 학원
3. 내신 성적 향상을 목표로 중간, 기말고사를 잘 정리해주고 많은 문제를 반복하여 풀어보는 학원
4. 주로 재수생을 대상으로 하는 종합 · 기숙학원
5. 특정 교과나 특목고 입시, 즉 영어, 수학, 논술, 과학실험을 대상으로 하는 학원

학원을 선택할 때는 자녀의 수준이나 성격에 맞추어 가장 알맞은 지도 방법과 교재로 지도해줄 수 있는 학원을 찾는 것이 가장 중요합니다.

일반적으로 성적이 우수한 학생의 경우는 필요한 과목에 한하여 위의 1번 학원을 선택하는 것이 좋고 가장 경제적일 것입니다. 특정 과목이 부족하다면 5번 학원이, 성적이 매우 부진한 경우는 3번 형식의 학원이 좋으며 가능하면 1:1로 지도하는 것이 좋습니다. 가장 일반적인 경우는 2번의 학원이 좋겠지요.

하지만 학원 선택은 자녀의 필요에 따라 자녀가 선택하고, 부모가 조언하는 것이 가장 효과적입니다.

요즈음은 학원중독증이라는 말이 나올 정도로 전적으로 학원에만 의존하는 학생이 많죠. 이런 학생들은 대학생이 되어서도 혼자 공부를 못하고 가정교사나 학원에 의존하게 됩니다. 바로 '티처보이' teacher boy로 길러진 결과죠. 그런데 학원을 다녀서 효과를 보는 학생은 20%에 불과하다는 연구 결과가 있답니다.

한정된 수입을 가지고 자녀의 학원이나 과외 경비를 조달하기 위한 어머님들의 눈물겨운 부업 이야기를 자주 접합니다. 이와 관련하여 일찍이 퀴리부인이 사용한 방법이면서 우리나라에서도 일부 시행되고

있는 방법을 소개할까 합니다.
뜻이 맞는 몇몇 어머니들이 전공별로 과목을 나누어 자녀들을 공동으로 지도하는 방법입니다. 일종의 품앗이라고 할 수 있겠지요. A 어머니는 국어를, B 어머니는 수학을, C 어머니는 영어를, D 어머니는 과학을 담당해서 자녀들을 모아서 돌아가며 가르치는 방법입니다. 단, 어머니들은 미리 몇 개월 정도 교수법이나 학과내용, 교육심리학 등에 대한 공부를 한 후 이 방법을 사용하면 더 좋을 것입니다.

4 공부의 효율성? 집중력을 공략하라

공부하는 데 집중이 잘 안 되거나, 인내심이나 체력이 부족한 학생의 특징은 한 자리에 꾸준히 앉아서 공부를 할 수 없는 거야.

그렇게 되면 성적이 좋을 리가 없겠지? 이런 문제로 고민하는 친구들이 의외로 많아. 여기서는 집중력이 부족한 사람을 위하여 집중력을 높이는 법에 대해 좀더 살펴보도록 할게.

공부를 잘하려면 어떤 한 가지 대상에 대해 집중하는 능력이 매우 중요해. 지하철에서 물건을 잘 두고 내리거나 소지품을 어디에 두었는지 잘 잃어버리는 사람도 사실은 순간적인 집중력 부족 때문이래.

수업시간 내내 선생님과 시선을 맞추고 고개도 끄덕이면서 수업에 푹 빠져들었다고 할 정도로 집중을 잘 하는 학생은 십중팔구 공부를 잘하는 학생이지. 겸하여 수업의 핵심을 파악하는 능력이 있다면 금상첨화이지.

> "공부 잘하는 학생과 못하는 학생을 비교할 때 드러나는 가장 큰 차이는 바로 집중력의 차이라고 할 수 있어."

반면 주위에 친구들이 작은 소리로 뭐라고 해도 반응하고 주의가 산만한 학생은 대체로 공부를 못하는 것 같아. 결국 성적의 차이는 집중력의 차이에서 비롯된다고도 말할 수 있겠지. 나의 집중력은 어느 정도인지 한번 점검해 볼까?

※ 집중력 점검 테스트

다음 문장을 읽고 자신에게 좀더 가깝다고 생각하면 O, 그렇지 않다고 생각하면 X로 답하길 바래.

OX

1. 수업시간에 주변 친구들이 소근대는 소리가 선생님 말씀보다 더 잘 들린다. (   )
2. 책상 앞에 앉아도 무엇부터 공부해야 할지 잘 몰라서 한참 동안 시간을 보낸다. (   )
3. 방에서 공부할 때 거실에서 나는 TV소리가 다 들린다. (   )
4. 책꽂이에 꽂혀진 만화책이 보이면 할 일을 잊고 그쪽으로 손이 간다. (   )
5. 버스나 지하철에서 물건을 놓고 내리는 적이 종종 있다. (   )

O표의 개수가 4개 이상이면 집중력에 좀 문제가 있다고 볼 수 있어. 집중력이 약한 사람은 청각적 · 시각적 자극에 쉽게 유혹 당하게 되고 그러다 보면 공부에 집중하기가 어려워져. 스스로 집중력이 약한 사람은 집중을 방해하는 자극을 의도적으로 없애도록 노력해야 해.

'원주율 기억'의 세계 기록 보유자인 일본의 도모요리 히데야끼는 집중력에 대해 다음과 같이 말했어.

"지적 능력의 기본은 집중력이다. 사고력, 기억력도 집중력이 없으면 반으로 줄어들고 만다. 그래서 집중력을 개발해야 한다. 집중력은 다음과 같은 여섯 가지 요소에 의해 무럭무럭 자란다. 흥미, 경쟁, 긴박감, 환경, 마음, 신체가 바로 그것이다."

그러면 어떻게 집중력을 증대시켜서 효율적이고 효과적인 학습을 할 수 있을지 그 방법에 대해 알아볼까?

(1) 수업시간의 주인은 '나'

대학교 수석 합격자들의 말을 들어보면 하나같이 학교 수업과 교과서 위주로 공부를 했다고 하지? 우스갯소리와 핵심요지를 구별하여 파악하지 못하고 지엽적인 것을 열심히 필기하는 학생들은 대체로 노력은 많이 하나 성적이 부진한 편이야.

교과서는 문제집과 달리 기본 원리에 대한 설명이 충실해.

"지적 능력의 기본은 집중력이다. 사고력, 기억력도 집중력이 없으면 반으로 줄어들고 만다."

기본 원리나 법칙을 확실히 알면 문제가 어떻게 응용되어도 잘 해결할 수 있어. 따라서 수업시간에 눈빛이 책의 뒷면을 뚫을 정도로 집중하여 공부를 하는 것이 공부를 잘하는 최선의 방법이라 할 수 있어.

집중하는 것은 '수업시간의 주인공은 선생님이 아니라 나다' 라는 생각을 갖고 수업을 자신의 것으로 만들기 위하여 노력하는 길이기도 해.

또 수업시간에 다른 공부를 하면, 우선 선생님께 들킬까봐 불안하여 집중이 잘 되지 않아서 그 시간의 공부도, 또 다른 공부도 제대로 되지가 않아. 수업시간을 소홀히 하면 나중에 아주 쉬운 문제에서 틀리기가 쉽거든.

(2) 집중력 증대법

① 집중하려는 내용에 대해 강한 흥미와 호기심을 가져야 해

수업시간에 집중하기가 어렵다고 호소하는 학생들을 자세히 살펴보면 집중력 자체의 문제라기보다는 스스로 집중하지 않으려고 하는 경우가 더 많아. '저런 걸 배워서 뭐하나?' 또는 '아휴, 또 재미없는 소리……' 등의 생각을 품고 있다면 수업 내용이 머리에 잘 들어올 리가 없지.

무엇인가에 집중하려면 그것에 대한 강한 흥미와 호기심을 갖고 정말 배워야겠다는 열망이 있어야 해. 공부가 지겹고 따

"일이 다급해져야 정신이 바짝 들어서 집중력이 증대되는 현상을 '마감효과'라고 해. 이러한 마감효과를 잘 활용하면 필요한 때 잘 집중할 수 있는 장점이 있어."

분하다는 생각을 갖고 있는 한, 끊임없이 공부에 대한 회의가 생겨서 잡념만 떠오르기 때문에 제대로 집중할 수가 없거든. 학습 의욕이 항상 샘솟도록 자신의 마음을 다스려 나가는 것이 중요해. 공부를 시작하기 전에 자기 스스로에게 의지를 굳혀 다짐을 하는 것도 집중에 도움이 된단다.

② 적당한 긴장감을 가져야 해

아무리 집중이 안 되는 사람이라도 일이 다급해지면 정신이 바짝 들게 되지. 벼락치기를 해본 사람은 알 거야. 당장 시험이 코앞에 닥친 경우에 평소 여유 있게 공부할 때보다 훨씬 더 많은 분량의 공부를 거뜬히 해치울 때가 있지? 그럴 때 스스로도 깜짝 놀라게 되지.

이렇게 일이 다급해져야 정신이 바짝 들어서 집중력이 증대되는 현상을 '마감효과'라고 해. 이러한 마감효과를 잘 활용하면 필요한 때 잘 집중할 수 있는 장점이 있어. 물론 벼락치기를 하라는 뜻은 아니야. 평소에 공부할 때 풀어진 상태보다는 적당히 긴장을 유지하는 것이 집중에 훨씬 더 도움이 된다는 것이지.

시험이 닥치지 않아도 적당히 긴장감을 유지하면서 공부를 하기 위해서는 학습계획표를 구체적으로, 또 현실적으로 작성하는 것이 필요해. 어떤 과목을 몇 시부터 몇 시까지 얼마만큼 공부하겠다는 계획을 세워 놓고 스스로 과제를 부여하면 아무런 계획 없이 공부할 때보다 긴장감이 생겨 더 잘 집중하게 되거든.

③ 건강한 심리적 · 신체적 상태를 유지해야 해

마음이 왠지 불안하거나 우울한 경우 공부를 하기 위해 책상 앞에 앉아 있어도 잘 되지 않았던 경험이 있지? 또 마음속에 커다란 고민이 자리 잡고 있는 경우에도 공부가 손에 잡히지 않지? 집중에는 심리적 안정이 매우 중요하거든.

만일 고민이 있거나 심리적으로 불안정한 상태라고 생각되면 공부하는 것을 잠시 접어두는 것이 나아. 그런 다음에 무엇이 그토록 자신을 안절부절못하게 하는지 원인을 찾아봐야겠지. 또 해결되지 않은 고민거리가 있는지도 곰곰이 생각해 보아야 해.

심리적 상태뿐 아니라 신체적 상태도 집중력에 많은 영향을 끼쳐. 심리적으로 안정되어 있더라도 지독한 감기에 걸려서 머리가 지끈지끈 아프고 콧물이 줄줄 흐른다고 했을 때 과연 얼마나 집중을 잘 할 수 있을까? 그런 경우는 만사 제쳐 두고 휴식을 취하여 하루속히 건강한 신체적 상태를 회복해야 해. 몸이 좋지 않은데도 무리하게 공부를 강행하게 되면 오히려 건강을 해쳐서 장기적으로 보면 훨씬 불리한 결과를 낳게 되니까 말야.

④ 집중의 기본적인 원리를 활용해야 해

• 작은 시간 단위로 쪼개어 학습하는 것이 효과적이야

일반적으로 사람이 지속적으로 집중할 수 있는 시간은 30분 정도라고 해. 이 시간을 넘어서면 집중력이 떨어져 더 많은 힘을 들여야 집중을 지속할 수가 있어. 그래서 공부를 할 때는 2~3시간 등의 큰 단위로 하는 것보다는 30~40분 정도의 작은 단위로 쪼개어서 하는 것이 효과적이지.

예를 들어, 하루에 영어 2시간, 수학 2시간 공부를 한다고 했을 때 영어를 다 마치고 수학을 공부하는 것보다는 영어 30분 공부하고 수학 30분 공부하는 식으로 교대로 공부하는 것이 효과적이란 말이지.

• 어려운 과목은 시간 제한법을, 쉬운 과목은 과업 제한법을 활용하는 것이 효과적이야

시간 제한법이란 공부를 몇 시간 또는 몇 분 하고 잠시 멈추는 것을 말해. 즉, '앞으로 30분만 더 공부해야지' 라고 생각하는 것이야. 이에 비해 과업 제한법은 공부의 양을 정해서 그만큼 달성한 후 멈추는 것을 뜻해. '단어 20개만 외우고 놀아야지' 라고 생각하는 거지.

공부를 할 때 어렵게 느껴지는 과목의 경우는 공부의 양보다는 시간으로 제한하여 계획하는 게 좋아. 쉬운 과목은 공부의 양을 제한하여 계획하는 것이 좋고. 이런 원칙을 제대로 실천하면 더욱 주의 집중을 잘 할 수 있을 거야.

• 공부하는 중간 중간 휴식 시간은 필수적이지

지속적으로 집중할 수 있는 시간은 사람마다 달라. 집중력

> "공부를 할 때는 2~3시간 등의 큰 단위로 하는 것보다는 30~40분 정도의 작은 단위로 쪼개어서 하는 것이 효과적이지."

이 약할수록 공부 시간을 짧게 나누어 계획하는 것이 좋아. 처음부터 오랜 시간 계속해서 공부하려는 마음으로 책상 앞에 앉는 것은 오히려 부담만 갖게 돼서 좋지 않아.

일반적으로 30분이 지나면 공부나 일의 능률이 급격히 떨어지거든. 이럴 때 억지로 계속 공부하려고 하는 것은 어리석은 일이야.

50분 공부한 후 약 10분 정도의 휴식 시간을 갖는 것이 적당해. 그러나 휴식 시간이 지나치게 길어지면 공부의 흐름이 끊기므로 오히려 집중에 방해가 될 수도 있으니까 주의해야겠지?

• 공부의 흐름을 타야 해

공부를 하거나 책을 읽을 때 그 일에 몰입하게 되어 자신도 모르는 새에 무아지경에 빠지게 되는 경험을 한 적이 있니? 이런 때는 특별히 집중해야겠다고 생각하지 않는데도 자연스럽게 집중이 이루어지고 있는 거야. 이것을 다른 말로 표현하면 흐름을 탔다고 할 수 있는데 이런 흐름을 타게 되면 자신이 의식하지 못하는 사이에 많은 것들을 해낼 수가 있어.

가끔 공부를 하다가 언제 이렇게 시간이 지났는지 깜짝 놀라게 되는 경우가 있는데 이것도 흐름을 탄 하나의 예라고 할 수 있지.

집중이 잘 안 될 때는 이렇게 해보세요

· 공부하기 전에 공부할 책, 연습장, 필기도구 등 꼭 필요한 최소 한도의 것은 미리 준비하고 정신집중에 방해가 되는 만화책, 연예인 사진, TV 등을 주변에서 치운다. 눈을 감고 숨을 길게 들이쉰 다음, 천천히 깊게 내쉰다.

· 좋아하고 자신 있는 과목부터 시작하여 중요한 과목으로 옮긴다.

· 식사 직후에는 기억력이 둔해지는 때이므로 이때에는 공부를 피한다. 식후 2시간쯤이 가장 공부가 잘 되는 경향이 있다. 밤에 먹는 간식은 가볍게 먹는다.

· 공부방의 배치나 공부하는 장소를 바꾸고 소리내어 책을 읽는다. 과목의 순서(영어↔수학, 수학↔역사 등)를 바꾸거나, 뒷부분을 먼저 공부하는 등 단원의 순서를 바꾼다.

· 잠시 주변을 정돈 · 청소하고 어슬렁어슬렁 걷는다.

· 이성친구나 선생님, 부모님의 과잉 기대 등 마음에 걸리는 일은 빨리 처리한다. 걱정거리를 해결하고 나면 즐거운 마음으로 공부에 집중할 수 있다.

· 밤에 집중력이 떨어지면 스탠드 불만 켜놓고 공부하거나 속도가 느린 음악(클래식)을 듣는 것도 좋은 방법의 하나다.

· 열심히 노력하여 목표가 달성된 후의 자신의 모습을 상상하면서 마음을 가다듬은 다음, 그날 공부할 내용을 생각하며 어떤 방법으로 공부하겠다는 계획을 세운 후 공부를 다시 시작한다.

· 시험을 앞두고 불안하여 집중되지 않을 때는 책상 앞에 목표를 크게 써 붙인다.

학부모를 위한 Tip 아이들의 집중력을 방해하는 요인들

자녀들의 집중력이 떨어지는 데는 몇 가지 분명한 이유가 있을 수 있습니다. 먼저 아침밥을 꼭 먹어야 합니다. 아침밥을 먹지 않으면 거의 12시간 동안 위가 텅 비게 되어 두뇌활동의 원천인 탄수화물을 지속적으로 공급하지 못하기 때문에 집중하여 공부하기 어렵습니다. 또 아침을 거르면 쉬는 시간에 매점을 들락거리느라, 다음 수업을 차분히 준비할 수가 없기 때문에 자연히 집중력이 떨어집니다. 게다가 짧은 시간에 해결할 수 있는 인스턴트식품이나 패스트푸드를 즐기는 것은 당연히 건강에도 나쁘겠죠?

턱관절장애, 비염이나 축농증, 코골이, 주의력집중장애 등의 질환이 있는 경우에는 집중력이 현저하게 떨어지므로 발견 즉시 적절한 치료를 하여야 공부를 잘할 수 있습니다.

자신의 학습 · 생활 자세를 점검해보세요

※ 학습 · 생활 자세 점검표

평가란에 만족 3점, 불만 1점, 보통 2점으로 채점하여 합계를 내어 봅시다.

구분	점 검 사 항	평가	원인과 대책
수업태도	① 수업 준비는 완벽한가? 주요과목 예습은 하는가? ② 학습 수준은 나에게 적당한가? ③ 수업 교재와 다른 내용을 보지 않고 열심히 듣는가? ④ 선생님의 설명을 사고하며 적극적으로 듣는가? ⑤ 중요한 것을 요약노트에 기록하며 색연필로 표시하는가?		

구분	점 검 사 항	평가	원인과 대책
수업태도	⑥ 수업 목표를 확인하고 5분 예습을 하는가? ⑦ 모르는 것을 자주 질문하거나 참고서나 백과사전을 찾아보는가? ⑧ 선생님이 타 학생에게 질문하거나 질문을 받는 경우도 스스로 답하려 하는가? ⑨ 수업 끝날 무렵이나 끝난 후 정리5분 복습를 간단히 하는가? ⑩ 그날 수업은 그날 복습을 하는가? ⑪ 옆 사람과 잡담하거나 공상을 하지는 않는가?		
생활태도	⑫ 수면과 휴식은 적절하며 규칙적으로 운동을 하는가? ⑬ 아침 시간을 잘 이용하나? ⑭ 일과가 끝난 후부터 저녁식사까지의 시간을 잘 활용하나? ⑮ 토막시간을 잘 이용하나? ⑯ 공부를 할 때 중요한 것부터 순서를 매겨놓고 하는가? ⑰ 건강 상태는 양호한가? 아침을 먹고 학교에 등교하나? ⑱ 불필요한 외출이 많지 않나? ⑲ 가정학습 시 정신집중이 잘 되는가? 친구, 선생님, 부모님과의 관계는 원만한가? ⑳ 텔레비전, 라디오, 인터넷 게임, 휴대폰 하기나 문자보내기에 많은 시간을 빼앗기지 않나? 제 시간에 잠을 안 자지 않는가?		

구분	점 검 사 항	평가	원인과 대책
시험무렵	㉑ 시험준비를 계획적으로 하는가? ㉒ 시험을 본 후 틀린 것을 확인하고 해결하나? ㉓ 부족한 과목과 단원에 대한 대책을 계획에 반영하나?		
계획실천	㉔ 주 · 월 단위 계획과 분기별 계획, 진학 및 독서계획을 세우나? ㉕ 생활계획표를 계획대로 실천하는가? ㉖ 실천이 안 되는 이유가 무엇인지 분석하여 대책을 세우는가? ㉗ 학교 수업이나 학원 강의를 내 나름대로 정리하고 있는가? ㉘ 국 · 영 · 수를 매일 공부하나? 영어 듣기는 매일 하는가? ㉙ 참고서는 자신의 수준에 맞는가? 신문은 매일 읽는가? ㉚ 해야 할 일, 하고 싶은 일들 중 우선순위를 정하여 실천하는가?		

■ **채점과 결과 해석**

· **채점:** 문항 수 × 3 + 10 기본점수 = 100

· **학습 태도:** 우수–80점 이상, 보통–70점으로 해석하여 생활태도와 학습방법이 부진하면 원인을 밝혀보고 대책을 세웁시다.

Tip 공부 못하는 학생의 10가지 특징

· 계획만 잘 세우고 계획만으로 흡족해 한다.

· 공부하기 전, 책상 정리 등 할 일이 참 많다.

· 한 군데 오래 있지 못한다.

· 1시간 공부하고 3시간 쉰다.

· 동태를 살피고 동지를 찾는다. 같이 포기하자는 둥…….

· 공부는 못해도 인간성은 최고라고 생각한다.

· '공부를 좀 하고 자야지'가 아니라 '자고 나서 해야지' 한다. 5분만 쉬자고 침대에 누워 그냥 자버린다.

· 오색찬란한 필기노트를 보는 것만으로 뿌듯해 한다.

· 책상에 프린트만 가득 쌓여 있다.

· 채점을 하지 않는다.

memo

공부, 싸워서 이길 수 없다면
친구가 되라!

Line 3 달인이 말하는 과목별 공부 방법

Line 4 달인의 시험 대비 기술

Line 5 달인의 공부 잘하는 기본기술

Line 6 공부 잘하는 자녀 만들기 프로젝트

공부달인을 향한

기본기술 다지기

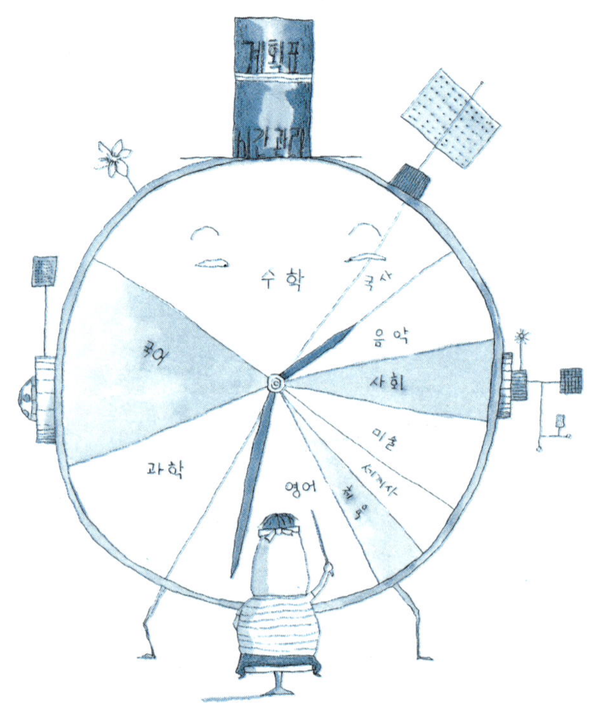

운동을 배울 때도 가장 중요한 것은 기본기라는 것을 알고 있을 거야. 기본기가 잘못 되면 나중에 고급기술을 배운다고 해도 문제가 많이 드러나거든. 공부의 달인이 되기 위한 기본기술에는 무엇이 있는지 살펴볼까?

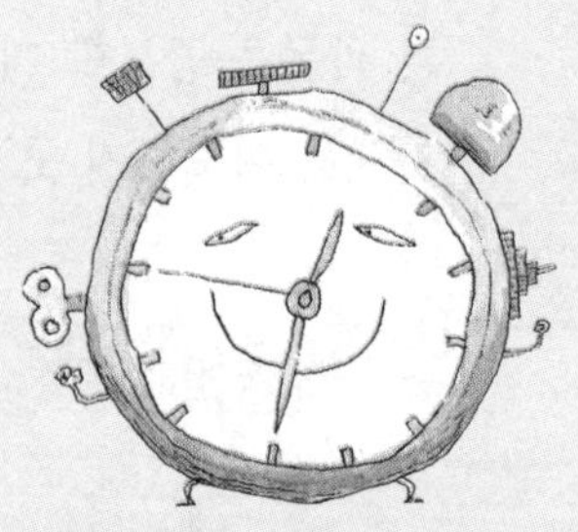

전면 승부! 주요과목에서 승리를 선취하라!

달인이 말하는 과목별 공부 방법

과목마다 특성이 있기 때문에 공부 방법은 달라져야 해. 당연히 국어 과목의 공부 방법은 수학과는 다르겠지. 반면에 모든 과목에 공통적으로 필요한 능력이 있어. 어떤 글을 읽고 의미하는 바가 무엇인지 파악하는 독해력이 바로 그것이지. 독해력은 국어나 영어와 같은 과목에서만 필요로 하는 능력이라고 생각하는 사람도 많을 거야. 그러나 독해력이 부족하면 다른 과목을 공부할 때도 지장이 많단다. 시험을 볼 때 시험문제 자체를 이해하지 못해서 틀리는 경우도 많거든.

1 국어

국어의 경우, 수능시험에서는 언어 영역으로 출제되며 수리 영역이나 외국어 영역과 마찬가지로 배점은 100점이야. 그런데 대다수 학생들은 수학이나 영어에 비해 국어 공부에는 소홀한 것 같아. 시험 날이 닥쳐서야 국어 공부에 매달리지만 막상 해보면 만만치 않다는 것을 깨닫게 될 거야. "모든 정보는 언어를 통해 전달된다"라는 말이 있듯이 국어는 영어, 수학, 과학, 사회 등의 다른 과목을 공부하는 데 기본이 된다고 할 수 있어.

국어 공부가 어려운 이유 가운데 하나는 단기간에 성적을 올리기 어렵다는 거야. 영어, 수학도 어렵지만 특히 국어는 평소의 독서량과 글쓰기 연습에 크게 좌우되거든. 그렇다고 포기할 순 없지. 그럼 국어 과목을 어떻게 공부하는지 그 방법을 알아볼까?

(1) 읽기

"'모든 정보는 언어를 통해 전달된다' 라는 말이 있듯이 국어는 영어, 수학, 과학, 사회 등의 다른 과목을 공부하는 데 기본이 된다고 할 수 있어."

글을 읽고 그 글에 담긴 핵심 내용을 신속하고 정확하게 이해하도록 연습해야 해. 글을 읽고 의미를 파악하는 독해력은 국어뿐 아니라 다른 과목을 공부하는 데도 필요하단다.

신문 사설을 가지고 연습해보자. 먼저 사설을 한번 읽어보는 거야. 그런 다음 서론, 본론, 결론으로 나누어봐. 자, 그럼 서론, 본론, 결론을 나누어 주제를 파악하는 연습을 해볼까?

연습

칼 럼 **인터넷에도 문화가 필요하다**

이제 인터넷은 우리 생활의 중요한 부분을 차지하게 되었다. 전국 방방곡곡에 인터넷이 연결되었고, 그야말로 전국민이 인터넷 사용자로 바뀌고 있다. 개인과 기업과 정부의 모든 활동이 인터넷에 연결되어 버렸다고 해도 크게 틀리지 않을 정도다.

더 많은 정보를 자유롭게 주고받을 수 있게 되면서 우리 사회가 더욱 투명하고 편리하게 되었고, 그런 인터넷을 통해 얻어지는 경제적 혜택도 대단하다. 무엇보다도 누구나 자신의 의견을 마음놓고 표현할 수 있게 된 것은 대단한 발전이다. 21세기에 들어서면서 더욱 강조되고 있는 다양성을 위해서는 인터넷이 더 없이 좋은 문명의 이기인 셈이다.

그렇다고 인터넷이 우리에게 긍정적인 영향만 주고 있는 것은 절대 아니다. 모든 기술이 그렇듯이 인터넷에도 그림자는 있기 마련이다. 우리의 경우에 인터넷은 10년도 안 되는 짧은 기간에 놀라울 정도로 빠르게 확산되었고, 그런 과정에서 우리가 변화에 대해 차분하게 준비하지 못했던 것이 사실이다.

그래서 그 부작용은 더욱 심각할 수밖에 없다. 많이 늦었지만 이제라도 철저하게 문제를 분석해서 확실한 대책을 마련해야만 한다.

우선 인터넷을 통해 유통되는 정보의 소유권에 대한 사회적 인식이 크게 부족하다. 사실 '지적 재산권' 에 대한 우리의 인식은 처음부터 심각한 문제를 가지고 있었다. 1970년대부터 대량으로 유통되기 시작한 '복사판' 서적이 그 증거였다. 경제적으로 넉넉하지 못했던 것을 핑계로 지적 재산권을 무시해버렸다. 1980년대 말부터 지적 재산권에 대한 제도적 장치가 마련되었지만 사정은 크게 나아지지 않고 있다. 지금도 대학마다 '복사집' 이 성업 중이고, 수업 중에도 불법으로 복사한 교재를 사용하는 학생들의 수가 줄어들지 않고 있다.

그래서였는지 우리 모두가 인터넷에 올려지는 정보를 '공짜' 로 생각했다. 디지털 파일 형식으로 된 것이라면 누구나 마음대로 인터넷에 올릴 수 있다고 믿는다. 대가를 지불하고 구입한 정보라고 하더라도 일단 인터넷에 올려지고 나면 누구나 마음대로 사용할 수 있어야 한다고 믿게 되었다. 클릭 한번으로 얻을 수 있는 정보에 대가를 지불해야 한다는 것은 어불성설語不成說이라고 여겼다. 우리 사회에서 인터넷은 어떠한 지적 재산권도 인정되지 않는 '자유지역' 이 되어버렸다. 그래서인지 인터넷에 올려지는 정보의 정확성에 대해서는 아무도 관심이 없다. 결국 인터넷에 올려지는 정보 중에서 정확하고 의미 있는 정보를 찾아내는 일이 별을 따는 것처럼 어려워지고 있다. 값싼 것이 좋은 경우는 매우 드문 법이다.

인터넷이 우리의 언어에 미치는 영향도 심각하다. 우리는 고유의 말과 글을 가진 자랑스러운 문화 민족이지만, 우리의 말과 글을 지키고 발전시키려는 노력은 충분하지 못했다. 누구에게도 도움이 되지 않는 소모적인 논쟁 속에서 표준어와 맞춤법은 아직도 제대로 자리를 잡지 못하고 있는 형편이다. 인터넷이 등장하면서 사정은 더욱 악화되고 있다. 누구나 아무런 편집 과정을 거치지 않고 글을 쓸 수 있게 되면서 그나마 유지되던 맞춤법은 무시되기 일쑤고, 정체를 알 수 없는 신조어新造語들이 마구 쏟아져 나와서 우리의 말과 글을 크게 오염시키고 있다.

그러나 무엇보다 심각한 문제는 인터넷이 개인의 즉흥적인 감정을 마구 쏟아내는 통로가 되어버린 것이다. 민주사회에서 헌법이 보장하는 표현의 자유는 매우 중요하다. 누구나 자신의 의견을 마음놓고 표현할 수 있어야만 한다. 그러나 우리는 이웃과 함께 하는 '사회' 에 살고 있는 것도 분명한 사실이다. 나에게 표현의 자유가 중요한 만큼 상대방의 인격과 자존심도 중요하다는 사실을 인정해야만 한다. 나의 권리가 중요하다는 이유로 남의 권리를 무시할 수는 없다. 그래서 공동체 사회에서는 서로의 인격과 자존심을 지켜주기 위한 제도적 장치가 반드시 필요하다.

우리의 경우에도 '명예훼손' 과 '모욕죄' 를 형사 범죄로 취급하고 있다. 민주사회에서 책임이 따르지 않는 권리는 절대 있을 수 없다. 인터넷의 가상공간이라고 예외일 수 없다. 서로 얼굴을 마주하지 않고, 익명을 사용할 수 있다는 이유만으로 남의 인격과 자존심을 무시하는 행동은 자유가 아니라 방종이다.

그런 뜻에서 우리의 인터넷은 심각한 수렁에 빠져 있다. 개인의 신상자료가 불법으로 마구 공개되고, 도저히 감당할 수 없는 수준의 저속한 표현이 넘쳐나고 있다. 남의 주장을 마음대로 왜곡하고, 자신과 의견이 다르다는 이유만으로 극단적이고 모욕적인 공갈과 협박이 난무하고 있다. 도무지 우리가 문명사회에 살고 있다고 믿을 수가 없는 형편이다. 신분이 노출된 경우에는 전화와 우편을 통한 무시무시한 위협과 모욕도 고스란히 감당해야만 한다. 심지어 자신은 물론이고 가족의 신변을 걱정해야 하는 경우도 생긴다.

불특정 다수의 의견을 공개하는 인터넷 서비스를 제공하는 사이트는 표현의 자유를 핑계로 하는 악의적인 형사 범죄를 철저하게 단속해야 하는 분명한 사회적 책임이 있다. 자율적인 정화 노력도 필요하고, 실정법에 따른 처벌도 필요하다. 강력한 '실명제' 도 도입해야만 한다. 인터넷의 악성 댓글이 우리 사회의 정상적인 여론을 왜곡하는 현실은 분명히 잘못된 것이다. 우리 사회를 더 밝게 만들기 위해 익명의 고발이 필요하다면 그것을 수용할 수 있는 합리적인 방법은 쉽게 찾을 수 있을 것이다.

인터넷이 우리의 건전한 의견 교환의 장場으로 발전하려면 건강한 '인터넷 문화' 가 반드시 필요하다. 불법과 무질서가 판을 치는 인터넷은 결코 바람직한 문명의 이기利器가 될 수 없다. 결국 우리 모두가 인터넷을 외면하게 될 것이다. 표현의 자유를 앞세운 방종보다는 서로를 존중하는 가장 기본적인 예의가 지켜지는 인터넷 문화를 키워나가야 한다.

※ (『사이언스타임스』, 「이덕환의 과학문화 확대경」, 2006년 2월 13일자).

학생을 위한 Tip

짧은 시간에 최대의 효과를 올리는 독서법

가장 좋은 독서 방법은 다양한 종류의 책들을 충분한 시간을 가지고 읽는 거야. 공부하랴, 숙제하랴, 학원가랴 바쁜 학생들을 위해 적은 시간에 효과적으로 책을 읽을 수 있는 방법을 알아볼까? 다음 방법은 책의 종류와 관계없이 일반적으로 해당하는 독서 방법이라고 할 수 있어.

우선 책 전체의 윤곽을 잡아야 해. 나무를 보기 전에 숲 전체를 바라보는 것이지. 어떤 책을 읽든지 먼저 책의 목차와 서문을 훑어보고 책의 전체적인 윤곽을 파악해두는 것이 효과적인 독서의 첫걸음이라고 할 수 있어.

책의 전체적인 구성을 염두에 두면서 각 장의 제목을 살펴보는 것만으로도 윤곽을 잡는 데 큰 도움이 될 거야. 서문을 읽다 보면 왜 이 책을 쓰게 되었는지, 또 책의 구성은 어떠한지 등을 알 수 있어서 한 번 읽어보고 싶은 마음이 들기도 하지.

윤곽을 잡았니? 그렇다면 그 다음에는 적극적인 자세로 독서를 시작하는 거야. 적극적인 독서란 책의 내용을 그대로 받아들이는 수동적이고 소극적인 독서와는 달라. 책의 내용에 끊임없이 의문을 제기하면서 자기 생각과 비교를 하는 거야. 저자가 말하고자 하는 요점이 무엇인지를 집요하게 파고드는 거지.

수동적으로 책을 읽으면 아무런 지적 자극이 되지 않기 때문에 책을 보긴 보았는데 머릿속에 남는 게 없다는 말이 나오게 되는 거야. 따라서 끊임없이 의문을 가지면서 책 읽는 습관을 들이는 것이 중요해.

셋째로, 글의 뼈대를 세워가면서 읽는 거야. 같은 시간에 똑같은 글을 읽더라도 어떤 사람은 전체 내용의 흐름을 잘 파악하는 반면, 어떤 사람은 핵심을 이해하지 못해서 내용을 물어보면 종종 횡설수설하곤 하지. 그러한 차이는 글을 읽을 때 머릿속에서 뼈대를 세워가면서 보느냐 아니면 세부적인 내용에 휩쓸려서 책을 읽느냐의 차이에서 비롯돼.

잘 된 글은 특정한 패턴을 따라 규칙적으로 쓰여지는 경우가 많아. 시간의 흐름에 따라 진행된다든지 첫째, 둘째……식으로 핵심을 열거한다든지 말야. 이러한 패턴을 파악하고 글을 읽으면 전체적인 흐름을 놓치지는 않겠지?

넷째, 책을 읽는 속도를 잘 조절해야 해. 책을 읽는 속도를 항상 일정하게 할 필요는 없어. 책의 내용에 따라 천천히 숙독해야 할 부분이 있는가 하면 대충 읽고 넘어가도 될 부분이 있어. 따라서 중요한 부분이라고 생각되면 천천히 읽고 그렇지 않은 부분은 빠르게 읽고 넘어가도 좋을 거야.

(2) 쓰기

요즘은 글을 쓰는 능력이 매우 중요시되는데 대부분의 학생들은 글쓰기를 매우 싫어해. 아마 처음부터 완벽한 글을 써야겠다는 부담감 때문일 거야. 하지만 처음부터 글을 완벽하게 쓰려고 애쓰지 말고 자신의 생각을 자연스럽게, 생각나는 대로 솔직하게 써보는 습관이 중요해. 이런 글이 쉬운 글이 되고, 쉬운 글이 좋은 글이 되거든. 글의 형식도 중요하지만 내용이 더 중요하기 때문에 자신의 생각을 그대로 쓴 글은 거칠어도 알맹이가 있어. 또 이런 글은 창의적이고 일상적인 언어를 사용하므로 단순하고 글의 내용은 쉬워져.

일단 글을 쓰면 여러 번 다시 읽으면서 문장을 다듬는 과정을 거쳐야 해. 같은 내용을 중언부언하지 않았는지, 인터넷 용어를 그대로 쓰지 않았는지, 번역 투의 매끄럽지 않은 문장이 있지 않은지 등을 점검해야 해.

또 글쓰는 자신이 진한 감동을 경험해야 감동적인 글을 쓰

"생각나는 대로 쓴 글이 쉬운 글이 되고, 쉬운 글이 좋은 글이 돼."

게 돼. 활발한 봉사 활동, 여행 등은 좋은 글을 쓰는 데 도움이 되는 소재라고 할 수 있어. 그 외에 다른 사람과 다른 창의적인 생각을 표현한다면 설득력 있는 글이 될 거야.

독후감을 쓸 때는 보통, 글의 줄거리를 쓰고 거기에 대한 자신의 느낌을 쓰게 되지? 하지만 이런 방식보다는 그 글에 공감하는 점은 무엇이고, 비판할 것은 어떤 것인지 구체적으로 쓰는 것이 좋아.

남에게 고마운 일이 있을 때 감사의 편지를 꼭 한번 써봐. 자신의 느낌을 표현하고 글쓰기 능력을 기르는 데 큰 도움이 될 거야.

(3) 장르별 공부 방법

교과서에 실려 있는 글들은 장르별로 묶어서 특징에 따라 다르게 공부하는 게 좋아.

① 논설문 · 설명문

논설문이나 설명문 같이 논리 전개가 확실한 글의 경우 먼저 처음부터 끝까지 비교적 빠른 속도로 읽어서 흐름을 파악해야 해. 그런 다음 좀더 자세히 읽으면서 문단나누기를 하고 각 문단의 요점을 파악하여 기록해보는 거야. 이것을 바탕으로 주제를 뽑아내면 되겠지.

② 시

시를 공부할 때는 우선 시를 올바르게 감상하는 것이 필요해. 그러기 위해서는 시인에 대해 아는 것도 중요하지. 또한 그 시가 쓰여진 배경이나 상황들을 알 필요도 있어. 시는 되도록 암송하는 것이 좋아. 시를 먼저 가슴으로 느끼고, 그런 다음 시에서 사용된 여러 가지 비유법이나 수사법을 알아두렴.

③ 수필

수필은 작가의 생각이나 감정을 어떤 틀에 구애받지 않고 그냥 붓가는 대로 자유롭게 쓴 글을 가리켜. 글을 읽다 보면 작가 특유의 개성이 드러나는 독특한 표현들을 만나게 되는데 이것들은 놓치지 말고 반드시 짚고 넘어가는 것이 좋아.

기행문도 수필의 한 종류라고 볼 수 있는데 기행문을 공부할 때는 가능한 한 상상력을 많이 동원하여 자신도 함께 그 곳을 여행하는 것과 같은 느낌을 갖도록 노력해보자.

④ 고전문

고전문을 공부하는 데 고전苦戰하는 사람들이 많은 것 같아. 일단 현대문과는 문법체계부터 다르고 사용된 어휘도 생소한 것이 많거든. 어휘의 경우, 과거에는 사용되었으나 지금 없어진 것이 있고 그 모양이나 뜻이 변한 경우가 있어. 지금은 없어진 어휘들은 반드시 과거의 의미를 정확히 알아두어야 해. 모양이나 뜻이 변한 경우는 과거에서 현재에 이르기까지 어떻게 변천했는지 정리해두어야겠지? 특히 고전문을 공부할 때는 눈으로

만 읽지 말고 입으로 소리내어 읽어서 익숙하게 만드는 것이 중요해.

"수필과 같은 글을 읽다 보면 작가 특유의 개성이 드러나는 독특한 표현들을 만나게 되는데 이것들은 놓치지 말고 반드시 짚고 넘어가는 것이 좋아."

학생을 위한 Tip

국어 공부를 잘하자면

하루 5분이라도 신문이나 책을 읽는 습관을 갖도록 해. 요즘 신문 읽는 아이들이 그다지 많지 않은 것 같아. 인터넷이 발달했지만 그래도 아직까지 신문에서 신속하고도 다양한 정보를 얻을 수 있고, 신문은 현실감과 흥미가 있어 자연스럽게 역사, 지리, 과학, 환경, 한자 등 모든 교과의 공부를 잘하게 하는 공부의 보물창고인 셈이야. 국어 시험에서는 비문학글들이 지문의 2/3 정도 출제되는데 그 범위가 워낙 광범위해서 단기간에 적절한 대비책을 마련하기 정말 어려워. 따라서 평소에 꾸준히 신문을 읽어서 대비해 두어야 해. 신문 사설은 우리나라 최고의 필자가 시사와 관련하여 쓴 모범적인 글이기 때문이야.

중고등학생들의 연간 독서량이 10권 미만이라는 충격적인 보도가 있었어. 갈수록 책을 읽지 않는다는 거지. 많은 대학에서 논술고사를 실시하고 있고 논술고사의 비중도 갈수록 높아지고 있는데 말야. 다양한 분야의 책을 꾸준히 읽고 이해해 두어야 도움이 될 거야.

자신의 모국어 실력(?)만 믿고 국어 공부를 소홀히 하는 학생들이 있어. 영어, 수학을 잘하는 학생 중에도 유난히 국어 성적이 오르지 않아 힘들어하는 학생들도 종종 있고 말야. 또 학원을 꾸준히(?) 다닌 학생들 중에도 국어 공부의 해법을 찾지 못한 경우도 참 많아.

국어도 영어와 수학처럼 많은 문제를 풀어보는 것이 필요하고, 공부시간에 비례하여 좋은 성적을 얻을 수 있는 과목이야. 물론 성적을 올리는 데 시간이 가장 많이 걸리는 과목이기도 하지.

꾸준한 한자 공부, 한문 서예 등도 국어 실력을 향상시키는 방법이야. 국어 실력은 이처럼 여러 가지 공부가 오래 쌓여야만 좋아지기 때문에 어려운 것이기도 해. 문학, 비문학, 문법, 작문 등 어느 한 영역도 소홀히 해서는 안 되고 통합적인 공부가 필요한 것이지.

Tip 신문 읽기의 장점은

- 실생활의 다양하고 생생한 자료를 통하여 교과서에 압축된 개념과 원리를 쉽게 이해할 수 있다.
- 민주 시민으로서의 참여의식을 길러주고 사회를 바르게 보는 능력을 길러준다.
- 읽기, 쓰기, 말하기, 토론 능력이 길러지고 정보를 분석하고 비판하는 능력이 종합적으로 성장한다.

2 영어

중학교 영어는 수업시간에만 잘 들으면 많은 노력을 하지 않아도 좋은 점수를 받을 수 있었지? 하지만 고등학교에 올라가면 어휘도 방대해지고 문법도 복잡해져.

사실 다른 나라의 언어를 배운다는 것이 그리 쉬운 일이 아니지. 더군다나 하루아침에 영어 실력이 쑥쑥 자라는 것도 아니기 때문에 평소의 꾸준한 노력이 가장 많이 요구된다고 할 수 있어. 그러면 어떻게 하면 영어를 잘 할 수 있을까?

(1) 영어로 생각하고 말하기

"사전에서 영어 단어를 찾을 때는 뜻만을 기록할 것이 아니라 파생어, 동의어, 반의어 등도 함께 기록해두면 어휘력을 몇 배나 늘릴 수 있어서 좋아."

토익 만점을 받고 대학에 우수한 성적으로 입학한 오양은 영어 공부를 할 때는 완전히 영어로만 생각하려고 노력했다고 해. 지문의 뜻을 영어로 생각하고 혼자 중얼거리면서 자신에게 질문을 던지고 답하는 식으로 공부한 거지.

'일상생활에서 이런 상황을 영어로 표현한다면 어떻게 될까?' 를 늘 생각해보는 거야. 그런 다음 정확한 표현을 알게 되면 그 표현을 암기해두고 그런 상황에서 똑같이 써먹으면 자기 것이 되는 거지.

(2) 단어 · 숙어 암기하기

고등학교에 올라가면 갑자기 새로운 단어와 숙어가 쏟아져 나오기 때문에 당황하게 돼. 교과서를 읽거나 참고서로 공부할 때 새로운 단어와 숙어를 지나치지 말고 반드시 사전을 찾아서 기록해두는 습관을 길러야 해. 그러기 위해서는 영어사전 찾는 것을 귀찮아해서는 안 되겠지? 사전에서 단어를 찾을 때는 뜻만을 기록할 것이 아니라 파생어, 동의어, 반의어 등도 함께 기록해두면 어휘력을 몇 배나 늘릴 수 있어서 좋아.

단어장에 기록한 단어나 숙어는 따로 시간을 들이지 말고 자투리 시간을 이용하여 틈틈이 암기해두면 일석이조의 효과를 낼 수 있어. 어휘력이 늘면 독해에 자신감도 생기므로 영어 성적을 올리는 데 필수적이지.

단어장 정리의 예

- **ambitious** [æmbíʃəs] ⓐ 대망야망을 품은, 패기만만한, 야심적인, 허식을 부리는

  예 *Boys, be ambitious.* 소년들이여 야망을 품어라

  [동의어]

  · **ambitious** 명예 · 권력 · 부귀 · 영화 따위를 열망하여 노력하는선 · 악에 두루 씀

  · **aspiring** 좀처럼 이루어질 것 같지 않은 큰 목적을 위하여 노력하는나쁜 의미는 내포하지 않음

  · **enterprising** 성공을 목표로 위험을 무릅쓰거나 새로운 계획을 시도하거나 하는주로 재정상의

  · **emulous** 남과 경쟁하여 동등하게, 혹은 그 이상이 되려고 하는 ⓐⓓ ambitiously

  ⓝ **ambitiousness**

학생을 위한 Tip

효과적인 영어 단어 · 숙어 암기법

과거의 영어학습법은, 먼저 단어, 숙어, 예문을 철저히 외운 후 독해를 하고 문법을 공부하는 식이었다면 요즘은 먼저 글을 읽고 문맥 속에서 단어와 숙어를 이해하는 식으로 바뀌었어. 그래서인지 최근엔 영어단어장을 가지고 다니면서 공부하는 학생을 거의 볼 수 없지. 하지만 단어와 숙어의 암기는 여전히 영어 공부의 기본이 돼. 중학교 3년 동안 교과서에 등장하는 영어 단어는 1,250개이고, 고등학교 영어 II 까지의 단어는 2,500개이며, 대학에

진학하기 위해서는 5,000 ~ 6,000개의 어휘력이 필요하다고 해. 중학교 때부터 영어 단어와 숙어를 계획적으로 매일매일 꾸준히 외워야 영어 공부를 잘할 수 있어.

카드 활용법

앞면에는 단어, 숙어, 예문 등을 적고 뒷면에는 해석을 적은 단어카드를 활용해봐. 이것을 화장실이나 벽, 식탁 등 집안 곳곳에 붙여둬. 한 번 외울 때마다 카드 앞에 1획씩 그어, 바를 정正자가 되면 떼어내는 거야.

또, 단어와 숙어를 모은 단어장판매되는 것도 있어에서 암기한 단어에 차례로 번호를 붙여나가는 방식도 좋아. 외운 단어의 숫자가 많아질수록 기분이 좋아져 더 열심히 하게 되는 효과가 있거든.

영어 단어를 외우고 뜻을 확인하는 방식으로 일주일쯤 공부한 다음에는, 뒷면의 뜻을 먼저 보고 단어를 알아맞히는 방식으로 바꾸면 더욱 효과적이야.

반대말, 동의어, 숙어, 문장, 단어의 어원 등을 연관지어 외우면 더 폭넓게 공부할 수가 있어. 또 눈으로만 외우지 말고, 써보고, 말하는 등 오감을 활용하는 것도 잊지 마.

(3) 영문 독해 기술 터득하기

인터넷을 하다 보면 외국의 사이트를 많이 보게 될 거야. 흥미 있는 주제의 사이트라도 영어를 모르면 무용지물이라고 할 수 있지. 수능에서도 독해 능력은 여전히 중요한 비중을 차지하고 있어. 그럼 어떻게 하면 영어 독해를 잘할 수 있을까?

우선은 영문법에 익숙해져야 해. 요즘은 과거에 비해 영문법이 그리 강조되고 있지는 않아. 영문법을 강조한 영어 공부

"영어 문장은 모두 5형식 중의 하나에 해당한다고 할 수 있어. 문장 구조의 핵심인 주어, 동사, 목적어, 보어를 찾는다면 그 문장의 의미를 반쯤은 파악했다고도 볼 수 있어."

가 10년을 배워도 외국인 앞에서 말문이 막히는 벙어리를 만들어낸다는 비판을 받고 있기 때문이지.

그렇지만 영문법을 몰라도 안 돼. 영어 독해, 특히 장문을 독해해야 하는 경우, 영문법을 모른다면 의미를 정확하게 파악하기가 쉽지 않아. 왜냐하면 영어 문장은 우리나라 말과는 어순도 다르고 여러 가지 문법체계도 다르거든.

영어 문장은 모두 5형식 중의 하나에 해당한다고 할 수 있어. 문장 구조의 핵심인 주어, 동사, 목적어, 보어를 찾는다면 그 문장의 의미를 반쯤은 파악했다고도 볼 수 있거든.

영어 독해를 잘하려면 문장의 구조를 파악해야 해. 주어, 동사, 목적어, 보어에 해당하지 않는 부분은 부사구나 부사절이므로 일단 괄호( )로 묶어 두었다가 나중에 생각해도 되거든. 모르는 단어가 나온다고 해서 거기서 멈추지 말라는 거야. 왜냐하면 모르는 단어도 앞뒤 문맥을 살펴보면 대강의 의미를 짐작할 수가 있거든. 그런 식으로 죽 읽어나가면 문장의 의미를 좀더 쉽게 파악할 수 있을 거야.

(4) 말하기 · 듣기 연습하기

수능시험에 영어 듣기평가가 포함되어 있는 거 알지? 학교 시험에서도 듣기평가를 실시하지. 듣기 능력을 키우려면 영어를 많이 듣는 수밖에 없어. 영어 TV 방송이나 영어회화 프로그램, 영화 · 비디오 등을 들으면서 원어민native speaker의 발음을 자주 듣는 거야. 일반적으로 영어에 3천 시간은 노출시켜 영어와 친해져야 제대로 된 영어를 할 수 있다고 전문가들은 말하고 있어.

기회가 된다면 외국인과 직접 말하는 것도 좋아. 당황하지만 않는다면 자신이 알고 있는 단어실력으로도 간단한 대화는 충분해. 외국인과 대화하려면 주눅부터 드는 게 사실이야. 하지만 그럴 경우 "저 사람은 자기 모국어지만 나에겐 외국어이니까 잘 모르거나 틀린다고 해서 부끄러워할 일은 아냐"라고 편하게 생각하는 게 좋아. 외국인이 한국말을 서툴게 한다고 해서 그 사람을 흉보지 않는 것처럼 말야. 외국인도 우리에 대해 마찬가지의 마음을 갖는다는 것을 명심하기 바래. 아울러 짧은 시간 동안에 영어 공부를 끝낸다거나 처음부터 100% 정확한 영어를 구사하겠다는 생각은 하지 마.

(5) 영역별 구체적인 공부 방법

① 발음

· 연습에 앞서 영어 특유의 발음 구조에 대한 이해가 필요해. 강세나 연음 법칙을 명확히 암기해둬.

· 발음 연습은 머릿속에서 아무리 해도 소용없어. 큰 소리를 내서 말해보는 반복 훈련이 효과적이야.

· 좋아하는 팝송이나 영화를 들으면서 원어민의 발음을 따라

해봐. 훨씬 재미있단다.

② 어휘

· 어원을 파악하면서 암기하도록 해. 억지로 외우지 않아도 하나의 어원에서 파생된 여러 단어를 한꺼번에 익힐 수가 있거든. 큰 뿌리를 캐내면 잔뿌리들이 저절로 끌려 올라오는 것과 마찬가지 이치란다.

· 단어나 숙어를 외울 때에는 예문도 함께 외우도록 해. 단어만 외워서는 독해나 듣기에서 활용하기 힘들어.

· 책상이나 식탁 앞, 화장실 등 암기할 단어나 숙어를 붙여놓고 외우도록 해.

③ 문법

· 어려운 문법책을 보고 있다고 해서 영어를 잘하는 건 아니야. 쉽고 짧은 문법책을 선택하여 처음부터 끝까지 여러 번 반복 공부하는 게 더 효과적이야.

· 자주 사용되는 문법은 예문을 통째로 외워버려.

④ 독해

· 애써서 우리말 어순에 맞춰 문장을 만들려 하지 말고 영어 어순대로 독해하도록 해. 모르는 단어에 당황해 하지 말고 전체 문장의 의미를 파악하도록 해.

· 100% 이해하려 하기보다는 문맥과 전후 관계를 파악하는 게 중요해.

"단어나 숙어를 외울 때에는 예문도 함께 외우도록 해. 단어만 외워서는 독해나 듣기에서 활용하기 힘들어."

· 영어 소설이나 만화를 읽어봐. 좋아하는 영어 단어나 문장을 많이 만들어 놓으면 기억하기가 좀더 쉬워져. 읽기 적당한 수준은 한 페이지에 모르는 단어가 5개 정도 있을 경우야.

⑤ 듣기

· 단어 하나하나를 들으면서 해석하려 하지 말고 문장 전체를 들으려고 애써봐.
· 들으면서 받아 적는 연습을 하도록 해. 이때 모르는 단어는 들리는 대로 우리말로 적고 영어 철자를 다 맞게 쓰려고 애쓰지 마.
· 자기 수준에 맞는 듣기 교재를 하나 택해서 들릴 때까지 계속 들어봐. 전철이나 버스에서 MP3 플레이어 등으로 늘 듣기 연습을 해.
· 재미있는 영화 하나를 골라 반복해서 보도록 해. 나중에는 대사를 따라해봐.

⑥ 영어 작문

· 영작을 하기 위해서는 예문을 암기하는 게 가장 효과적이야. 쉬운 문장부터 시작하여 점차 복잡한 문장까지 가능한 한 많이 암기하도록 해.
· 교과서나 책에 나와 있는 주요 구문을 암기하는 것이 좋아.

"영어 일기를 꾸준히 쓰도록 해. 또 친구들과 이메일을 영어로 주고받으면서 어색한 부분을 서로 지적해주는 것도 좋은 방법이야."

· 영문을 우리말로, 다시 우리말을 영문으로 같은 글을 가지고 옮겨 보도록 해. 잘못된 점을 스스로 확인할 수 있는 좋은 방법이야.

· 영어 일기를 꾸준히 쓰도록 해. 또 친구들과 이메일을 영어로 주고받으면서 서로 지적해주는 것도 좋은 방법이야.

· 처음부터 멋 부린 긴 문장을 쓰려고 하지 말고 가능한 한 짧고 쉽게 쓰도록 해.

⑦ 생활영어

· 영어권 문화와 사고방식을 이해하려는 열린 마음을 가지도록 해.

· 유행하는 영화나 드라마를 볼 때 실생활에 근접한 단어를 암기하는 것이 좋아.

· 영어를 잘하는 사람일수록 간단하고 쉬운 표현을 쓴단다. 또 관용적인 표현은 가능하면 많이 암기하도록 해.

· 공항이나 관광지 등 외국인을 만나면 말을 걸어봐. 영어에 대한 두려움이 사라지고 그들의 문화를 이해하는 데도 도움이 될 거야.

학부모를 위한 Tip 영어 일기를 쓰게 하세요

자녀들에게 영어 일기를 써보게 하세요. 집에서 영어를 복습하면서 실력을 쌓는 가장 좋은 방법이 바로 영어 일기 쓰기입니다. 영어 일기를 쓰게 되면 작문 실력이 늘어나므로 외국인을 만날 때 자신감이 생기고 영어 공부에 재미를 느끼게 되어 결국 영어 실력이 크게 향상될 수 있습니다.

영어 일기 쓰기가 결코 쉬운 일은 아니지만 문장이 틀려도 괜찮으니 자녀들이 학교에서 배운 어휘와 표현들을 활용하는 장으로 삼도록 도와주세요. 영어 공부에 큰 도움이 됩니다. 영어 일기 등의 영어 작문은 전문가의 첨삭이 있다면 더욱 효과적인데 부모님께서 직접 지도해 주실 수 없는 경우는 학교 선생님이나 다른 전문가를 활용하도록 해 주십시오. 매일 쓰는 것이 힘들면 2~3일에 한 번씩 쓰는 방법도 있습니다. 친구끼리 스터디 그룹을 만들어 각자가 쓴 일기를 서로 교환하여 첨삭하고 의견을 나누는 것도 좋은 방법입니다. 일기가 부담스럽다면 취미, 친구, 환경, 경제 등 관심 있는 주제에 대하여 인터넷을 활용해 작문할 수 있도록 지도해주세요.

Tip 영어 공부, 이렇게 한번 해봐요

- **따라하기 1:** 외국어는 슈퍼맨이라도 당일치기를 할 수는 없어. 짧은 시간이라도 매일 꾸준히 공부하도록 해.
- **따라하기 2:** 영어는 책 속에만 있지 않아. 자신이 좋아하는 방법이나 교재를 사용하여 재미있게 공부해봐.
- **따라하기 3:** 세부적으로 모르는 단어나 표현에 집착하지 말고 전체를 파악하려고 애써봐. 전체 내용을 이해하면 모르는 단어 한 두 개쯤은 전혀 문제되지 않아.
- **따라하기 4:** 단어의 뜻을 전부 정확히 알고 이해해야 한다는 생각에서 벗어나도록 해. 80% 정도만 이해하면 넘어가도록 해.
- **따라하기 5:** 우리말로 번역하려 들지 마. 영어를 읽고 곧바로 영어

로 생각하는 습관을 들이도록 해.

· **따라하기 6:** 좋아하는 영어 문장을 통째로 암기하도록 해. 모르는 단어도 무조건 암기하는 거야. 문법, 회화, 작문 어디에나 응용할 수 있거든. 이때 외운 문장은 평생 동안 큰 자산이 된단다.

· **따라하기 7:** 공부한 것을 실생활에서 자주 활용해봐. 많이 쓸수록 익숙해지고 잊어버리지 않거든. 영어 그룹스터디를 하며 친구들과 영어로 대화하는 시간을 가져보는 것도 좋아.

· **따라하기 8:** 영어를 못하는 것보다 공부를 아예 하지 않는 게 창피한 일이야. 실력이 모자란다고 판단되면 언제든 기초로 돌아가는 용기가 필요해.

· **따라하기 9:** 영어는 모국어가 아니므로 서투른 것은 당연해. 발음이 잘 안 된다고 주저하지 말고 뻔뻔스러울 정도로 당당하게 읽고 말하도록 해.

· **따라하기 10:** 분량만 많다고 공부를 많이 한 건 아니야. 중간중간 공부한 것을 되돌아보는 시간을 가지도록 해. 부족한 점은 보충하고 중요한 점은 다시 짚고 넘어가. 오랫동안 기억하기 위해서는 정리하여 완전히 내 것으로 만들 시간이 필요해.

· **따라하기 11:** 우리는 인터넷 세대잖아. 사이버 영어교육 사이트를 잘 활용해보도록 해.

3 수학

수학은 자연세계를 합리적으로 설명하는 것이 목적인 학문이라고 할 수 있어. 그래서 수학을 공부하면 합리적이고 논리적인 사고방식을 기를 수 있지. 그렇지만 많은 학생들이 수학을 어려워하고 싫다고 말해. 심지어는 수학 과목을 두려워하

는 학생들도 있단다. 어째서 그럴까?

수학은 다른 과목과는 달리 '기초'가 매우 중요한 과목이기 때문이야. 또, 단계별, 학년별로 관련성이 매우 큰 과목이므로 앞 단계를 확실히 이해하고 난 후, 다음 단계로 넘어가야 해. 중학교 1학년 때 수학을 게을리 하면 2학년 가서 잘하게 되기란 거의 불가능하거든. 기초가 탄탄하지 않은 집이 쉽게 무너지듯이 기초가 없으면 성적이 오를 수가 없어. 내용이 이해되지 않으면 부끄러워하지 말고, 즉시 저학년 교재문제로 되돌아가야 해. 예를 들어, 중학교 3학년 단원의 '삼각비'를 모르면, 2학년 때의 '닮음' 단원에서 '피타고라스의 정리'나 '삼각형 닮음의 성질'을 다시 공부해야 해. 꾸준히 공부하는데 성적이 잘 오르지 않는 경우는 이와 같은 수학 과목의 특성에 맞는 공부 방법을 모른 채 무조건 덤벼들기 때문이야. 어떻게 하면 수학을 잘할 수 있을까? 좀더 구체적으로 알아보자.

(1) 기본 공식은 단순 암기가 아닌 이해!

수학의 특성 중 하나가 공식이 매우 많다는 거지. 어떤 학생은 무조건 공식을 암기하고 그 공식에 숫자만 대입하는 식으로 문제를 풀더구나. 그런 식으로 문제를 풀다 보면 기본적인 문제는 풀 수 있어도 응용문제는 풀지 못하게 돼.

수학 성적을 올리려면 기본 문제가 아닌 응용된 문제를 잘 풀 수 있어야 해. 그런 실력은 기본 원리를 충분히 이해하는 데에서 나온다고 할 수 있어. 공식을 암기하기 전에 그 공식이 만들어진 과정을 이해한다면 굳이 공식을 외우려고 애쓰지 않아도 되고, 거기서 응용된 문제도 자신 있게 풀 수 있을 거야.

(2) 문제를 깔끔하게 푸는 습관

문제를 풀 때 귀찮더라도 중간 과정을 일일이 정리하는 것이 좋아. 수학을 잘하려면 문제 풀이 과정을 깔끔하게 기록하는 습관이 중요해. 글씨를 차분하게 또박또박 잘 쓸 수 있다면 수학 공부에 유리하겠지. 간혹 문제를 정확히 풀었지만 글씨를 휘갈겨 써서 잘 알아보지 못해 틀리는 경우도 있거든.

'연습은 실전처럼, 실전은 연습처럼' 이라는 말이 있지. 수학은 특히 평소에도 문제 풀이 과정을 깨끗이 기록하면서 공부하는 진지한 자세가 정말 중요해.

(3) 복잡한 문제는 수학적인 언어로 단순 명료하게

수학은 국어와 별 상관이 없다고 생각하겠지? 그렇지 않아. 국어를 잘 못해서 수학 문제를 못 푸는 경우가 있어. 문제의 뜻을 파악하지 못하거나 잘못 파악해서 틀리는 경우가 많거든.

긴 문장으로 서술된 문제의 경우 제일 먼저 문제의 핵심을 파악하여 수학적인 언어로 바꾸는 거야. 수학적인 언어라 함은 수학에서 사용되는 문자나 기호를 말해. 또 문제를 그림이나 그래프로 바꾸어서 이해하는 것도 큰 도움이 돼.

긴 문장으로 되어 있는 문제가 어려운 이유는 하나의 문제

"'연습은 실전처럼, 실전은 연습처럼'이라는 말이 있지. 수학은 특히 평소에도 문제 풀이 과정을 깨끗이 기록하면서 공부하는 진지한 자세가 정말 중요해."

안에 작은 문제들이 숨어 있기 때문이야. 이 경우 함정이 있을 수 있으니 더욱 세심하게 문제를 읽어야 하겠지. 문제의 핵심 부분을 적절한 순서로 재편성할 수 있을 때까지 문제를 완전히 이해하고 있어야 해.

(4) 자신의 약점을 집중 공략

"수와 식 쪽은 자신이 있는데 도형만 나오면 자신이 없어"라고 하는 학생들이 많아. 수학은 다른 과목과 달리 세부 분야별 특징이 뚜렷해서 어느 한 분야는 자신 있지만 다른 분야는 자신 없어 하는 학생들이 있어. 자신 없는 분야가 나오면 공부하기 싫어지고 그 분야의 문제는 풀어볼 생각도 하지 않고 지레 포기하는 경우도 있지.

수학에서는 어느 한 부분이라도 약한 부분이 있다면 좋은 성적을 얻을 수 없단다. 자신이 어떤 부분에서 약한지를 우선 파악하고 나서 그것을 정복하기 위한 노력을 해야 하는데, 그것도 꾸준히 해야 해. 부족한 부분을 짧은 시간에 보완하기 위해서 일정 기간 동안만 학원에 다니는 것도 생각할 수 있어.

(5) 문제는 일단 많이 풀어야

수학 선생님은 수업의 대부분을 대체로 문제 푸시는 데 할 문제만 봐도 그 문제가 어떤 답을 요구하는지 알게 될 때까지 문제를 많이 풀어보아야 수학의 실력이 는단다.

애하시지. 선생님이 문제를 술술 풀어가는 것을 보거나 자습서의 문제 풀이를 보면 나도 잘 풀 수 있을 것 같기도 해. 하지만 남이 문제를 푸는 것을 보는 것만으로는 결코 수학을 잘할 수 없어. 꼭 자신이 직접 문제를 풀어야 해.

어느 과목보다도 수학은 예습과 복습이 필요해. 반드시 그날 배운 단원은 문제집을 통해 비슷한 문제들을 많이 풀어보는 것으로 복습을 해야 해.

또 다음에 배울 부분은 스스로 교과서 문제를 풀어본 후 수업 시간에 선생님이 푸시는 것과 비교해봐야 해. 이것이 수학에 재미를 붙이는 길이야. 내가 땀을 흘리면서 깊이 생각하고 추리하고 고민하며 힘들게 문제를 푸는 것과, 남이 푼 것을 보는 것은 많은 차이가 있어. 결국 문제만 봐도 그 문제가 어떤 답을 요구하는지 알게 될 때까지 문제를 많이 풀어보아야 수학 실력이 는단다. 자신에게 적당한 수준의 문제를 직접 많이 풀어보는 것! 이것이 문제 푸는 속도를 점점 빠르게 하고, 답은 정확하게 해주는 비결이야. 또 공부 잘하는 방법에서 가장 중요한, '공부하는 즐거움'을 진정으로 느낄 수 있게 해주는 비결이기도 해.

Tip 나를 절망케 하는 수학

원인

· 충분한 시간을 투자하지 않았다.
· 기본적인 개념에 미숙했다.
· 문제 풀이 과정을 무시했다.
· 시간 안배를 잘못해서 손대지 못한 문제가 있다.
· 수학 과목만 떠올리면 죽고 싶다.

대처 방법

· 시간을 정해 놓고 매일 꾸준히 공부한다.
· 용어의 정의, 기호의 의미, 계산 규칙 등을 정확히 파악한다.
· 기본 개념, 풀이 과정의 각 단계를 숙달될 때까지 연습한다.
· 정해 놓은 시간 내에 문제 푸는 연습을 해둔다.
· 긴장, 불안, 공포심 등 수학에 대한 부담감을 떨쳐버린다.

수학 공부 따라하기

중 · 고등학교 수학은 암기만으로 충분하지 않아. 분석과 응용을 자유자재로 구사할 수 있으려면 먼저 이해가 선행되어야 해. 문제 유형에 따라 푸는 방식을 잘 이해하여 그 방식에 따라 정확히 계산하면 돼.

· **따라하기 1:** 기본적인 공식, 용어, 공식 유도과정 등을 숙달할 것! 기본이 튼튼해야 문제를 잘 이해할 수 있고 암기도 잘 되는 법이야.

· **따라하기 2:** 무엇을 모르는지, 어디서 잘못 풀었는지를 알기 위해 풀이과정을 자세히 살펴볼 것! 문제별 유형과 풀이과정을 이해하고 암기해두면 응용하는 데 용이할 거야.

· **따라하기 3:** 문제를 풀 때는 가능한 그래프, 그림, 도형 등을 그려서 할 것! 시각화함으로써 문제를 좀더 명확하게 이해할 수 있어.

· **따라하기 4:** 언제든지 풀 수 있는 문제보다는 자신이 모르는 문제, 이해가 되지 않는 문제는 ×표 또는 ∨표시를 해놓고 집중적으로 반복하여 풀어볼 것! 그리고 각 단원마다 반드시 익혀야 할 기본적인 문제들은 하나도 빠뜨리지 말고 풀어봐.

· **따라하기 5:** 수학은 시간 싸움이야. 자주 나오는 문제는 자동적으로 풀 수 있도록 충분히 연습해야 해.

· **따라하기 6:** 자기 스타일에 맞고 이해하기 쉬운 참고서나 문제집을 한 권 선택해 세 번 이상 풀어볼 것! 3권의 문제집을 한 번씩 푸는 것보다 정말 괜찮은 문제집 한 권을 3번 반복해서 푸는 것이 더 효과적이야.

· **따라하기 7:** 하루에 10문제만이라도 꾸준히 풀 것! 하루에 3시간 공부하고 이틀 쉬는 것보다 1시간이라도 매일 하는 것이 중요해.

· **따라하기 8:** 잘 이해되지 않거나 모르는 문제는 수학을 잘하는 친구나 선생님께 여쭤볼 것! 절대로 그냥 넘어가지 말고 반드시 이해하여 그 유형을 익히도록 해.

· **따라하기 9:** 한 가지라도 자신 있게 풀 수 있는 부분을 집중적으로 공부해서 주변 친구들에게 가르쳐볼 것! 무엇보다도 자신감을 얻을 수 있으며, 수학과 친해져 있는 자신을 볼 수 있을 거야.

· **따라하기 10:** 생활 속에서 수학적 계산이나 원리가 담긴 유형을 찾아볼 것! 가령, 전철 노선도를 보면서 숨어 있는 도형을 연상하는 건 어때?

· **따라하기 11:** 수학의 원리를 알면 참 흥미롭단다. 흥미로운 수학의 역사나 수학자들의 전기를 읽어봐!

(5) 영역별 대처 방법

① 수와 식

· 수학의 기초는 계산 능력이야. 가능한 한 문제를 많이 풀어서 신속하고 정확하게 풀 수 있도록 반복하여 연습하도록 해.

· 계산 과정을 순서대로 적어서 틀렸을 때 어떤 부분에서 실

"수학 문제를 풀 때는 깨끗이 풀어야 나중에 검산할 때 잘못된 곳을 즉시 찾아낼 수 있어."

수가 있었는지 확인하도록 해.

· 수는 수직선에 표시하여 음수와 양수의 구분, 절댓값의 크기 등을 확인하도록 해.
· 다항식의 곱셈과 나눗셈, 인수분해는 유형을 구분하여 암기하도록 해.
· 수학을 잘하려면 먼저 수와 친해져야 해. 문제를 풀면서 수의 성질을 파악하여 계산에 익숙해지도록 해.

② 방정식

· 방정식의 풀이를 자유자재로 할 수 있도록 문제를 많이 풀어봐.
· 각 문항이 뜻하는 것을 알맞은 수식으로 옮길 수 있어야 해. 기호화하면 문제의 의도가 훨씬 명확해져.
· 주어진 조건을 모두 이용해야만 문제는 풀린다는 걸 잊지 마. 미처 생각하지 못한 조건이 있는지 꼭 확인해봐.

③ 함수

· 함수는 기본형의 성질과 그래프의 유형 파악이 중요해. 숫자를 기본형에 직접 대입해보고 그려보도록 해.
· 절편과 기울기를 알면 그래프가 보인단다. x와 y 각각에 0을 대입하여 절편을 구하면 그래프 그리기가 훨씬 쉬워져. 비례와 반비례 여부도 꼭 확인해.

④ 도형/확률과 통계

· 도형 문제는 도형의 특징을 파악하고 이미지를 머리에 확실히 떠올릴 수 있어야 해.

· 겉넓이와 부피를 구하기 위해서는 투시도를 그려보고, 또 각 도형의 해당 공식을 잘 알고 있어야 해.

· 통계에서는 자료의 정리, 그리고 평균의 계산이 중요해. 자료가 어떤 모습인지 표나 그래프로 그려봐.

· 통계 용어를 이해하고 그 차이점을 구분할 수 있어야 해. 예컨대, 도수와 변량, 히스토그램 등의 용어를 구분할 줄 알아야 해.

· 확률은 일어날 수 있는 각각의 경우를 빠짐없이 조사해야 해. 하나라도 빠지면 전혀 엉뚱한 답이 나와.

학부모를 위한 Tip 자녀의 수학 공부는 이렇게 도와주세요

자녀들과 더불어 학부모들이 가장 걱정하는 과목 중 하나가 바로 수학 과목입니다. 하지만 수학 과목만큼 노력에 비례하여 정확하게 성적이 나오는 과목이 없습니다.

수학 문제를 풀 때는 풀이과정을 잘 정리하면서 푸는 습관이 필요합니다. 자녀가 혹시 연습장에 낙서하듯이 문제를 풀고 있지 않은지 점검해주세요. 나중에 풀이과정을 꼼꼼히 살펴볼 수 있게 깨끗이 풀도록 지도해주세요. 공책이나 연습장을 세로로 2등분하여 사용하면 좋을 것입니다. 이렇게 하면 검산을 할 때 잘못된 곳을 즉시 찾아낼 수 있고, 틀린 이유라든가 자신의 취약점이 어디에 있는지를 빨리 확인할 수 있습니다.

수학 과목에 자신이 없는 자녀들은 방학 때 다음 학기에 배울 내용을 매일 꾸준히 2~3시간씩 계획을 세워 예습하는 게 효과적입니다.

평준화 이후 여러 수준의 학생들이 한 학급에서 같이 수업을 하는 현실에서, 과학고나 자립형사립고 진학, 또는 수학경시대회 출전 등 일정 수준 이상의 실력을 갖추려는 자녀에게는 학교 수업의 이해에 무리가 없다면, 1년 정도의 선행 학습이 효과가 있습니다. 하지만 어느 수준에 이르게 되면 선행 학습은 효과를 나타내지 못합니다. 선행 학습으로 "이미 알 건 다 안다"며 학교 수업시간에 진지한 자세가 없어지며, 자신도 모르게 다소 건방진 태도가 나오기 쉽습니다. 자신감은 수학실력 향상에 도움을 주지만 자만심은 수학을 망치는 길입니다. 수학 공부는 꾸준히 지속적으로 해야 효과적입니다. 부모님은 이 점을 특별히 경계해야 합니다.

유머

주관식 수학문제를 풀다가

어려운 수학시험 주관식 문제 때문에 학생들이 골머리를 앓고 있었다. 그때 정답이 '1092'라는 소리 없는 소문이 돌기 시작하였다. 누군가가 우등생의 답안지를 슬쩍 훔쳐 본 다음 친구들에게 퍼뜨린 것이었다. 그런데 정답은 과연? 'log2' 였다.
하하하……

4 과학

과학은 재미는 있지만 공부하기는 어렵다고 생각하는 친구들이 많아. 특히 공식이나 어려운 개념이 나오면 아예 포기해 버리기까지 하지. 과학 공부의 핵심은 탐구능력에 있다고 해도 과언이 아니야. 요즘 수능에서 과학 부분을 과학탐구 영역이라고 부르잖아. 그만큼 탐구가 중요하다는 거지.

초등학교 때에는 과학을 좋아하다가 중학교, 고등학교로 갈수록 싫어하는 학생들의 비율이 높아지고 있어. 상급 학년으로 갈

수록 공부할 내용도 많아지고 어려워지기 때문이지. 수능시험에서도 과학탐구 영역에서 점수 차이가 많이 나는 것을 볼 수 있어.

(1) 탐구능력

과학에서 중요시하는 탐구란 어떤 현상에 대해 가지고 있는 의문을 풀어나가는 과정이라고 할 수 있어. 의문에 대해 나름대로의 생각으로 설명해보는 거야. 이를 일컬어 가설을 세운다고 하지. 그런 다음 자신이 세운 가설을 검증하기 위해 다양한 실험 등을 계획하는 거야. 실험을 해서 그 결과가 자신의 가설과 일치하면 결론을 도출해내고, 일치하지 않으면 가설을 수정해서 다시 실험하지. 이런 식으로 의문을 풀어가는 과정을 탐구라고 할 수 있어.

수능시험문제를 출제할 때는 직접 실험을 해보도록 할 수 없기 때문에 간접적인 방법으로 탐구능력을 확인해. 예를 들어서 가설을 옳게 세우는지 알아본다거나, 실험 결과로 나온 자료를 올바르게 해석할 수 있는가, 결론을 정확하게 도출할 수 있는가 하는 문제들이지. 이런 문제들은 평소에 탐구능력을 길러둔다면 충분히 해결할 수 있을 거야.

(2) 호기심과 의문

과학이 현재의 위치까지 발전할 수 있었던 것은 아마도 "왜?"라는 의문이 있었기에 가능했을 거야. 위대한 과학자 뉴

"과학에서 중요시하는 탐구란 어떤 현상에 대해 가지고 있는 의문을 풀어나가는 과정이라고 할 수 있어. 의문에 대해 나름대로의 생각으로 설명해보는 거야."

턴은 "사과가 익으면 왜 아래로 떨어질까?"라는 의문을 가졌기에 만유인력의 법칙을 발견할 수 있었다고 하지. 과학에서 여러 중대한 법칙들은 인간의 호기심과 의문이 없었다면 발견되지 않았을 거야.

서술형 과학 문제는 일반적으로 어떤 현상이 왜 그런지에 대해 쓰도록 되어 있지. 그렇기 때문에 과학을 공부할 때는 "왜 그럴까?"라는 의문점을 풀 수 있도록 노력하길 바래. 문제가 풀리는 순간 발견의 기쁨을 맛보게 될 거야.

(3) 교과서의 그림, 표, 그래프

사회 과목과 아울러 과학은 교과서 본문 내용에 그림이나 표, 그래프 등이 종종 등장해. 그림, 표, 그래프 등은 어떤 중요한 내용을 설명하기 위해서 보조적으로 사용하는 것이므로 문제에도 자주 출제돼. 실험 장치와 어떤 법칙을 설명하기 위한 그림도 문제에 자주 출제된다는 사실을 명심하길.

학생을 위한 **Tip**

과학 공부를 잘하려면

· 교과서에 나오는 실험, 또는 평소에 해보고 싶은 실험은 가능한 한 직접 해보는 거야. 단, 혼자서 하는 건 위험하니까 선생님의 도움을 받는 게 좋겠지.

· 과학 관련 인터넷 사이트에 자주 접속하고, 과학관, 과학전

시회, 박물관을 자주 견학하며 과학 관련 영화를 감상하는 것도 흥미 유발과 공부에 유익하단다(예: 서울시과학전시관_http://ssp.re.kr).

· 수학 공부는 과학 공부의 어머니야. 과학을 잘하려면 수학은 필수지.
· 과학과 관련된 책을 다양하게 읽어 과학에 관한 지식과 교양을 갖추어야 해. 「과학동아」나 「뉴턴」 등의 과학 잡지나 「어린이 과학동아」 등을 꾸준히 읽는 것도 좋아.
· 과학 관련 특활반이나 발명 · 환경 동아리에 가입하여 꾸준히 활동하고 과학캠프에 참여하는 것도 과학 공부의 하나야.
· 수학 · 과학 · 정보 분야의 영재교육원에 입학하면 전문적으로 수준 높은 과학 공부를 할 수 있어. 이러한 영재교육원을 수료하면 과학고등학교 입학시험에서 특별전형의 기회를 잡을 수도 있단다. 중학생 대상의 수학 · 과학 · 정보 분야의 영재교육원은 수도권의 경우, 11개 지역교육청, 서울과학고, 한성과학고, 선린인터넷고, 서울대, 연세대, 경원대, 대진대 등에 설치되어 있어.
· 탐구과정에 대한 충분한 이해가 필요해. 어느 과학 시험이나 한두 문제는 탐구과정에 관한 문제가 출제되거든.

5 사회 · 국사 · 세계사

사회나 국사, 세계사 등의 과목을 흔히 암기 과목이라고 해. 그렇지만 암기 과목이라고 해서 무조건 암기한다고 다 되는 것은 아니야. 모든 과목의 기본은 우선 그 내용을 이해하는 것이겠지. 요즘 시험에서는 과거의 암기형 문제와는 달리 사고력, 판단력, 분석력 등을 요하는 문제들이 출제되고 있어. 따라서 무조건 암기만 하는 방법으로 공부를 한다면 좋은 성적을 얻기 어려워.

(1) TV, 신문, 만화 등 학습 보조자료 활용

TV 프로그램 가운데 역사 드라마는 흥미진진한 맛이 있지? 역사 드라마는 국사를 공부할 때 생생한 현실감을 주기 때문에 도움이 돼. 마치 타임머신을 타고 그 시대로 거슬러간 것 같은 느낌이 들거든. 신문에 나오는 여러 가지 기사, 즉 사회면이나 경제면에 등장하는 기사들은 그대로 사회학습의 자료로 활용될 수 있기 때문에 좀더 관심을 가지고 신문을 보면 좋을 거야.

또, 학습 내용을 만화로 쉽게 이해할 수 있는 책들도 많이 있단다. 세계사나 국사 등을 공부할 때 이런 만화책을 미리 읽어둔다면 도움이 많이 될 거야.

(2) 덮어놓고 외우지 말고 먼저 이해를

쉽게 그리고 오래 기억하는 가장 좋은 방법 중 하나는 먼저 이해하고 기억하는 거야. 무조건 외우면 그것은 우리의 기억 창고에 의미 있는 내용으로 기록되지 않으므로 곧 잊혀지게 돼. 전체적인 내용을 파악하고 각 개념을 정확하게 이해하도록 노력해봐.

앞에서 효과적인 독서법에 대해서 생각해보았지? 사회와 같은 과목을 공부할 때는 자세하게 읽기 전에 한번 먼저 훑어보는 식으로 읽는 거야. 그러면서 머릿속에 대강의 뼈대를 잡는 거지. 뼈대가 잡히면 자세한 내용을 하나하나 확인하면서 공부하면 돼.

"시험 범위의 모든 내용이 다 중요한 것은 아니야. 수업시간에 선생님께서 강조하신 부분이 어디인지를 꼭 기억하고 있어야 돼. 그런 부분은 시험문제에 출제될 확률이 아주 높거든."

(3) 요점 정리는 체계적으로

사회, 국사, 지리 등의 과목은 시험 범위의 분량이 매우 많은 편이야. 그러다 보니 암기할 내용도 자연 많아지고……. 그렇지만 시험 범위의 모든 내용이 다 중요한 것은 아니야. 수업시간에 선생님께서 강조하신 부분이 어디인지를 꼭 기억하고 있어야 해. 그런 부분은 시험문제에 출제될 확률이 아주 높거든.

시험 치르기 며칠 전에는 반드시 요점노트를 작성하는 게 좋아. 요즘 컴퓨터 파일명에 zip이라는 확장자가 붙는 게 많은데 압축파일을 의미해. 이처럼 요점노트는 일종의 압축노트라고도 볼 수 있지. 압축시키면 일단 기억해야 할 용량이 작아진다는 장점이 있어. 요점노트 작성 및 활용법을 참고해보기 바래.

학부모를 위한 Tip 자녀들의 6단계 공부 방법

실력은 있는데 공부하는 방법이 서툴러서 공부의 효과를 보지 못하는 학생들이 많습니다. 자녀들이 어떻게 공부하고 있는지 한번 점검해보세요.

- **1단계 :** 공부하려는 범위 내의 교과서를 천천히 생각하면서 한두 번 읽어 전체적인 내용을 파악하고 내용에 익숙해지도록 합니다.
- **2단계 :** 읽은 범위 중에서 핵심 내용이나 모르는 부분, 질문할 것을 찾아, 서로 다른 색깔의 펜으로 밑줄을 긋거나 표시를 하고 핵심 내용을 기억합니다.
- **3단계 :** 자기 수준에 맞는 참고서로 계획을 세워 위와 같은 과정을 다시 한번 거칩니다.
- **4단계 :** 공부한 내용을 확실히 알고 있는지 확인하고, 공부한 것을 내 것으로 만들기 위하여 문제집을 풀어봅니다. 문제를 풀어볼 때 확실히 아는 것은 O표, 알 듯 말 듯하거나 우연히 맞힌 것은 △표, 지금 몰라서 나중에 확실히 알아두어야 할 것은 X표로 표시합니다. 복습을 할 때는 △표와 ×표로 표시한 부분을 집중적으로 공부하여 확실히 알아둡니다. 이렇게 하면 잘 아는 부분은 다시 볼 필요가 없으므로 시간이 단축되고 효과적입니다.
- **5단계 :** 문제를 풀다가 원리가 덜 이해되었다고 판단되면, 즉시 해당 단원의 원리 및 정리를 다시 공부하는 방식을 습관화해야 합니다.
- **6단계 :** 교과서, 참고서, 문제집의 핵심 내용이나 법칙, 원리 등을 요약노트에 정리한 후 암기합니다.

이러한 공부 방법은 누구나 잘 알고 있는 것이지만 실천하기가 쉽지 않다는 데 문제가 있습니다. 따라서 학부모님의 지속적인 관심과 지도가 필요합니다.

공부 특명, 시험 성적을 올려라!

달인의 시험 대비 기술

1 어떻게 하면 시험을 잘 볼까

평소에 열심히 공부를 하지만 그에 비해 시험 성적이 별로인 학생들이 간혹 있어. 무조건 열심히만 한다고 시험 결과가 좋은 건 아니야. 시험에도 전투와 같이 지혜로운 전략이 필요해.

시험에 강한 학생이 있는가 하면 유난히 시험에 약한 학생이 있지. 시험이란 소리만 들어도 왠지 기가 죽고 소름이 끼치는 학생들도 많을 거야. 시험에 실패한 경험이 많을수록 더욱 그렇겠지. 그러나 시험에 어떻게 준비하고 대비할지 전략을 잘 짠다면 시험은 용기를 얻을 수 있는 좋은 기회이기도 해.

그렇다면 제한된 시험준비 기간 내에 가장 효과적으로 준비할 수 있는 방법에 대해 알아볼까?

(1) 시험준비 계획은 언제부터 어떻게?

시험 하루 이틀 전에 공부를 시작하는 벼락치기파도 있기는 하지만 중간고사나 기말고사의 경우 적어도 10일이나 2주 전에, 모의고사의 경우는 1주일 전부터 계획을 세워야 해. 계획을 세울 때 가장 중요한 것은 과목마다 시간 배분을 적절히 하는 거야. 중요한 과목에는 시간을 많이, 그리고 자신 있고 덜 중요하다고 생각하는 과목에는 시간을 적게 투자하는 요령이 필요해.

시험에 대비하여 공부할 때는 우선순위에 따라 공부계획을 세워야 해. 어떤 친구는 무조건 문제집부터 시작하는데 그건 좋은 방법이 아니야. 먼저 교과서와 노트를 충분히 이해한 다음 그것

"하루에 한 과목을 모두 끝내는 것보다는 약 2주일에 걸쳐서 첫 주에는 교과서와 노트 중심으로, 둘째 주에는 참고서와 문제집, 실전대비 예상 문제 풀이 등으로 공부하는 것이 좋아."

을 확인하기 위해 문제집을 풀어보는 거란다. 시험공부를 할 때는, "교과서 ⇨ 노트 ⇨ 참고서 ⇨ 문제집 ⇨ 예상 문제 풀이" 등의 순서로 하는 것이 원칙이야.

하루에 한 과목을 모두 끝내는 것보다는 약 2주일에 걸쳐서 첫 주에는 교과서와 노트 중심으로, 둘째 주에는 참고서와 문제집, 실전대비 예상 문제 풀이 등으로 공부하는 것이 좋아. 시간에 쫓겨서 마음이 조급해지더라도 교과서와 노트를 소홀히 해서는 안 돼. 왜냐하면 교과서와 노트는 공부하는 데 토대가 되기 때문이야.

(2) 계획을 세울 때 필요한 것은?

수업시간표, 각 과목의 교재들교과서, 공책, 자습서, 문제집 등, 시험 시간표, 달력, 종이, 필기구, 계산기, 평소에 휴대하는 다이어리 등이 있겠지? 더 필요한 게 있는지 곰곰이 생각해보렴.

(3) 6단계 계획 세우기

1단계 공부할 수 있는 총시간을 계산할 것!

시험공부를 시작하는 날부터 시험 당일까지 시험공부에 투자할 수 있는 시간을 전부 계산해보는 거야. 평소에 일주일 계획을 세워서 공부했다면 일주일 계획표에서 공부가 가능한 시

"시험공부는 체계적으로 해야 해. 과목별 난이도를 정하고 각 과목당 공부 시간을 계산하는 식으로"

간을 확인해보면 계산하기 편리하겠지. 평소 공부하는 시간에다가 시험기간에 투자할 수 있는 시간을 찾아서 합하기만 하면 돼. 2주일을 기준으로 하면 40시간에서 60시간 사이가 나올 거야.

2단계 과목별 난이도를 구분할 것!

다음으로는 시험 과목의 난이도를 구분해야 해. 어렵고 시간이 많이 걸리는 과목은 난이도가 높고, 쉽고 시간이 적게 걸리는 과목은 난이도가 낮다고 할 수 있겠지.

보통 수학이나 영어가 가장 어렵고 시간이 좀더 많이 걸리므로 둘 중 한 과목이 난이도가 가장 높은 과목이 될 거야. 수학과 영어 중 더 어려운 과목의 난이도를 4라고 하자. 최고의 난이도를 4라고 하는 거지. 만일 영어보다 수학이 더 어려우면 수학은 난이도가 4, 영어는 3이 될 거야. 이를 기준으로 하여 다른 과목의 난이도도 정할 수 있어. 예를 들어, 국어는 어렵지는 않지만 시간이 걸리므로 2, 사회는 1 등등. 개인마다 시간이 많이 걸리는 과목이 다르므로 난이도 결정은 사람마다 조금씩 차이가 있을 거야.

3단계 각 과목 난이도의 비중을 계산할 것!

과목별 난이도의 총점을 계산한 다음 각 과목이 총점에서 차지하는 비율을 계산해야 해. 예를 들면 수학의 난이도가 4, 영어 3, 국어 2, 과학 3, 사회 2, 도덕 1이라면 난이도의 합은

15가 되는 거야. 이 중 수학은 전체 난이도 15 중에서 4를 차지하고 있으므로 4/15, 영어는 3/15, 국어는 2/15 등으로 계산하여 전체 난이도에서 각 과목이 차지하고 있는 비중을 구할 수 있겠지.

4단계 각 과목당 공부할 수 있는 시간을 계산할 것!

이렇게 구한 각 과목의 비중과 시험공부에 쓸 수 있는 총시간을 곱하면 각 과목당 필요한 시간을 구할 수 있어. 예를 들어, 총시간이 60시간인 경우 다음과 같이 계산할 수 있단다.

수학 4 → 4/15 × 60 = 16 시간
영어 3 → 3/15 × 60 = 12 시간
국어 2 → 2/15 × 60 = 8 시간
과학 3 → 3/15 × 60 = 12 시간
사회 2 → 2/15 × 60 = 8 시간
도덕 1 → 1/15 × 60 = 4 시간

총 60 시간

5단계 공부 단계별 시간을 배분할 것!

한 과목씩 구체적으로 공부 시간을 배분하면 돼. 예를 들어, 어떤 과목의 시험공부를, "책읽기 ⇨ 외우기 ⇨ 문제집 풀기 ⇨ 예상 문제 내보기" 등의 순서로 한다면 각 단계별로 필요한 시간을 계산하여 적어보는 거야.

※ 단계별 시간 배분

■ 배분된 총시간 : 2시간 20분

· 책읽기……………………………50분

· 외우기……………………………50분

· 문제집 풀기……………………20분

· 예상 문제 내보기……………20분

계획을 짤 때 시험 범위가 적힌 종이만 가지고서는 시간을 예상하기가 어려워. 책, 공책, 참고서, 문제집 등 시험준비에 필요한 자료들을 갖다 놓고 실제로 분량이 어느 정도나 되는지 확인해가면서 계획을 세워야 해. 이렇게 하면 시험 계획을 짜는 단계부터 시험공부할 내용에 익숙해지게 돼.

6단계 요일별로 과목을 배치할 것!

시간을 짠 다음에는 언제 각 과목들을 읽고 외우며 문제집을 풀 것인지 등 공부할 요일을 정해 놓아야 해. 한 과목을 하루에 다 하는 것보다 같은 과목을 1~2시간 이상 하지 않는 것이 집중하여 공부하는 데 더 효율적이지. 그리고 읽고 외우는 것은 첫째 주, 문제집을 풀고 예상 문제를 내는 것은 둘째 주 등으로 나누어서 공부하는 것이 좋아.

· **첫 주에 할 일:** 교과서 및 공책 읽고 외우기, 외운 내용 확인하기

– 시험 범위가 아직 발표되지 않았다면 지난 번 시험 범위 다음부터 진도 나간 곳까지 공부

"읽고 외우는 것은 첫째 주, 문제집을 풀고 예상 문제를 내는 것은 둘째 주 등 나누어서 공부하는 것이 좋아."

· **둘째 주에 할 일:** 정리한 것을 훑어 보면서 예상 문제 만들기, 틀린 부분 다시 한 번 확인하기
  – 시험 범위가 발표된 과목은 시험 범위 전체 공부

· **시험에 임박해서 할 일 또는 시험 기간 중에 할 일:** 요점 정리, 핵심 개념 다시 외우기, 자신의 약점 부분을 파악하여 보충하기, 문제집에서 틀린 문제만 다시 공부하기

시험준비 초반에는 수학, 과학 등 원리를 이해하는 시간이 많이 필요한 과목에 비중을 두다가 시험준비의 후반으로 갈수록 암기가 중점이 되는 과목에 비중을 두는 것이 좋아. 이해가 많이 필요한 과목의 경우 시간이 충분치 않으면 초조해서 집중이 잘 안 돼. 반면 암기 위주의 과목은 미리 외워두고 다시 보지 않으면 잊어버리기가 쉬워. 또 될 수 있으면 같은 날 시험 보는 과목을 묶어서 같은 날 공부하는 게 더 효율적이야.

이런 식으로 시험을 준비하면 어떤 점이 좋을까? 어느 특정 과목에 치우쳐서 공부하는 것을 막아주기 때문에 전과목의 성적이 골고루 좋아질 수 있어. 과목간 성적의 편차가 유난히 심한 학생은 이런 면을 놓치지 않았나 한번 돌아봐. 어렵고 힘든 과목일수록 계속 미루다가 결국 쉬운 과목만큼도 공부하지 못

할 위험이 있어.

또, 공부할 때의 집중력이 강해지는 장점이 있어. 계획대로 하려면 정해진 마감 시간을 맞춰야 하니까 시간 내에 끝내기 위해 긴장을 하게 돼. 긴장을 하다 보면 집중력이 향상되는 거야.

그리고 시간이 모자라거나 남을 때 미리 대책을 세울 수가 있어. 시간이 모자랄 때는 자투리 시간 등 이용 가능한 시간을 미리 찾아볼 수 있거든.

(4) 내신을 위한 서술 · 논술형 평가 대비 방법

서울시교육청의 경우, 2007년부터 서울시내 중 · 고등학교에서 국어 · 사회 · 수학 · 과학 · 영어 5개 교과를 평가할 때 서술 · 논술형 평가 항목의 배점 비율을 50% 이상으로 확대하기로 했어. 과목 별로 주로 출제되는 서술 · 논술형 문제 유형은 대체로 정해져 있다고 할 수 있어. 유형이 어느 정도 정해져 있기 때문에 시험 범위 내에서 나름대로 예상 문제를 출제해서 모범답안을 작성하는 방식으로 공부하는 게 좋아.

- **국어:** 주어진 조건에 맞는 본문 찾기. 내용 요약하여 쓰기. 글쓴이의 의도 파악, 시구의 의미 파악, 독서 내용 확인
- **영어:** 그림을 보고 영어로 설명하기, 자신의 활동 서술하기, 빈칸 채우기, 날짜 쓰는 순서, 가족 호칭 쓰기, 올바른 영어 표현과 활용 능력 측정 문제
- **수학:** 풀이 과정 쓰기, 풀이 과정의 빈칸 채우기, 사고력과

"논술은 글을 쓰는 것이 아니라 생각을 쓰는 작업이라 할 수 있어. 교과서 밖의 다양하고 깊이 있는 독서가 논술문 작성의 어머니가 되는 셈이야."

개념 응용문제

· **사회:** 사진, 도표 등의 자료 분석, 시사성 문제, 사건의 순서를 묻는 문제

· **과학:** 기본 개념과 원리를 묻는 문제, 생활과 관련된 문제, 과학실험 문제, 실험 결과의 해석 문제

(5) 대학 입시를 위한 논술 시험, 구술 · 면접 대비 방법

대부분의 특수목적고 입학시험에서 구술 · 면접의 비중은 합격을 결정적으로 좌우하게 될 정도로 매우 커. 수능시험에서 1단계 합격자의 40~50%가 구술 · 심층면접과 논술고사 성적으로 당락當落이 뒤바뀔 정도로 구술 · 심층면접과 더불어 논술시험이 중요시되고 있어.

논술은 글을 쓰는 것이 아니라 생각을 쓰는 작업이라 할 수 있어. 교과서 밖의 다양하고 깊이 있는 독서가 논술문 작성의 어머니가 되는 셈이야. 따라서, 고교를 진학하기 전에 다양한 분야의 폭넓은 독서가 중요해. 막상 고교에 진학하면 시간 여유가 없어서 책을 많이 읽는 것이 어려우므로 중학교 때 많은 책을 읽고 글을 쓰는 연습을 충분히 해야 해. 또 대학 입학시험의 논술과 구술 · 면접이 점점 더 어려워지고, 이런 시험에서도 국어, 영어, 수학 등 주요 과목의 실력

이 바탕이 되기 때문에 이들 과목의 기초 실력을 충실하게 다져야 해.

① 논술고사

논술고사의 내용은 요약하기, 비판하기, 문제해결능력 평가하기로 나누어 생각해볼 수 있어. 좀더 자세히 살펴볼까?

· 제시된 지문의 의미를 잘 파악하여 요약할 수 있어야 해.
· 제시된 의견과 논점에 관해 논리적으로 비판할 수 있어야 해.
· 논술고사는 학생의 문제해결능력을 평가하려는 목적이 있어.

요약하기는 논술고사의 가장 중요한 출제 형식의 하나이며 모든 과목 공부에 큰 보탬이 돼. 특히, 외국어고 진학을 희망할 때는 영자 신문이나 잡지를 읽고 요약하기와 영문에세이 쓰기 연습도 꼭 필요해. 따라서 진학을 희망하는 학교의 종류를 빨리 정하여 그 학교 특성에 맞는 구술고사나 면접시험을 준비하는 것이 중요해.

논술고사에 대비하는 가장 좋은 방법은 자신이 쓴 글을 선생님이나 전문가에게 꾸준히 첨삭지도를 받는 거야. 논술의 주제는 시사 현안 문제가 자주 출제되므로 평소 신문 사설이나 칼럼을 꾸준히 읽는 게 큰 도움이 돼. 그런 것들을 읽을 때는 무심하게 읽지 말고 주제와 내용을 요약하고 정리하면서 읽어야 도움이 돼.

또 논술을 쓰는 연습을 해야 하므로 원고지 1,600자 등 정해진 분량에 맞춰 글을 쓰는 연습이 꼭 필요해. 최소한 월 1회

"논술에서 주의해야 할 사항 중 하나는 상투적이거나 추상적인 결론이야. 독창적이고 자신의 주장이 뚜렷하며 구체적인 대책이 나오도록 쓰는 것이 좋은 점수를 얻을 수 있는 길이야."

이상 독후감을 쓰면 적당할 것 같아. 이 때는 정확한 표현과 표준어를 사용하여 원고지에 쓰도록 해. 처음에 쓰는 것이 잘 안 될 때는 교과서를 그대로 따라 써보는 것도 큰 도움이 된단다.

논술에서 주의해야 할 사항 중 하나는 상투적이거나 추상적인 결론이야. 독창적이고 자신의 주장이 뚜렷하며 구체적인 대책이 나오도록 쓰는 것이 좋은 점수를 얻을 수 있는 길이야. 교내 · 외 논술 경시대회에 자주 참가하는 것도 실전 경험을 쌓는 데 큰 도움이 된단다.

물론 어려서부터 토론에 많이 참여하여 토론에 익숙해지고 습관을 들인다면 자신의 생각을 논리적으로 주장할 수 있는 능력이 생기겠지. 늦었다고 생각하지 말고 이 책을 읽는 이 순간부터라도 그런 기회에 자주 적극적으로 참여하려고 노력해봐. 또한, 토론 후에는 자기의 생각을 글로 정리해보는 것도 필요해. 가족끼리 식탁에서 매일 토론하는 것은 케네디가문의 훌륭한 교육법이라고 하지.

논술에 도움이 되는 공부로 꾸준한 한자 공부를 꼽을 수 있어. 한자를 잘 익히면 동양고전 등 독서의 범위가 매우 넓어지고 이해의 수준도 향상될 수 있단다.

② 구술 · 면접

올바른 토론 습관을 들이는 것은 논술고사뿐 아니라 구술 ·

면접을 대비하기 위해서도 매우 유익해. 그럼 토론하는 방법에 대해 좀더 살펴보자.

독서 후의 토론을 예로 들어보자. 책을 읽은 후 토론할 때는 주로 질문 방법을 사용하게 돼. 이때 내용 전개나 구체적 사실에 관한 질문은 별 의미가 없어. 다음 질문들을 한번 참고해서 활용해보도록 해.

· 주인공은 왜 이렇게 행동말했을까?
· 주인공이 해결해야 할 문제는 무엇이고 어떻게 해결할 수 있을까?
· 너에게 이런 일이 일어난다면 어떻게 하겠니?
· 등장인물의 기분은 어떨까? 왜 그렇게 생각하니?

또한 구술 · 면접고사를 위해서는 바르게 말하는 습관과 태도가 매우 중요해. 이를 위해 평소 5~10분이라도 시간을 내어 자주 연습하는 것이 좋겠지.

(6) 자기 수준에 맞는 시험공부 방법

자신의 학업 성취 수준을 상위권, 중위권, 하위권으로 나름대로 나눌 수 있을 거야. 남한테 굳이 공개할 필요는 없으니까 자신의 실력을 냉정하게 판단하고 구분해야 해. 실력에 차이가 있으면 공부하는 방식에도 차이를 두는 게 당연하거든. 상위권 학생은 자신의 실력을 유지하는 데 주로 초점을 두는 반면 하위권 학생은 자신의 기초 실력을 빠른 시간 내에 높이 끌어올리는 데 목적을 두어야 해. 수준에 따라 성취 목표가 다른

"상위권 학생은 자신의 실력을 유지하는 데 주로 초점을 두는 반면 하위권 학생은 자신의 기초 실력을 빠른 시간 내에 높이 끌어올리는 데 목표를 두어야 해."

거야.

상위권 학생은 시험볼 때, 알고 있는 것을 실수로 틀리는 경향이 있으므로 꾸준히 문제를 많이 풀어 실수를 최소화하도록 노력해야 해.

중위권 학생은 취약한 과목이나 단원, 또는 문제유형이 있는 경향이 많으므로 자신 없는 단원이나 유형, 또는 그런 과목을 집중적으로 공부하는 것이 실력을 높이는 데 효율적이지.

성적이 매우 부진한 학생은 확실하게 점수를 올릴 수 있는 과목과 단원을 몇 개만 선정하여 집중적으로 공부하는 방법을 택해봐. 일단 성적이 오르면 자신감을 얻게 되고 그때 점차적으로 취약한 단원이나 과목을 공부할 수가 있거든. 많은 문제를 푸는 것보다 부분적이나마 원리와 개념을 완벽하게 이해하여 기본 실력을 탄탄하게 쌓아두어야 해.

2 시험 완전 대비 전략

(1) 중간 · 기말 시험 2주 기습 작전

· 시험 일정이 발표되면 시험 대비 계획표를 작성해.

· 시험 계획은 구체적으로 작성하되 실천하기 불가능할 정도로 빡빡해서는 안 되겠지.

· 집중과 반복은 기습 작전의 최대 포인트야. 모든 잡념을 물

"습관적으로 하는 공부 방법, 문제가 없는지 반드시 점검해야 해."

리쳐야 해.

· 어떤 과목이라도 교과서를 소홀히 하면 안 돼. 교과서를 토대로 하여 참고서, 문제집 순으로 공부한다면 학습효과는 배가 돼.

· 영어 · 수학 등의 중요 과목은 조금씩이라도 반드시 매일 공부하도록 해.

· 사회 · 도덕 · 세계사 · 국사 등의 과목은 먼저 이해 중심으로 공부한 후에 암기하도록 해. 자투리 시간을 적절히 활용하여 암기하면 더욱 효율적이야.

· 중요한 내용이나 자주 틀리는 부분을 중심으로 예상 문제를 만들어 직접 풀어봐.

· 시험 이틀 전까지는 전과목을 공부하고 시험 전날에는 내일 볼 시험 과목에만 전념하도록 해.

(2) 시험 대비 장기 계획

① 하나, 흠~ 내 문제가 여기 있었군

나는 과연 효과적으로 공부하고 있는가? 습관적으로 하는 공부 방법 중 어떤 문제가 있는 것은 아닐까? 다음 표를 보고 공부 방법이 어떤지 자기 점검을 한번 해봐.

• 자기 점검

나의 공부 방법	예	아니오
1. 내 공부 방법이 효과적인지, 문제는 없는지 생각해본 적이 있다.		
2. 정리정돈이 잘 되어 있어 공부할 때 필요한 물건을 쉽게 찾는다.		
3. 공부하는 목표가 확실히 서 있다.		
4. 단기적인 목표는 물론 중 · 장기적인 목표를 세우고 있다.		
5. 체계적인 계획을 세워 부족한 부분을 중점적으로 보충하며 공부한다.		
6. 나만의 공부 스타일이 있다.		
7. 모든 일에 적극적이며 "나는 할 수 있어"라는 말을 자주 한다.		
합 계		

• 결과 해석

'예' 일 때 1점, '아니오' 일 때 0점을 주는 거야. 점수를 합쳐서 아래 자기 점검 결과와 비교해서 자신이 어디에 해당하는지 알아보도록 해. 공부 방법에 대한 자기 점검 결과 '아니오' 라고 표시한 단계는 중점적으로 보완할 필요가 있어.

점 수	자기 점검 결과
0~3점	이대로는 안 돼. 뚝딱뚝딱 싹 바꿔봐.
4~5점	조금만 더 노력해봐. 곧 좋은 습관이 될 거야.
6~7점	좋은 습관을 가졌군. 지금처럼만 계속 노력해.

② 두울, 공부가 안 된다구? 분위기를 바꿔봐

• 학습효과 두 배로 높이기

· 쓸데없는 일에 신경이 쓰이지 않는 편안하고 조용한 학습 장소를 고르도록 해. 단, 잠자기 편한 장소는 안 돼.

· 눈에 피로감이 덜한 자연광 스탠드나 허리에 무리가 없는 편안한 의자를 갖추도록 해.

· 학습 자료는 필요한 때 바로바로 이용할 수 있도록 준비해.

· 잡지나 만화책은 집중해서 공부하는 데 방해가 될 수 있으니 눈에 띄지 않는 곳에 치우도록 해.

· 혼자서 낑낑대기보다는 선생님이나 친구들에게 조언을 구하도록 해.

· 소리는 정신을 산만하게 하는 가장 큰 원인이야. TV나 라디오 등을 켜지 않도록 주위사람들의 협조를 구해.

• 공부의 능률을 높이려면

· **음악:** 가사가 없고 조용한 클래식이 좋아. 자신이 평소 즐겨 듣는 음악도 좋지만 가사에 마음이 쏠릴 수 있으니 피하는 게 좋겠지.

· **식사:** 많이 먹는다고 건강하지 않아. 자기에게 맞는 양의 식사를 규칙적으로 먹어야 피로감을 덜 느껴. 특히 단백질이 풍부한 육류, 달걀, 생선 등을 충분히 섭취해야 해.

· **시력 보호:** 조명은 40~100룩스가 적당해. 너무 환해도 눈에 피로를 줄 수 있거든. 시력이 떨어지는 것을 방지하는 데는

비타민 A가 많이 든 우유나 당근이 좋아.

· **운동:** 공부하다 지친 몸의 피로를 풀기 위해 운동을 하는데 오히려 몸에 무리가 가서는 안 되겠지? 심한 운동은 삼가고 가벼운 산책이나 맨손체조를 하도록 해.

• **정신집중 방법**

· 한 곳을 뚫어지게 바라보면서 잡념을 떨쳐버려.

· 계속해서 집중이 안 될 때는 좋아하는 과목으로 바꿔봐.

· 좋아하는 노래를 한 곡 불러봐.

· 심호흡을 하면서 잠시 눈을 감고 100까지 세어봐. 잠들지 않도록 조심!

· 주위 사람에게 방해가 되지 않을 때는 책을 소리내어 읽어봐.

· 공부할 과목의 노트정리를 해보거나, 자신이 공부한 내용을 떠올리며 정리해서 쭉 적어봐.

· 먼 산이나 하늘을 쳐다보면 눈의 피로감도 덜고 마음도 안정돼.

· 따뜻한 물로 세수하여 혈액순환이 잘 되게 하거나 옷을 갈아입고 기분을 새롭게 해봐.

· 집중이 안 된다고 밖으로 나가진 마. 밖에서 집중이 잘 되어 집으로 들어오지 않는 수가 있거든.

③ 세엣, 긍정적인 사고 방식이 중요해

• 재밌어진 공부, 생각만 바꿨을 뿐인데……

"전 공부가 싫은데요"	이렇게 생각해 보는 건 어떨까?
아무 것도 모르겠다.	그래도 아는 것이 있다.
어디에서, 어느 것부터 시작해야 할지 막막하다.	내가 좋아하는 것부터 하나하나 시작하자.
가르치는 선생님이 맘에 들지 않아 그 과목이 싫다.	나는 나! 다른 사람 때문에 내 인생을 망칠 순 없다.
언제 놀지?	집중해서 공부하면 죽어라고 할 필요 없다. 놀 때는 확실히 놀자.
공부만 하려면 딴 생각이 난다.	재미있는 것부터 시작한다.
쟤는 놀면서 공부도 잘한다.	노력만 하면 내가 더 나을 수 있다.
나에겐 도저히 무리다.	사람 나고 공부 났지, 공부 나고 사람 났냐.
공부하라는 부모님의 잔소리에 질렸다.	잔소리하시기 전에 한번만 먼저 공부해 보자.
이 과목은 정말 싫다.	이것만 끝내면 잠시 쉬자.

• 공부는 내 친구

· 공부의 목적과 목표를 확실하게 세워봐.

· 다이어트 방법보다 다양한 게 공부 방법이란다. 다른 사람의 공부 방법을 습관적으로 따라하지 말고 자기 스타일대로 정리해봐.

· 도저히 공부에 집중되지 않을 때는 재미없는 과목은 잠시 미뤄두고 재미있는 과목을 먼저 해봐.

· 하기 싫은데 꼭 해야 하는 것이라면 스스로에게 줄 선물을

준비해봐.

· 어렵고 분량이 많은 공부를 한꺼번에 해치우려고 하면 미리부터 질려서 손을 댈 수 없어. 잘게 쪼개서 차근차근 하도록 해.

"다이어트 방법보다 다양한 게 공부 방법이란다. 다른 사람의 공부 방법을 습관적으로 따라하지 말고 자기 스타일대로 정리해봐."

· 계획대로 해냈을 때 스스로를 칭찬하도록 해. 성취감은 다음 일을 하는 데 큰 힘이 된단다.

· 자신이 꿈꾸는 미래의 모습을 상상해봐. 지금 이 정도의 고생쯤 아무것도 아니겠지?

· 혼자 공부하면 마음이 흐트러지고 안일해지기 쉬워. 선생님이나 친구에게 조언을 구하고 자극을 받아 마음가짐을 새롭게 하도록 해.

④ 네엣, 내 사전에 무계획이란 없다

• 계획을 세울 때 이런 점은 조심조심

유형	특징	대처방법
자기과신형	계획만 거창, 도저히 지킬 수 없음.	달성 가능한 계획인지 확인한다.
따로국밥형	계획 따로, 생활 따로……	구체적이고 실천 가능한 세부 학습 목표량을 확인한다.
중도포기형	작심삼일, 흐지부지……	계획대로 했을 때의 성취감을 떠올려 본다.
자포자기형	어떻게든 되겠지 뭐~	계획 중 몇 가지만이라도 실천해본다.
원칙고수형	한번 세운 계획은 절대 변경 불가!	자기에게 무리하다고 판단되면 그때그때 수정한다.
단기만족형	와, 계획대로 했다. 이제 끝!	입시가 끝날 때까지 끝이란 없다. 바로 다음 계획을 짜도록 하자.

• **시간계획표 짤 때**

· 과다한 욕심은 육체적 · 정신적으로 피곤해. 나는 울트라맨이 아니야.

· 중요한 과목은 좀더 많은 시간을 할애하여 우선적으로 공부해.

· 한 과목당 공부하는 시간을 2~3시간 단위로 적당히 배분해.

· 양이 많은 경우는 쪼개어 작은 것부터 하나씩 하나씩 이루어가. 그러나 너무 세밀한 계획은 짜기도 어렵고 실천하기도 어려워.

· 죽어라고 공부만 한다고 성적이 오르는 것은 아니야. 공부에 질리지 않도록 휴식을 취해야 해.

· 아무리 거창한 계획이라도 실천하지 않으면 소용없어. 노트나 책상 앞에 붙여놓고 늘 마음가짐을 새로이 할 수 있는 계획표를 짜봐.

⑤ 다섯, 학교에서 가르쳐 주지 않는 쉬운 공부 방법

• **저절로 외워지는 학습법**

• **책을 읽는 단계**

첫 번째

공부할 내용을 대충 훑어보면서 전체 흐름을 파악하도록 해. 처음부터 세부내용에 덤벼들어서는 능률을 올릴 수 없어.

"죽어라고 공부만 한다고 성적이 오르는 것은 아니야. 공부에 질리지 않도록 휴식을 취해야 해."

두 번째

시간이 걸리더라도 찬찬히 읽으며 이해하도록 해. 중요한 부분과 핵심적인 말에 밑줄을 긋는 것도 좋아. 아주 어렵고 시간이 많이 걸리는 부분은 일단 넘어가도록 해.

세 번째

밑줄 친 부분을 중심으로 이해하고 암기하도록 해. 두 번째 읽을 땐 일단 넘어갔던 부분을 확실히 해둬. 암기할 때에는 다른 것과 연관시키면서 요점 등을 여백에 적도록 해.

네 번째

이해보다 암기 위주로 읽도록 해. 그러나 무조건 외우려고 애쓰지는 말고. 세 번까지 읽으며 이해한 것을 바탕으로 자연스럽게 연상하며 기억하도록 해. 이제부터는 속도가 빨라져야 해.

다섯 번째

각 페이지마다 담겨 있는 내용이 이미 머릿속에 펼쳐져 있겠지. 잡지를 보듯 책장을 넘겨도 핵심을 파악하여 내용을 추리하고 기억해낼 수 있을 거야. 시험 전까지 수십 번이라도 볼 수 있어.

- **여백은 최대한 지저분하게 쓴다**
- · 책이나 공책의 깨끗한 여백은 보기에 좋을지 몰라도 기억하는 데는 효과적이지 않아. 지저분하게 많이 적어둘수록 암기를 위한 시각적 이미지 형성이 쉬워져.
- · 주요사항에 색깔펜을 이용하여 밑줄을 긋거나 표시를 해둬.

너무 많은 색이나 표시를 사용할 경우 오히려 집중력이 떨어질 수 있으므로 핵심적인 곳에 적절히 표시해둬.

· 노트를 펼쳤을 때 핵심 내용이 한눈에 들어올 수 있도록 여백에 핵심 단어를 적어둬.

· 혼자 공부하다가 이해되지 않거나 궁금한 사항이 있으면 질문할 내용을 적어둬. 선생님이나 친구에게 도움을 얻고 다시 그 내용을 기록해둬. 모르는 것을 질문하거나 질문에 답하는 것은 일종의 체험활동이므로 오랫동안 기억된단다.

⑥ 여섯, 공부할 시간이 부족하다면 기술을 익혀라

• 초강력 10가지 학습법

· 무조건 외우려 하지 말고 이게 왜 이럴까 질문해봐. 의미를 파악하면 저절로 암기가 된단다.

· 배운 내용을 잘 기억하는 것이 공부 잘하는 기본이야. 다음 절의 '난 까마귀 고기도 안 먹었는데'를 참조하도록 해.

· 컴퓨터나 인터넷을 활용하면 훨씬 효과적이야. 단, 게임에 빠져서는 안 되겠지?

· 혼자서 공부하면 의지력도 약해지고 중요한 부분을 놓치기도 쉬워. 가까운 곳에서 친구나 선배, 선생님이나 부모님 등 도움을 줄 사람을 찾아봐.

· 자신이 확실히 이해하고 알지 못하면 남을 가르치는 것은 불가능해. 배운 내용을 친구들끼리 서로 가르쳐봐. 가르치는 중에 저절로 암기되고 몰랐던 부분을 알게 돼.

"기억력은 IQ와는 관계가 없어. 핵심을 파악하고 이해하는 것이 중요해. 중요한 것만 뽑아내 여백에 쉽게 기억할 수 있는 단어로 쓰도록 해."

· 아무리 상상력을 동원해도 글자만으로는 이해와 암기에 한계가 있어. 그림이나 소리 같은 시청각 교재를 적극적으로 활용해봐. 공부하는 데 지루하지도 않을 뿐더러 연상하는 데 도움이 될 거야.

· '건강한 육체에 건전한 정신이 깃든다' 라는 말이 있지. 공부를 하기 위해서는 우선 체력이 뒷받침되어야 해. 집중력과 인내심은 건강한 신체에서 나오기 때문이야. 좋아하거나 잘 하는 스포츠를 골라 꾸준히 하면 스트레스 해소에 도움이 되고 공부 효과도 커진단다.

· 퀴즈게임을 한다든지, 재미있는 게임과 관련시켜 학습하는 것도 좋은 방법이야.

· 빠른 시간 안에 정확하게 핵심을 꼬집어내는 연습을 해봐.

· 자기에게 맞는 자신만의 공부 비법을 만들어봐.

• 난 까마귀 고기도 안 먹었는데

· 기억력은 IQ와는 관계가 없어. 핵심을 파악하고 이해하는 것이 중요해. 중요한 것만 뽑아내 여백에 쉽게 기억할 수 있는 단어로 쓰도록 해.

· 비슷한 것과 반대되는 것을 함께 묶어 기억해. 연상 작용에 의해 더 많은 내용을 외울 수 있을 뿐만 아니라 쉽게 잊어버리지도 않아 일석이조야.

· 앞머리 글자를 따서 약자로 만들거나 쉬운 노랫가락에 얹어

서 암기해봐. 예를 들면, 국사 시험에 자주 출제되는 고대의 제천행사에 **고**구려는 **동**맹, **동**예는 **무**천, **부**여는 **영**고가 있지. 첫 자를 따서, "**고동, 동무, 부영**"으로 외우는 거야.

· 한꺼번에 모두 외우려고 하면 머리가 아파. 무리하지 말고 여러 번 나누어 읽으면서 암기해봐.

· 에피소드나 얽힌 이야기들과 연관시키면 자연스럽게 이해되면서 암기할 수 있어. 설명해주신 선생님의 이야기나 제스처 등을 연결시키면 더욱 기억하기 쉽겠지.

· 책이나 노트에 보충으로 적어 놓은 글씨를 떠올리며 기억해봐.

· 화장실은 긴장 완화와 뜻밖의 학습효과를 얻을 수 있는 곳이야. 도저히 외워지지 않는 부분이 있을 때 이용해봐.

⑦ 일곱, 그래도 공부는 하기 싫다구? 그럼 이것만이라도

· 형제자매나 다른 친구들과 성적을 비교하지 마. 나와 친구가 가는 길은 서로 다르니까 친구와 비교하지 말고 어제의 나와 오늘의 나, 내일의 변화된 나를 비교해.

· 스스로 못났다는 말과 생각을 하지 마.

· '난 노력하면 무엇이든 잘 할 수 있어' 라고 하루에 한 번씩 다짐해.

· 1등을 부러워하지 마. 내가 세운 계획을 실천하고 열심히 공부한 것에 대해 기뻐해.

· 힘들어질 때면 목표를 달성한 멋진 나의 모습을 상상해봐.

· 자신의 단점을 겸허하게 인정해야 해.

"시험 당일엔 보통 때보다 2시간 먼저 기상하도록 해. 새벽 시간은 머리가 맑아질 뿐 아니라 학습효과도 높아. 평소보다 조금 일찍 등교해."

· 칭찬을 들으면 겸손한 자세로 받아들이지만 뿌듯한 마음도 가지도록 해.
· 우리는 자신이 모르는 서로의 장점을 잘 알고 있어. 서로 북돋아주도록 해.

(3) 시험 벼락치기 작전

① 시험 전날 마지막 점검

· 내일 치를 과목에 집중해야 해.
· 빠른 시간에 마칠 수 있는 과목을 먼저 공부해.
· 시간이 촉박하니까 이해가 필요한 과목을 먼저 공부하는 게 좋아. 색깔펜 등을 사용하여, 밑줄과 다양한 부호☆, ●, ※로 여백에 적어봐. 이해가 잘 되지 않아 시간이 많이 걸리는 것은 포기하도록 해. 당장 내일이 시험이잖아.
· 선생님께서 평소 수업시간에 강조하셨던 부분은 반드시 시험에 출제돼. 과목 선생님마다 즐겨 쓰시는 출제 유형을 생각해서 공부한다면 훨씬 효과적이겠지?
· 평소 공부할 때 표시해둔 중요 부분을 집중해서 암기하도록 해.
· 무엇보다 반복복습이 효과적이야. 몇 페이지에 어떤 내용이 있는지 머릿속에 떠오를 때까지 하는 거야.
· 교과서의 사진, 삽화, 지도를 검토해. 또 통계의 자료해석, 실험 과정 및 결과를 표나 그래프로 그리는 것도 최종적으

로 점검해야 해. 시험에 자주 출제되거든.
· 문제집에서는 틀린 문제 위주로, 교과서와 노트에서는 밑줄 친 부분 위주로 공부해.
· 마지막으로 문제지를 풀면서 다양한 시험문제 유형을 익혀봐.

② 시험 당일 숙지해야 할 것
· 보통 때보다 2시간 먼저 기상하도록 해. 새벽 시간은 머리가 맑아질 뿐 아니라 학습효과도 높아. 어제 공부한 내용을 점검하면서 기억력을 높이도록 해.
· 평소보다 조금 일찍 등교해.
· 등교할 때 버스나 전철 안에서, 쉬는 시간 등 자투리 시간을 활용해봐. 이미 끝난 시험의 답을 확인하면서 시간을 보내는 것처럼 어리석은 일은 없어. 친구들끼리 답을 맞춰보는 것은 공부 못하는 아이들의 공통점이야.
· 시험 보는 날만은 외톨이가 되어야 해. 친구들과 어울리는 것은 시험 끝나고 해도 되잖아.
· 색깔펜이나 형광펜으로 표시한 부분을 위주로 공부해.
· '나는 평안하다. 충분히 공부했다. 시험을 잘 볼 수 있다' 등등 긍정적인 자기 암시를 주는 것도 효과적이야.

③ 시험 시간 잊지 말아야 할 원칙

• 1 단계: 시험문제 훑어보기
· 시험지를 받으면 일단 전체를 훑어봐.

· 어떤 방법으로 문제를 풀지 훑어보면서 생각해.

"이미 끝난 시험의 답을 확인하면서 시간을 보내는 것처럼 어리석은 일은 없어. 친구들끼리 답을 맞춰보는 것은 공부 못하는 아이들의 공통점이야."

• **2단계: 시험 시간 안배하기**

· 시계를 앞에 놓고 시간을 안배해봐.

· 시험 전에 전체 문항 수와 시험 시간을 계산하여 한 문제당 소요시간을 뽑아보도록 해. 단 문제마다 소요되는 시간이 다르니 이 점에 유의하여 적당히 더하거나 빼야겠지.

· 배점이 높은 문항에 시간을 더 할애하되 어려운 문제라면 일단 뒤로 미뤄둬.

· 지나치게 서두르면 문제를 잘못 파악하게 돼. 마음에 여유를 잃지 말고 문제를 차분히 점검하도록 해.

· 한 문제에 얽매이다가 시험 시간을 다 소비하는 학생들도 있어. 점수를 고려하여 시간을 안배하도록 해.

· 주위에 무슨 일이 있더라도 동요되지 않도록 주의해.

• **3단계: 지문 파악하기**

· 문제는 어미에 유의하여 끝까지 읽어야 해. 특히 부정문인지 긍정문인지 자칫하면 헷갈리기 쉬워.

· 요구하는 답이 1개인지 여러 개인지 반드시 확인해야 해.

· 보기로 나와 있는 문항을 비교하여 비슷한 점과 차이점을 살펴보는 것도 도움이 돼.

· 모르는 문제가 있으면 다른 문제들도 죽 훑어봐. 다른 문제

나 보기에 답이 나와 있는 경우도 있어.

• **4단계: 검토 또 검토**

· 문제를 다 푼 후에도 시간이 남으면 반드시 검토해. 착각하거나 실수한 부분이 반드시 있기 마련이거든.

· 쉽다고 생각한 문제일수록 함정이 있을 수 있어. 쉬운 문제도 한번 더 검토하도록 해.

· 충분히 검토가 끝났으면 더 이상 미련을 가지지 말고 빨리 다음 시험을 준비하도록 해.

(4) 성공적인 시험 결과를 위한 기본기

① 문제 풀기 전에……

· 문제를 풀기 전에 먼저 호흡을 편안하게 가다듬어야 해. 어떤 문제라도 풀 수 있다는 자신감이 중요하다는 거 잊지 말고.

· 쉬운 문제를 먼저 풀고 어려운 문제는 나중에 풀어.

· 어려운 문제가 나와도 당황하지 말고 책과 노트, 선생님 말씀 등을 떠올려 봐. 내게 어려운 문제는 남에게도 어렵겠지.

· 배점이 큰 문제를 먼저 풀고, 작은 문제는 나중에 풀어.

· 객관식을 먼저, 주관식은 두 번째로, 논술은 제일 마지막에 처리하도록 해.

· 시간이 많이 걸릴 것 같은 문제는 쉽거나 어렵거나 나중에 풀도록 해.

② 주관식 / 논술식이 라면……

"과연 내 글에 논리적 인과관계가 성립하는지 확인하도록 해.
논술에는 정답이 없어. 자신의 생각을 얼마나 설득력 있고 분명하게 서술했느냐가 중요해".

· 문제를 잘 읽고 질문의 요지와 핵심을 파악하도록 해.
· 핵심 단어에 박스를 치거나 밑줄을 그어서 표시하는 게 좋아.
· 질문의 핵심을 여백에 적어놓도록 해.
· 답은 단정하고 정성스럽게 쓰도록 해. 글씨가 곧 자기 얼굴이니까.
· 핵심 단어를 체크하면서 답안을 작성하도록 해.
· 핵심 단어의 연결이 자연스럽게 이어지도록 구체적으로 구성해야 해.
· 답안은 구체적이고 말하고자 하는 요지가 선명히 드러나도록 해.
· 과연 내 글에 논리적 인과관계가 성립하는지 확인하도록 해.
· 논술에는 정답이 없어. 자신의 생각을 얼마나 설득력 있고 분명하게 서술했느냐가 중요해.

(5) 시험문제 속으로 빠져들기

· 문제를 끝까지 잘 읽고, 맞는 것을 고르는 문제인지 틀린 것을 고르는 문제인지 꼭 확인하도록 해.
· 질문의 핵심 단어에는 밑줄을 그어 선명히 드러나게 해.
· 문제와 관련된 공식과 법칙은 여백에 써놓도록 해.

· 한 개의 답을 요구하는지 여러 개의 답을 요구하는지 꼭 확인해야 해.
· 답이 불분명할 때는 확실히 틀린 문항부터 지워가며 확인해.
· 다시 보아서 애매하다는 생각이 들어도 고치지 마. 확실히 모르는 문제는 대부분 처음에 답이라고 생각한 것이 맞는 경우가 많거든.
· 너무 어렵거나 확실히 답을 맞출 자신이 없으면 일단 표시해놓았다가 맨 나중에 푸는 게 좋아.
· 제시문이 길 경우에는 먼저 문제를 읽고 이후에 필요한 부분의 제시문을 읽어봐.
· 답이 쉽게 떠오르지 않는 문제는 역으로 보기를 문제에 대입해 보는 것도 좋은 방법이야.
· 정답이 확실하더라도 예문을 끝까지 읽어야 해. 어디까지 인용했는지에 따라 답이 달라질 수 있으니까.
· 마지막으로 답안지와 시험지를 비교하면서 확인하도록 해. 정답을 한 칸씩 내려써서 시험을 망치는 경우도 종종 있거든.

학부모를 위한 Tip 이럴 땐 시험불안증

유독 중요한 시험 때 평소 실력에 비해 매우 낮은 점수를 받는 경우가 있죠? 흔히 시험을 망쳤다고 해요. 그건 시험불안증 때문인 경우가 많죠. 시험불안증이란 아직 보지도 않은 시험을 '나는 잘하지 못할 것이다'라고 미리 걱정하여 자신감이 없어져서 결과에 나쁜 영향을 미치는 현상입니다. 이런 현상은 특히 발표 시험이나 실기 시험, 수학 시험에서 자주 일어나는데요, 평소대로 문제가 잘 풀리지 않고 갑자기 머리가 멍해지며, 아무 생각이 나지 않고 손에 땀이 흥건해지는 증상을 보입니다.

시험불안은 부모의 기대가 크고, 학년이 높을수록 심해지는 경향이 있습니다. 입시경쟁이 치열한 우리의 현실에서 가장 흔히 볼 수 있는 신경증노이로제 중의 하나죠.

시험에 불안감을 많이 느끼는 학생은 일반적으로 내성적이고 매사를 남과 끊임없는 경쟁으로 생각하며 다른 형제 또는 친구와 비교하는 의식이 강합니다. 또한 자신에 대한 타인의 평가에 과도하게 예민하여 시험 결과를 지나치게 걱정합니다.

시험불안증은 대체로 두 가지 유형이 있습니다. 생활의 여러 분야에서 실패 경험이 많아 자신감을 잃고 불안을 느끼는 경우, 또 겉으로는 자신감이 넘치는 것처럼 행동하지만 사실은 그렇지 못한 모습이 드러날까봐 걱정하는 유형의 두 가지입니다.

앞의 경우는 조그만 일이라도 장점을 찾아 자주 칭찬해주는 게 좋습니다. 또 쉬운 교재를 선택하여 성취감을 느끼게 해주고 자신감이 생기도록 격려해주어야 합니다. 뒤의 경우는 선생님이나 부모가 너무 엄격하거나 바빠서 아이에게 무관심할 때 선생님이나 부모에게 인정받으려는 유형과, 또 정반대로 엄격하고 지나치게 간섭하는 부모를 안심시키고 야단을 덜 맞으려는 유형이 있습니다. 이런 학생들은 단순한 과제에서는 성공하지만 복잡한 과제에 부딪쳤을 때 실수하게 되면 갑자기 슬럼프에 빠지곤 합니다.

그럼 이런 시험불안증을 치유하기 위하여 어떤 방안이 있는지 한번 알아볼까요?

장기적 방안

시험불안증이 있는 자녀는 시험에 실패했을 때, '부모의 기대를 저버리면 안 돼' '부모가 얼마나 또 실망할까?' '집안 망신이야' 라는 강박관념으로 두려워합니다. 이런 두려움은 다음 번 시험에도 나쁜 영향을 미치게 되고 성적이 계속 떨어지는 악순환이 생길 수 있습니다. 이때 부모는 자녀를 위로하고 함께 성적을 회복할 수 있도록 도와주어야 합니다. 또한 부모가 항상 자녀 편임을 느끼도록 하는 것이 중요합니다.

'1등이 아니면 안 돼' 라는 완벽주의와, '난 역시 이런 인간밖에 되지 않아' '난 아무리 해도 안 돼' 라고 비관하는 자녀의 지나친 비합리적 생각을 치료하여야 합니다.

시험불안은 낯선 환경에 대한 일종의 적응장애입니다. 모의고사에 자주 응시하여 시험에 친근해지도록 하고 성공의 경험을 많이 갖도록 해주는 것도 좋은 치료방법입니다. 정도가 심할 때는 전문가와 상담해야 하겠죠.

단기적 처방

시험에 임박해서는 새로운 내용을 공부하는 것보다 이미 공부한 것을 정리하게 해주세요. 새로운 부분을 공부하면 괜히 불안해지고 확실히 아는 부분까지 소홀하기 쉽거든요. 또, 부모나 교사에게 불안한 마음을 자꾸 털어놓도록 기회를 마련해주세요. 그리고 피곤하면 더 불안하니까 충분히 휴식을 취하도록 해주세요.

memo

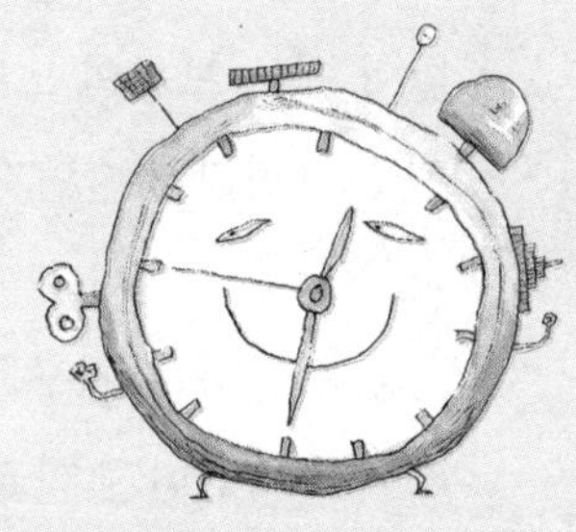

공부습관의 작은 차이? 놀라운 공부기술!

달인의 공부 잘하는 기본기술

1 달인의 노트정리 비법 전수

"잘 정리한 노트 한 권, 열 문제집 안 부럽다"

공부달인의 공부기술 중에 가장 기본이 되는 것이 바로 노트정리야. 수업시간에 선생님이 필기해 주시는 내용을 그냥 받아 적는 보통의 노트정리 기술을 말하는 게 아니야. 그럼 어떤 노트정리 기술인지 한번 살펴볼까?

공부 잘하는 친구들을 보면 특별한 비법이 있을 것 같지만 의외로 평범하게 학교 공부에 충실하는 경우를 자주 발견하곤 하지. 그런데 공부 잘하는 아이들은 대부분 수업시간에 성실하고 평소에 정리를 꼼꼼히 잘 한다는 공통점이 있어. 수업시간에 받아 적은 공책은 물론, 따로 공부하면서 여러 종류의 공책을 만들어 정리할 수가 있어. 요점노트, 약점노트, 문제노트 등 주제별로 얼마든지 만들 수가 있단다.

(1) 요점노트

시험 직전에는 마음이 조급해져 많은 내용을 일일이 살펴보기 어렵지? 시험 직전에는 시험 범위 안의 많은 내용들 가운데 핵심만을 뽑아내 공부하는 것이 좋겠지. 따라서 핵심만을 모아놓은 요점노트 작성이 필요해. 그러려면 우선 전체 내용을 이해하고 있어야 해. 또, 관련된 문제를 풀어 전체 내용에 익숙해져야 해. 전체 내용 중에 중요한 핵심을 뽑아내는 과정은 그 자체가 좋은 공부가 된단다. 요점노트는 사회나 국사, 가정, 도덕, 기술 등 암기 과목에 특히 효과가 높아. 시험 치기 전에 들여다보면 짧은 시간에 많은 핵심 내용을 기억할 수 있어.

"공부 잘하는 아이들은 대부분 수업시간에 성실하고 평소에 정리를 꼼꼼히 잘한다는 공통점이 있어. 수업시간에 받아 적은 공책은 물론 따로 공부하면서 여러 종류의 공책을 만들어 정리할 수가 있어."

요점노트를 작성할 때는 수업시간에 필기한 노트나 교과서를 보면 돼. 그래도 어떻게 해야 할지 잘 모르는 친구들은 다음에 정리한 내용을 참고해봐.

• 요점노트의 예

「원래 노트」

4. 고려의 재통일

1) 신라 사회의 동요

· 정치적 혼란 ┌ 귀족들의 싸움 → 골품제 동요
　　　　　　　└ 6두품 세력의 반발 → 골품제 비판, 새로운 사회 건설 추구

2) 지방 세력의 대두

· 중앙 정부의 통제력 약화

- 지방 세력 출현 ┌ 촌주 등의 토착 세력
　　　　　　　　├ 중앙 귀족 출신 - '호족'이 가장 큰 세력
　　　　　　　　└ 해상 세력

· 신라말의 사회 혼란 극대화 - 9세기 후반 진성여왕

3) 사상계의 변화
· 선종의 등장 - 정신 수양을 통한 해탈 강조. 호족의 후원
　　└→ 선종 9선으로 발전
· 풍수지리설에 대한 관심 - 선종 + 유교 + 풍수지리설
　　└→ 새로운 사회 건설에 영향

4) 후삼국의 성립
· 지방 호족 세력의 연합
┌ 견훤 - 후백제 세움(900). 완산주 도읍
└ 궁예 ┌ 후고구려 세움(901). 송악 도읍(→ 태봉, 철원)
　　　 └ 중국과 친선. 신라 침략. 후백제 견제

5) 고려의 건국과 민족의 재통일
· 왕건 ┌ 해상 세력 배경으로 성장. 궁예 밑에서 활약.
　　　 └ 궁예 몰아내고 새 왕조 건설
　　　　 국호 : 고려. 연호 : 천수. 수도 : 송악
· 성공 이유 ┌ 후삼국 통일 위해 후백제 공격. 신라에 화친 정책
　　　　　 ├ 확고한 토착 세력. 군대 규율 엄격
　　　　　 └ 후백제 멸망
　　　　　　　⇒ 민족 재통일 (936)

「요점노트」

4. 고려의 재통일
1) 신라 사회의 동요 - '골품제' 위기
2) 지방 세력의 대두 - '호족' 등장
3) 사상계의 변화 - 선종 등장. 풍수지리설 관심
4) 후삼국 성립 - 견훤(후백제). 궁예(후고구려)
5) 고려의 건국과 민족 재통일 - 왕건의 '고려' 건설
　　⇒ 민족 재통일

"한번 틀린 문제는 계속해서 틀리는 경향이 있어. 틀린 문제를 다시 풀어보고 원인을 철저히 분석해야 해. 그래야 같은 실수를 되풀이하지 않게 되는 거야."

원래 노트에서 한 페이지의 분량이 요점노트에서는 6줄로 줄어들었지? 이렇게 간단하게 정리된 요점노트는 시험 장소에서 강력한 효과를 발휘하곤 하지. 어떤 친구들은 시험 직전에 책이나 참고서, 문제집, 공책 등을 뒤적거리는데 그러면 집중도 잘 안 되고 마음만 심란해진단다. 요점노트를 꺼내서 한번 훑어보면 정리를 잘 할 수 있어.

(2) 약점오답 노트

어부가 고기를 잡을 때 아무리 그물이 튼튼해도 뻥 뚫린 부분이 있으면 고기가 다 빠져나가버릴 거야. 마찬가지로 공부에 약점이 있으면 그것 때문에 시험을 망치게 돼.

어떤 친구는 시험을 본 후 틀린 문제는 쳐다보려고도 하지 않는데, 한번 틀린 문제는 계속해서 틀리는 경향이 있어. 틀린 문제를 다시 풀어보고 원인을 철저히 분석해야 해. 그래야 같은 실수를 되풀이하지 않게 되는 거야. 이렇게 자신이 틀렸던 문제를 정리한 것이 바로 약점노트야.

새로운 문제집을 여러 권 푸는 것보다 한 권을 여러 번 푸는 게 좋다는 말 앞에서 들었지? 그것도 역시 한 문제집을 여러 번 풀어봄으로써 자신의 약점을 확실히 극복하는 게 좋다는 뜻이야.

약점노트는 각 과목별로 만들 수도 있고 공책 한 권에 과목별로 분류해서 정리해도 좋아. 약점노트를 작성할 때 가장 필

"약점노트를 작성할 때 가장 필요한 점은 부지런함이야. 문제집을 풀거나 시험이 끝난 후 틀린 부분을 약점노트에 즉시 기록해둬야 잊어버리지 않거든."

요한 점은 부지런함이야. 문제집을 풀거나 시험이 끝난 후 틀린 부분을 약점노트에 즉시 기록해둬야 잊어버리지 않거든. 이때 틀린 문제가 어느 단원의 내용인지도 메모해두면 나중에 확인하기 훨씬 쉬어지겠지? 그런 다음 틀린 원인을 분석하고 어떻게 해결할 수 있는지 그 방법까지 메모하면 약점노트가 완성되는 거야.

「약점노트의 예 – 수학의 삼각 부등식에 약점이 있는 경우」

문제 1.

$\sin x \geqq \cos x$ (단, $0° \leqq x \leqq 360°$)를 구하시오.

〈point〉 $y = \sin x$ 와 $y = \cos x$ 의 두 그래프를 그린 후 $y = \sin x$ 그래프가 $y = \cos x$ 그래프보다 위에 있는 x의 범위를 구하게 됨.

〈풀이〉

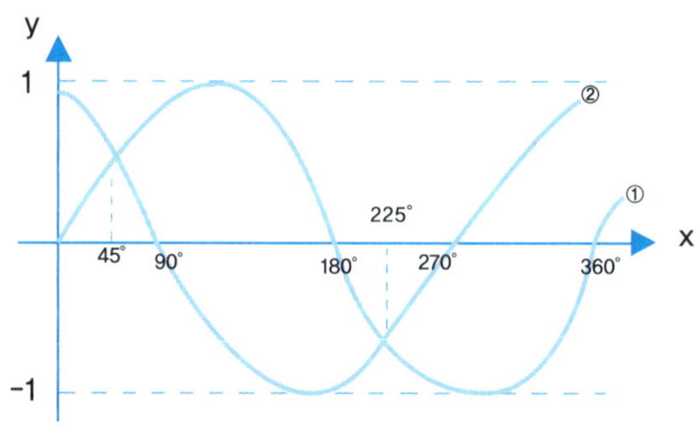

위 그래프 $y = \sin x$ …… ① $y = \cos x$ …… ②

① 그래프가 ② 그래프보다 위에 있는 x의 범위

→ $45° \leqq x \leqq 225°$

문제 2.

$2\cos^2 x - 3\sin x > 0$ (단, $0° \leqq x \leqq 360°$)를 구하시오.

〈point〉 $\cos^2 x = 1 - \sin^2 x$ 이용

〈풀이〉 $2\cos^2 x - 3\sin x > 0$에서 $2(1 - \sin^2 x) - 3\sin x > 0$

$\therefore 2\sin^2 x + 3\sin x - 2 < 0$

$\therefore (2\sin x - 1)(\sin x + 2) < 0$

그런데 $-1 \leqq \sin x \leqq 1$ $\sin x + 2 > 0$

$\therefore 2\sin x - 1 < 0$ $\therefore \sin x < \frac{1}{2}$ …… ①

$y = \sin x$ …… ②

$y = \frac{1}{2}$ …… ③

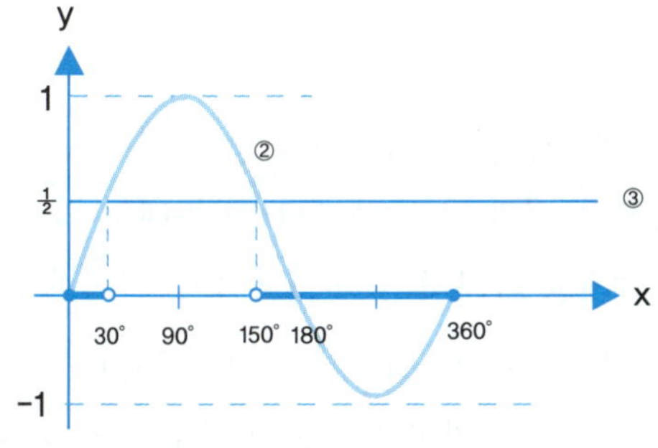

②, ③의 그래프를 그리면 위와 같다.

풀이는 위의 그래프와 같이 진하게 표시된 부분이다.

$0 \leqq x < 30°$ 또는 $150° < x \leqq 360°$

약점노트에는 평소에 부족하다고 생각하는 부분의 문제를 틈틈이 기록해두는 거야. 나중에 풀이과정을 써넣을 수 있도록 여백도 충분해야 해. 자투리 시간이 있을 때 약점노트를 풀거나 보충해봐.

약점노트를 꾸준히 작성해나간다면 나도 모르게 성적이 향

"시험공부를 마무리할 때 자신이 시험문제를 출제한다고 생각하고 문제를 뽑아보는 거지. 이처럼 예상문제를 뽑아서 답안을 작성해보는 것이 큰 도움이 될 거야."

상된단다. 특히 시험 직전에 효과적으로 활용할 수 있어. 시험을 앞두고는 새로운 문제보다는 이미 풀었던 문제를 집중적으로 확인하는 것이 더 철저한 대비가 될 수 있거든.

(3) 문제노트

시험공부를 할 때 가장 알고 싶은 것이 무엇일까? 아마 '선생님께서 어떤 문제를 내실까?' 이겠지. 자신이 선생님이라면 과연 어떤 문제를 낼까, 생각해보렴. 아무래도 꼭 알아야 할 내용, 중요한 내용을 골라서 내지 않을까?

시험공부를 마무리할 때 이렇게 해보는 거야. 자신이 시험문제를 출제한다고 생각하고 문제를 뽑아보는 거지. 주관식이든 객관식이든 상관없이. 이처럼 예상문제를 뽑아서 답안을 작성해보는 것이 큰 도움이 될 거야.

이런 식으로 시험 범위에 해당하는 부분 중 중요하다고 생각하는 문제를 뽑아 작성하는 것이 바로 문제노트란다. 이렇게 정리된 문제노트를 가지고 실제 시험을 치는 자세로 풀어본다면 완벽한 마무리가 될 거야.

나의 문제노트

1. 물질을 이루는 입자들이 스스로 운동하여 액체나 기체 속으로 퍼져나가는 현상은? (　)
2. 입자의 질량이 (　　)수록 확산 속도는 빠르다.
3. 온도가 (　　)수록 확산 속도가 빠르다.
4. 다음 중 어떤 입자가 퍼져나가는 속도가 빠른 순서대로 번호를 쓰면?
   · 공기 중에서(　　) · 액체 중에서 (　　) · 진공 중에서 (　　)
5. "분자들이 어느 정도 가깝게 있지만 규칙적으로 배열되어 있지 않으므로 자리를 바꾸어 움직일 수 있다." 이 설명은 물질의 어느 상태에 관한 것인가? (　　)
6. 온도가 일정할 때 기체의 부피와 압력 사이에는 (　　) 관계가 성립한다. 이를 (　　)의 법칙이라고 한다.
7. 압력이 일정할 때 기체의 부피는 그 종류에 관계없이 0℃ 때의 부피의 약 (　　)씩 팽창한다. 이를 (　　)의 법칙이라고 한다.

• 문제노트를 만들 때는,

· 중요한 부분이나 잘 외워지지 않는 부분을 괄호(　　)로 만든다.

· 수업시간에 선생님이 강조한 내용을 떠올린다.

· 서술형 문제는 미리 문제를 뽑아 답안을 작성하되 문제가 응용되어도 대처할 수 있도록 내용의 범위를 넓게 잡는다.

이렇게 만든 문제노트를 친구들끼리 교환하여 푼다면 몇 배

"자신이 만든 문제노트를 친구들과 교환하면 아주 많은 문제를 풀어볼 수 있을 거야"

의 효과를 볼 수 있을 거야.

친구의 문제노트

1. 액체 속에서 확산이 일어나는 예를 들면?
2. 진한 염산과 진한 암모니아수를 적신 솜을 굵은 유리관의 양쪽 끝에 동시에 넣고 고무마개로 막으면 흰 연기는 (　　) 쪽으로 치우쳐서 생긴다. 그 까닭은 (　　)의 분자의 질량이 작아서 확산 속도가 빠르기 때문이다.
3. 물체가 누르는 힘은 물체의 무게에 (　　)하고, 접촉하는 면의 넓이에 (　　)한다.
4. 어떤 기체에 외부에서 가하는 압력을 2배로 하면 기체의 부피는 (　　)배가 되고 압력을 $\frac{1}{2}$배 하면 부피는 (　　)배가 된다.
5. 찌그러진 탁구공을 더운 물속에 넣으면 어떻게 될까? 또 그 까닭은?

〔친구의 문제노트〕를 보면 〔나의 문제노트〕와 같은 범위지만 내용이 조금 다르다는 걸 알 수 있지? 친구와 문제노트를 교환하면 시험에 더욱 철저히 대비할 수가 있을 거야.

(4) 모범생의 노트 방법을 배우자!

남들의 수많은 화려한 노트보다 소중한 나만의 노트

어린왕자가 수많은 장미꽃을 보면서 내 장미꽃은 다른 장미꽃들과는 다르다고 외쳤던 것을 기억하니? 자신의 노트에 정성을 쏟은 사람은 장미꽃을 가진 왕자나 다름이 없는 거야. 노트 정리를 어떻게 해야 하는지 모르는 사람은 모범생 친구들이 어떻게 노트 정리를 하는지 한번 관찰해보렴. 조금은 감을 잡게 될 거야.

• 하나, 노트 정리를 빼놓지 않고 꼬박꼬박 한다

모범생들은 노트를 가져오지 않는 경우가 거의 없어. 혹시 노트를 깜박 잊고 가져오지 못한 경우에도 다른 데 써두었다가 옮기는 것을 잊지 않아.

"다양한 색깔의 필기구를 이용해봐. 우선 눈에 잘 띄기도 하지만 색깔을 골라서 필기하거나 표시하는 과정이 추가되면서 자신도 모르는 사이에 공부하는 내용에 더 집중하게 된단다."

• 둘, 선생님이 중요하다고 말씀한 부분을 놓치지 않는다

모범생은 수업시간에 선생님이 반복 설명하면서 강조한 것, 시험문제에 잘 나온다고 하신 것 등은 색깔펜 등으로 꼭 표시해 두더구나. 복습할 때 눈에 잘 띄는 부분은 한번 더 집중해서 보게 되는 효과가 있거든. 다양한 색깔의 필기구를 이용해봐. 우선 눈에 잘 띄기도 하지만 색깔을 골라서 필기하거나 표시하는 과정이 추가되면서 자신도 모르는 사이에 공부하는 내용에 더 집중하게 된단다. 당연히 암기하는 데도 도움이 되겠지. 물론 너무 많은 색깔을 사용하면 오히려 정신이 산만해질 수 있으니 서너 가지만 사용하는 게 좋아.

• 셋, 선생님의 보충 설명이나 예시, 유머까지도 기록해놓는다

누구든 수업시간에 들은 설명을 생생히 오래 기억하기를 바라지? 그렇다면 암기하는 수고를 덜 수가 있으니까 말이야. 수업시간에 선생님이 해주신 설명은 물론, 예로 든 것과 농담이나 유머까지 모두 기록해봐. 복습할 때 그걸 읽으면 수업 장면이 그대로 떠오르고 그렇게 떠오른 기억은 쉽게 잊혀지지 않아. 선생님이 수업시간에 하시는 농담이나 유머는 대부분 암기하는 데 도움을 주기 위한 것이거든. 농담이 썰렁하다고 무시하고 지나치지 말고 한번 기록해봐. 암기하는 데 큰 도움이 될 거야.

• 넷, 노트를 예습 · 복습의 도구로 잘 활용한다

수업시간에 배우고 필기한 내용은 그날 충분히 이해한 후 문제를 내서 풀어보아야 해. 그러면 복습의 도구로 훌륭하게 활용될 수 있어. 배울 내용을 간단히 요약한다면 예습의 도구로도 활용될 수 있지.

• 다섯, 한 과목의 학습 내용은 한 곳에 집중시킨다(농축 노트)

수업 노트, 학원 노트, 교과서와 참고서의 중요 사항 등을 한 곳에 몰아넣는 것이 매우 중요해. 매시간 열심히 집중해서 필기한다 해도 교과서, 노트, 참고서 등 여기저기 흩어져 있다면 아무리 기억력이 좋은 학생이라도 종합해서 기억하기 힘들어. 모든 중요 사항을 노트 한 권에 정리하도록 해. 색깔펜을 이용하여 정의, 개념, 공식 등 중요한 사항은 표시하고 의문사항은 메모하여 나중에 친구나 선생님께 물어봐.

모범노트 예시

1. 주거의 의미와 조건

① 주거의 뜻 - 나와 우리 가족의 생활을 담는 용기로서 건물뿐 아니라 그 속에 담겨 있는 가족과 그들의 생활 및 환경까지도 포함.

② 주거의 기능

* 가족의 생명과 재산 보호

* 가족의 친화와 단란 유지
* 자녀를 양육하고 노인을 보호
* 가족의 보건과 휴식 및 노동력 재생산
* 가사 작업의 장소

청소 · 빨래 · 요리

③ 주거의 조건
* 편리 – 가족수에 맞는 방의 규모. 배치
* 안전 – 바닥, 난간, 계단
* 쾌적 – 온도, 습도, 조용, 공기오염, 밝기
* 가족의 보건과 휴식 및 노동력 재생산
* 가사 작업의 장소

④ 주택의 종류

단독 / 연립, 아파트

* 집합 형태에 따라 – 독립 주택, 집합 주택
* 소유 방법에 따라 – 자가 주택, 임대 주택
* 용도에 따라 – 전용주택, 병용주택 주상복합
* 주생활 양식에 따라 – 한식 주택, 양식 주택, 절충식 주택

2. 나의 식사 계획

① 영양 권장량과 식품 구성량을 생각한다.
* 하루에 필요한 영양소의 양은 개인의 신체적 조건과 활동에 맞아야 한다.
* 청소년기에는 ★동물성 단백질, 칼슘, 철분, 비타민 섭취에 유의

↳ 필수 아미노산

* 일일 권장량을 식사 횟수를 고려하여 배분한다.

급식

(아침 : 점심 : 저녁 = ★1 : 1.5 : 1.5)

* 한국인 영양 권장량에 맞추어서 정해진 **식품군별 구성량**을 기준으로 함.
* 식품은 영양소의 구성과 함량이 다르므로 여러 식품을 잘 배합
* 균형 잡힌 식사는 매끼마다 다섯 가지 기초 식품군이 골고루 들어 있어야 함

② 식비 예산에 맞게 계속한다.
* 음식물비의 예산에 맞추어 균형 있는 식사가 되도록 계획
* 시장정보를 알고 계절식품과 대체식품 이용
  - 쇠고기 → 닭고기, 돼지고기
  - 갈치 → 고등어, 꽁치

* 식품의 폐기율을 고려하여 식품 구입량 결정 (신선함, 크기)

③ 음식을 정한다.
* 세 끼 식사의 주식 결정
* 식품이나 조리법의 중복을 피함.
* 음식의 빛깔, 맛, 질감 등이 어울리도록
* 영양소의 손실 최대로 줄임
* 조리시간 고려
* 기호 고려

④ 식단(식단표)을 만든다.
* ★밥 → 국이나 찌개 → 구이나 조림 → 나물 → 김치 → 후식
* 음식명만 간단히 적거나 재료와 분량, 에너지와 단백질 함유량 등을 적기도 함. (식단 평가 유리)

* 계절식품 - 값싸고 맛있고 영양가 풍부
봄 - 쑥갓, 두릅, 냉이, 딸기, 조기 등
여름 - 오이, 상추, 참외, 수박, 꽃게, 도미 등
가을 - 배추, 무, 토란, 포도, 사과, 갈치, 삼치 등
겨울 - 파래, 김, 굴, 감, 명태 등
생태, 동태, 북어, 황태

(5) 복습할 땐 구조도개념도를 그려라

구조도 또는 개념도란 한 단원 또는 일정 부분의 내용을 그림이나 표를 이용해 정리한 것을 말해. 구조도를 보면 그 단원의 전체 내용이 한눈에 들어오고, 또한 구조도를 그리는 과정에서 공부한 내용을 정리할 수 있게 되므로 참 유익하지.

생물교과의 소화 단원에 대하여 시험공부를 한다고 생각해봐. 이 부분을 마지막으로 정리할 때는 머릿속으로 우선 크게 어떻게 나누어 공부할 것인가를 생각해야 해. 소화 단원은 크게 소화계기관와 소화 작용으로 나누어져. 소화계에는 무엇입, 위, 소장, 대장, 간, 이자이 있으며 각각의 역할은 무엇인가 정리해봐. 또 그림으로 각 기관의 연결모양을 나타내봐. 다음으로 소화작용은 어떻게 나눌 수 있는지 생각해보고, 아울러 효소가 소화에 관여함을 알게 되겠지. 소화는 기계적 소화와 화학적 소화로 나눌 수 있으므로 기계적 소화에는 어떠한 운동이 있는가? 머릿속으로 생각해보고 그림으로 그려봐. 마지막으로 효

"구조도를 보면 그 단원의 전체 내용이 한 눈에 들어오고, 또한 구조도를 그리는 과정에서 공부한 내용을 정리할 수 있게 되므로 참 유익하지."

소들의 작용에 대하여 정리를 해. 최종적으로 이들의 관계를 다음 그림과 같이 그려서 공부를 마무리하면 서술 · 논술형 평가에 대비하는 좋은 방법이 될 거야. 한 단원의 목차에 따라 정리해 보는 것도 좋은 방법이지.

개념도 예시

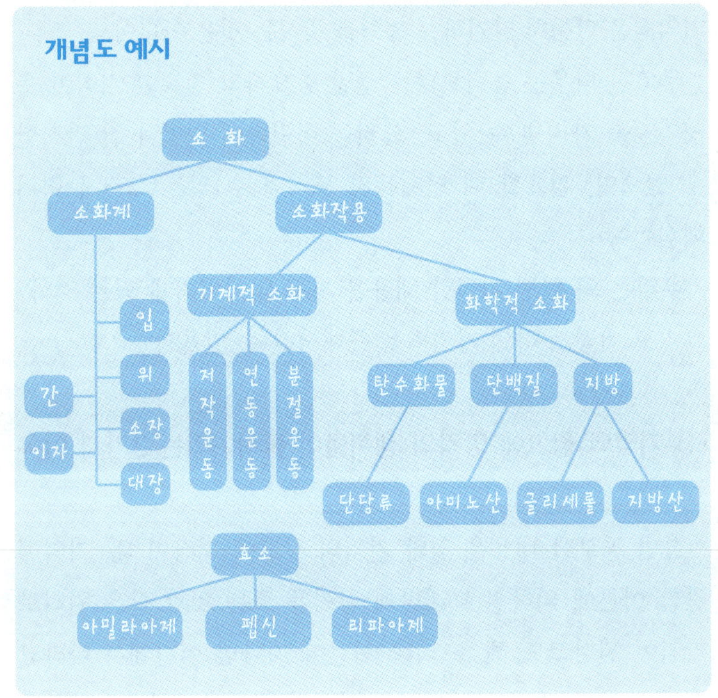

2 타고난 지능? 훈련으로 강화되는 기억력!

공부의 달인은 기억력의 달인이기도 해. 많은 내용 중에서 중요한 내용을 뽑아내고 그것을 정확하게 기억하는 능력이 공부 잘하는 데는 필수적이거든. '난 머리가 나빠'라고 생각하는 학생들의 경우 실제 지능이 나쁘기보다는 공부를 해도 기억을 잘 못하는 경우가 많아. 기억력이 매우 좋은 사람도 처음부터 기억력이 좋았다기보다는 훈련에 의해서 좋아졌다고 할 수 있어. 기억력은 단순히 암기하는 능력을 뜻하는 것은 아니야.

무조건 외우는 능력보다는 정말 중요하고 필요한 지식이 무엇인지를 가려낼 수 있고, 그것을 머릿속에 얼마나 잘 간직할 수 있으며, 필요할 때 언제든지 불러낼 수 있는 그런 능력이 핵심이야.

우리는 왜 한번 기억한 내용을 자꾸 잊어버리게 되는 걸까? 그리고 어떻게 하면 기억력을 증대시킬 수 있을까?

(1) 기억의 창고에 망각의 생쥐들이 들락거리는 3가지 이유

한번 공부한 내용은 일단 기억의 창고에 저장이 돼. 기억에 관한 이론에 의하면 모래밭에 글씨를 쓰는 것과 같은 원리로 기억이 된다고도 해. 그러나 시간이 지나면 어디에서 나타났는지 망각의 생쥐들이 기억을 하나씩 물어가버려. 그래서 막상 필요할 때 기억해내려 하면 잊어버려서 생각이 잘 나지 않게 돼. 그럼 자꾸 잊어버리게 되는 까닭은 무엇일까?

“무조건 외우는 능력보다는 정말 중요하고 필요한 지식이 무엇인지를 가려낼 수 있고, 그것을 머릿속에 얼마나 잘 간직할 수 있으며, 필요할 때 언제든지 불러낼 수 있는 그런 능력이 핵심이야.”

① 완전히 이해하지 못하고 무조건 암기한 경우 망각이 빠르다

‘알 둥 말 둥은 모를 둥’ 이라는 말이 있어. 공부할 때 알 듯 말 듯한 상태에서 그냥 암기를 해버리면 결국은 잊어버리기 때문에 모르는 것이나 다름없다는 뜻이야. 공부할 분량은 많고 시간은 없을 때 마음이 조급해져서 무조건 외우고 보자는 식으로 달려들게 되지. 특히 벼락치기로 공부한 경우 시간이 흐른 후 머릿속에 남아 있는 기억은 거의 없어. 이렇게 이해하지 않고 머릿속에 들어간 내용들은 기억도 잘 되지 않을 뿐더러 망각도 빠르게 진행되어 곧 잊어버리게 돼. 이해하지 않은 채 무조건 암기하는 것은 결국 시간낭비라는 걸 깨닫게 될 거야.

② 순서 없이 뒤죽박죽 암기한 것은 오래 가지 못한다

유머

중요하다고 했더니……

· 선생님: “철수야! 이 문제는 중요하니까 머릿속에 꼭꼭 넣어두라고 몇 번이나 말했는데 또 틀렸니?”

· 철수: “선생님. 매우 중요해서 머릿속에 너무 깊이 넣어두었더니 머리에서 통 나오지 않는데요.”

하하하……

서랍에 물건을 넣을 때 종류별로 가지런히 넣지 않고 뒤죽박죽 되는 대로 넣으면 나중에 물건을 찾을 때 무척 고생을 하

"한번 기억한 내용이라도 다시 떠올려서 반복하게 되면 훨씬 오랫동안 신선한 기억상태를 유지할 수 있지."

게 돼. 기억도 이와 마찬가지로 아무런 체계 없이 뒤죽박죽 암기하면 기억한 내용들이 서로 뒤섞여버려. 따라서 기억해내려고 해도 잘 떠오르지 않게 되는 거야.

③ 한번 기억한 내용을 그냥 방치하면 쉽게 잊는다

창고에 물건을 가지런히 쌓아두었다고 해도 꺼내보지 않고 오랫동안 그냥 방치하면 어느새 먼지가 뿌옇게 쌓여서 무엇이 어디에 있는지 분간하기가 어렵지? 마찬가지로 기억의 창고 속에 쌓아둔 내용도 자꾸 꺼내어 먼지를 털어주지 않으면 자기도 모르는 새에 잊어버리게 되는 거야. 한번 기억한 내용이라도 다시 떠올려서 반복하게 되면 훨씬 오랫동안 신선한 기억상태를 유지할 수 있지.

(2) 기억력을 증대시키는 방법

• 하나, 기억의 기본 원리에 대해 이해하자

기억력을 증대시키려면 기억이란 무엇인지에 대한 기본적인 원리를 이해하는 것이 중요해.

기억이 되는 과정

정보의 입력 input ➡ 처리 processing ➡ 고정 consolidation ➡ 저장 storage ➡ 회상 retrieval

저장이 되었지만 회상할 수 없으면 기억을 했다고 볼 수 없어. 기억이 이루어지는 곳은 인간의 뇌 중에서 해마라는 부분으로 알려져 있어. 이곳의 신경세포가 자극을 받으면서 기억이 형성되는 거야. 해마학습법이라고 광고에 소개되는 기억법은 이러한 해마를 자극하는 방식으로 기억력을 촉진하는 거야.

흔히 기억에는 다음과 같은 3가지 종류가 있다고 해.

· **감각기억:** 감각이 머릿속에 머물다 가는 기억. 보거나 들은 후 그것이 잠시 머릿속에 머물러 있는 상태의 기억. 머릿속에 머물러 있는 시간은 약 1초 정도다.
· **단기기억:** 약 15~20초 정도 유지되는 기억. 전화번호를 듣고 메모해두지 않으면 곧 잊어버리는 것과 같은 기억.
· **장기기억:** 머릿속에 장기적 또는 영구적으로 머물러 있는 기억.

그러면 왜 한번 기억한 것을 자꾸 잊게 되는 걸까? 이러한 망각의 원인에 대해서는 크게 자연소멸설과 간섭설이 있어.

· **자연소멸설:** 나이에 따라 노화가 일어나듯이 기억도 쓰지 않으면 자연히 소멸한다는 이론.
· **간섭설:** 기억된 사항에 다시 새로운 사항이 끼어들고 간섭하여 기존의 기억사항이 혼동을 일으키고 새로운 사항에 의해 밀려나 망각된다는 이론.

심리학자 어빙하우스는 의미 없는 철자들을 시간이 지남에 따라 얼마나 기억하고 있는지를 실험하였어.

어빙하우스의 망각곡선을 보면, 학습한 후 20분 정도가 경과하면 47%는 잊어버리고 53%의 내용만이 남아 있음을 알 수 있어. 망각은 시간의 흐름에 따라 급속하게 진행되고 있지. 그러나 빠른 시간 내에 복습을 하게 되면 망각률이 급속히 둔화되는 것을 어빙하우스는 실험으로 알아냈어.

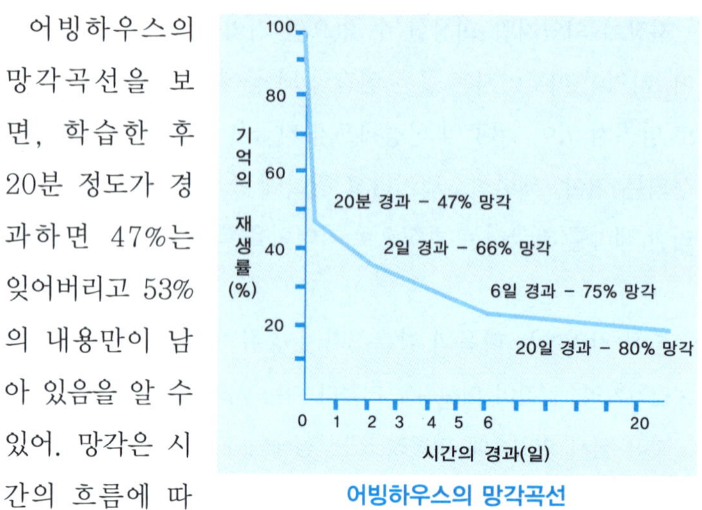

어빙하우스의 망각곡선

• 둘, 자신의 기억력에 대해 자신감을 갖자

'외워봤자 또 잊어버릴 거야' 또는 '난 기억력이 너무 나빠' 등의 부정적인 생각이 은연 중에 자리잡고 있으면 기억하려는 과제를 대하는 태도가 느슨해질 수밖에 없어. 기억력은 훈련에 의해서 얼마든지 좋아질 수 있는 거야. 반드시 기억해야 할 사항을 만나면 '이런 것쯤 문제 없어', '어디 누가 이기나 한번 해보자' 라는 식의 자신감에 찬 태도가 필요해.

• 셋, 완전히 이해한 후 암기하자

한번 틀린 문제를 충분히 이해하지 않고 넘어가버리면 나중

“한번 틀린 문제를 충분히 이해하지 않고 넘어가버리면 나중에 또 틀리게 되지? 이해가 덜 된 상태의 지식은 기억 속에 가둬놓기 힘들어서 금세 잊혀지는 거야.”

에 또 틀리게 되지? 이해가 덜 된 상태의 지식은 기억 속에 가둬 놓기 힘들어서 금세 잊혀지는 거야.

확실하게 이해한다는 것은 자신이 알고 있던 지식과 새로 입력된 지식을 확실하게 연결되도록 하는 거야. 시간이 오래 걸리더라도 여러 방면으로 생각해보고 알고 있는 지식과 연결시키려는 노력이 필요해. 그런 노력 가운데 자연히 기억되기도 하거든.

• 넷, 5감感을 활용하여 기억하자

사람의 감각을 시각 · 청각 · 후각 · 미각 · 촉각 등의 5가지 감각感覺으로 분류하잖아. 암기를 할 때는 되도록 많은 감각을 활용하는 것이 좋아.

예를 들어, 영어 단어를 암기할 때는 그냥 연습장에 쓰면서 암기하는 것보다는 입으로 말하고 손으로 쓰면서 암기를 하면 더 효과적이야. 후자의 경우 전자에 비해 더욱 많은 감각을 활용하게 되기 때문이야. 특히 영어나 제2외국어와 같은 어학 과목의 경우, 말하기와 듣기 능력이 크게 요구되므로 읽으면서 공부하는 것이 좋아.

어학 과목이 아니더라도 암기할 내용을 스스로 녹음한 후 반복적으로 듣는 것도 기억에 큰 도움이 된단다.

• 다섯, 상상력을 동원하여 암기하자

역사적인 사건들을 공부할 때는 당시의 역사 현장으로 타임머신을 타고 날아갔다고 생각하면서 머릿속에 그려보는 방법으로 암기해보는 거야. 책 내용이 더욱 실감나게 다가오고 기억하기도 더 쉬울 거야. 과학 시간에 보이지 않는 원자나 분자의 세계에 대해 배울 때에도 눈앞에 원자나 분자들이 빙빙 돌아다니는 것을 그린다면 이해하기가 훨씬 쉬울 거야.

• 여섯, 연상법을 활용하자

전혀 관계없는 듯이 보이는 여러 내용들을 암기해야 할 경우 그것들을 서로 연상작용에 의해 떠오르도록 하여 암기하는 방법이 있어.

예를 들어 학교, 비행기, 물통, 나무, 개미를 암기해야 한다고 했을 때 그 단어들을 무작정 암기하는 것보다는 다음과 같은 연상법을 활용하는 것이 좋아.

"**학교**에 갔더니 그 위로 **비행기**가 날아가고 있었다. 그런데 비행기에서 **물통**이 떨어져 **나무**에 걸렸다. 그때 나무 위로 수많은 **개미**들이 기어오르고 있었다."

머릿속에 그림을 그리듯이 암기한다면 누구나 쉽게 기억할 수 있을 거야. 이러한 연상법은 기억의 중추인 해마를 자극하기 때문에 더욱 효과적이지.

• 일곱, 복잡한 내용은 작은 단위로 쪼개어 암기한다

큰 생선을 통째로 요리하려면 번거롭고 힘이 많이 들지만 작게 토막을 내면 요리하기가 훨씬 쉬워져. 마찬가지로 암기할 내용이 많을 경우, 통째로 암기하려 하지 말고 작은 단위로 나누어 암기하는 것이 좋아. 이때 주의할 점은 부분으로 나누었다고 해서 전체적인 맥락을 잊어서는 안 된다는 거야. 자칫 나무만 보고 숲을 보지 못하는 실수를 범할 수 있거든.

휴대폰 번호인 0164191950을 외울 때 016-419-1950처럼 3단계로 나누어 외우면 통째로 외울 때보다 훨씬 쉽게 외울 수 있는 이치와 같아. 이와 마찬가지로, 매우 긴 것을 외워야 할 경우에도 부분으로 나누어 각 부분마다 적당한 의미를 붙여서 외우면 훨씬 기억하기 쉽지.

• 여덟, 내용을 체계적으로 조직화시켜서 암기한다

인지심리학에 의하면 내용을 조직화해서 암기하는 경우 회상은 더욱 증진된다고 해. 조직화한다는 것은 암기할 내용을 간략하게 정리하는 것을 말해. 공부하는 과정에서 개요를 작성하는 것이 암기에 효과적이야. 시험 전에 요점노트를 작성하는 것도 같은 맥락이야.

"위대한 인물들은 모든 것을 다 잘하는 만능선수가 아니라, 자신이 아주 잘할 수 있는 부문을 찾아내 즐거운 마음으로 집중하여 열심히 했던 사람들이야."

• 아홉, 잊어버릴 만하면 다시 떠올려라

학습한 후 시간이 지나면 대부분의 내용들은 잊혀지게 되어 있어. 앞서 어빙하우스 망각곡선에서 본 바와 같이 암기한 후 20분이 지나면 47%가 잊혀지고, 2일이 지나면 66%가 잊혀지고, 20일이 지나면 80%가 잊혀진다고 해. 그러나 학습한 후 되도록 빠른 시간 내에 복습을 한다면 망각률은 급속히 둔화된대.

따라서 한번 기억한 것으로 그치지 말고 잊어버릴 만할 때 다시 한번 반복해주면 훨씬 많은 내용을 오랫동안 기억할 수 있게 돼. 복습은 반드시 하되 될 수 있으면 학습한 후 많은 시간이 경과하기 전에 하는 것이 좋아.

• 열, 메모를 적극 활용하라

디자인과 기능이 좋아진 새로운 모델의 휴대폰이 재작년에는 일주일에 한 번씩 나온다고 하더니, 작년에는 2일 만에 출시된다고 하지. 현재 세상은 너무 빠르게 변화하고 있고 폭발적으로 쏟아지는 지식과 정보의 홍수는 우리가 감당하기에 너무 벅차. 배워야 할 것도, 기억하고 있어야 할 것도 너무 많아. 이성친구나 부모님의 생신, 발렌타인데이와 바겐세일 등 기념일이나 행사일, 버스노선 번호, 영화상영 기간, 친구와의 약속, 메일 ID, 비밀번호, 반짝 떠오르는 시상이나 아이디어, 수학공식, 영어 단어 등등. 이런 수많은 것들을 기억하느라 우리

뇌는 너무너무 피곤한데 어떻게 해야 이 난관을 멋있게 극복할 수 있을까? 정답은 메모의 적극 활용이야. 메모를 잘 활용하여 뇌의 과부하를 적절히 풀어주고 뇌가 꼭 필요한 것만 기억하도록 아량을 베푸는 것이 기억력을 증진시키는 좋은 방법이며 공부를 잘하는 비결 중 하나이지.

3 달인을 만들어 주는 1% 습관의 차이

(1) 즐기며 하는 자를 따를 수 없다

모방송 프로그램에서 2002년도 미스코리아 진인 금나나 양이 인터뷰하는 장면이 매우 인상깊었어. 놀라운 것은 금나나 양이 MIT 공과대학과 하버드대학에 동시에 합격했다는 사실과 외국에 간 적이 전혀 없는데도 불구하고 영어가 능통한 점이었지. 게다가 "천재는 노력하는 사람을 따를 수 없고, 노력하는 사람은 즐기는 사람을 따를 수 없다."는 말에는 박수를 치지 않을 수 없었어. 공부하는 것을 즐겼다는 말이기 때문이지. 위대한 인물들은 모든 것을 다 잘하는 만능선수가 아니라, 자신이 아주 잘할 수 있는 부문을 찾아내 즐거운 마음으로 집중하여 열심히 했던 사람들이야. 마이크로 소프트사의 빌게이츠 회장도 중 · 고등 학교시절부터 컴퓨터에 흠뻑 빠졌기 때문에 오늘날 컴퓨터 프로그램 분야에서 세계적인 권위자로 성공하게 된 거야.

『논어』에 "學而時習之不亦說乎"학이시습지불역열호, 즉 "배워서 때

때로 익히면 또한 기쁘지 아니한가?"라는 말이 있지.

결국 공부를 잘하는 근본적인 방법은 배우고學, 때때로 자기 것이 되도록 익혀서習, 공부에 재미를 느끼는 것이지. 무슨 공부를 하든지 재미를 느끼게 되면, 자신도 모르게 미친 듯이 열심히 하게 되고, 열심히 하면 모르던 것을 알게 되고 어려운 것이 쉬워지고, 알면 재미있고 재미있으면 누가 하지 말라고 하여도 더욱 열심히 하게 되는 거야. 당연히 재미를 느끼는 부문에서 탁월한 능력을 발휘하게 되고 성공할 수밖에 없지.

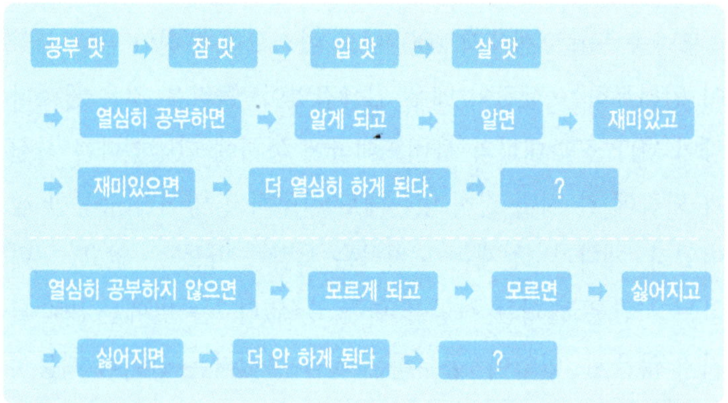

재미를 느끼는 분야는 자기도 모르게 자주 몰두하게 되는 분야라 할 수 있고, 자기가 어느 분야에 재미를 느끼는지 알려면 학교에서 행하는 백일장, 사생대회, 체육대회, 과학행사, 독후감 쓰기 등 여러 행사에 적극적으로 참여하여 노력하다 보면 발견할 수 있게 돼. 물론 전문적인 심리검사 결과를 해보면 더욱 잘 알 수 있겠지만…….

"공부는 단거리 경기가 아니라 평생 해야 할 장거리 경기이므로, 시험을 앞두고 점수를 잘 받으려는 데만 급급해 밤새워 벼락치기로 암기하고 시험이 끝나면 몽땅 잊어버리는 식의 공부는 진정한 공부라고 할 수 없어."

우리는 남보다 조금 더 노력했다고 생각하나 성과가 없으면 '이 분야에 나는 소질이 없구나' 라고 생각하고 너무 쉽게 포기하는 경향이 많아. 그렇지만 정말 미친 듯이 노력한 후에야 내가 그 분야에서 정말로 소질이 있고 재미를 느끼는지, 아니면 소질이 전혀 없는지를 판단할 수 있는 거라고 생각해.

(2) 꾸준히 공부하는 사람을 못 당한다

시험을 앞두고 점수를 잘 받으려는 데만 급급해 밤새워 벼락치기로 암기하고, 시험이 끝나면 몽땅 잊어버리는 식의 공부는 진정한 공부라고 할 수 없어. 현대는 지식의 폭증과 기술의 급격한 발전, 사회의 급격한 변화로 기존 가치관의 변화가 심하며 직업의 종류와 변화도 많아. 따라서 공부는 단거리 경기가 아니라 평생 해야 할 장거리 경기이므로 시험을 볼 때뿐만 아니라 생일날, 제삿날임에도 불구하고, 일 년 365일 내내 매일 조금씩이라도 꾸준히 끈질기게 공부하는 습관을 지녀야 해.

아인슈타인이 사망 후 그의 뇌를 전문가들이 연구해본 결과, 보통 사람과 큰 차이점을 발견하지 못했다고 해. 천재란 뇌가 특수하고 지능지수가 높은 사람이라기보다는 어떤 문제를 해결하기 위해 남보다 더 열의를 가지고 몰두하는 사람인

거지. 결국, 천재란 최선을 다하는 사람, 끈질기게 노력하는 사람을 말해.

끈기 있게 노력한 사람들의 예를 몇 가지 살펴볼까?

- 경북 의성군에 사는 칠순 농부 오모 할아버지는 1년 동안 50㎞나 떨어진 면허시험장에 134번이나 왕복으로 걸어다니면서 2종 운전면허 필기시험에 합격하고 그 다음날 "첫 실기시험에 응시했으나 실패하자 합격할 때까지 도전할 것이라는 불굴의 의지를 피력하였습니다." 〈동아일보〉(04.12.13)
- 에디슨은 전구의 필라멘트를 만들려고 감자나 바나나 껍질 및 그 밖의 물질로 거의 2천 번의 실험에 실패를 거듭하면서도 포기하지 않고 계속한 결과 오늘날 더없이 편리한 전기문명시대를 열게 되었습니다.
- 폴라로이드 즉석사진은 미국의 로저스가 무려 14년간 5,000번의 실험 끝에 발명하였습니다.
- 월트디즈니는 디즈니랜드를 만들어 성공하기까지 다섯 번이나 파산했습니다.
- 퀴리부부는 라듐을 분리하기 위하여 4년 동안 5,677회의 실험을 했습니다.
- 합성고무는 굿이어가 감옥에 수감된 동안을 포함하여 평생 동안 연구하여 발명하였습니다. 이로 인하여 세상은 갑자기 매우 빨라지게 되었습니다.
- 도자기를 만드는 웨지우드는 4년 동안 5,000번의 실험으로 영국의 명품 재스퍼웨어 도자기를 발명하였습니다.

우리는 '나는 운이 좋아' 또는 '나는 운이 좋지 않아' 라고 말하지만 행운은 단순한 요행이 아니라 결국은 노력하는 자에게 따라온다는 것을 명심하길 바래. 공부를 할 때도 '노력은 배신하지 않는다' 는 자세로 임한다면 반드시 성공하고 말 거야.

(3) 책 많이 읽는 사람을 못 따라간다

매일 각 분야에서 엄청난 양의 새로운 정보가 쏟아지고 있어. 인류가 지구상에 태어난 이후 1965년까지의 정보량보다 1965년에서 1995년까지 불과 30년 동안의 정보가 더 많다고 해. 정말 엄청나지? 오늘날은 지식과 정보가 바로 재산이 되는 사회라고 할 수 있어. 홍수처럼 쏟아져 나오는 수많은 정보 중에서 판단과 선택을 잘하여 나에게 필요한 정보를 충분히 이용하는 것이 성공의 열쇠이지. 쓸모없는 지식을 버리고 유용한 정보를 골라 이를 잘 관리하는 능력을 갖추기 위하여 최선의 방법인 독서를 게을리 해서는 안 돼.

세종대왕은 밤낮을 가리지 않고 책을 너무 많이 읽은 탓에 눈병이 심해져 충청북도 초정리 약수터에까지 가서 눈을 치료했다는 기록이 있어. 독서에 관한 링컨대통령의 어릴 때 일화도 유명하고, 나폴레옹은 전쟁 중에도 책을 가득 채운 마차를 대동할 정도로 전쟁터에서까지 책을 읽는 독서광이었어. 그의 탁월한 전술과 부하를 다루는 용병술은 많은 독서의 산물이라고 할 수 있어. 위인전기를 분석한 결과 주인공의 약 60%는 어릴 때부터 책을 가까이 하였다고 해. '책 읽을 시간이 없다', '바쁘다'는 것은 모두 핑계가 아닌가 해.

자신이 원하는 고등학교나 대학에 진학한 학생이나, 성공한 사람들의 공통점은 책을 늘 가까이 하여 독서량이 엄청나다는 점이야. 즉, 독서는 공부를 즐겁게 열심히 하도록 만들고 성취동기

"학업성적이 부진한 가장 큰 원인은 사고력과 이해력의 바탕인 어휘력이 부족하기 때문이라고도 할 수 있어. 책을 5분 이상 계속하여 읽지 못하며, 만화책만 좋아하고, 많은 시간 공부해도 성적이 오르지 않는 학생은 어휘력과 사고력이 부족하기 때문이라고 일단 생각할 수 있어."

를 북돋는 더없이 좋은 방법이지. 따라서 교과 성적 향상에 결정적인 역할을 한다고 자신 있게 말할 수 있어. 이 점은 오랫동안 교직생활을 하면서 절실하게 느끼고 있는 점이기도 하고…….

공부를 잘하게 하는 요소 중 독서의 중요성은 아무리 강조하여도 부족함이 없음을 다시 한번 강조하고 싶어. 특히 깊이 있는 독서는 장차 대학입시에서 치르게 될 논술이나 구술 · 면접시험의 대비와 직접적으로 관련되니까 말이야.

부모님의 극성(?)으로 본인의 뜻과는 무관하게 과외 수업이나 학원 수강을 많이 하여 억지(?)로 공부한 학생들은 고등학교 1학년까지는 간혹 우수한 성적을 나타내는 경우도 있지만, 고등학교 2학년부터는 책을 많이 읽은 학생을 도저히 앞설 수 없는 것 같아.

우리나라의 역대 국제수학올림피아드 참가자 27명을 대상으로 수학 공부를 잘하고, 올림피아드에서 상을 타는 데 영향을 미친 요인을 조사한 결과, 이들 학생의 82.6%가 책읽기를 좋아했다고 대답했어. 집에 평균 250권 이상의 책을 가지고 있었고, 특히 백과사전류와 다른 사전류를 모두 갖추고 있었다고 해.

언뜻 생각하기에 수학영재와 책을 읽는 것이 아무 관련이 없을 듯하지만 책을 읽는 동안 상상하고 판단하고, 추측 · 분석 · 종합 · 비판하는 과정을 통해 공부를 잘할 수 있게 하는 데 기초가 되는 사고력, 창의력, 문제해결능력이 향상되었기 때문이야.

학업성적이 부진한 가장 큰 원인은 사고력과 이해력의 바탕인 어휘력이 부족하기 때문이라고도 할 수 있어. 책을 5분 이상 계속하여 읽지 못하며, 만화책만 좋아하고, 많은 시간 공부해도 성적이 오르지 않는 학생은 어휘력과 사고력이 부족하기 때문이라고 일단 생각할 수 있어.

특히 독서하기 가장 알맞은 때인 방학에는 많은 독서를 해야 해. 시, 수필, 소설 등 문학작품부터 먼저 읽기 시작하는 게 좋아. 문학작품 중에서도 처음에는 단편소설이나 수필처럼 부담감이 적은 것부터 읽기 시작하여, 차츰 비문학 부문인 철학, 과학, 환경, 역사 등으로 범위를 넓혀 가고 수준도 적절히 높여야 하겠지.

국어 교과서에는 시험에 자주 출제되는 문학작품이 일부분만 수록되어 있으므로 이 경우에는 전문을 읽어 두는 것이 바람직해.

필독도서 목록은 학교 선생님을 통하여 소개를 받거나 교육청에서 선정한 추천도서, 권장도서, 대학교 추천도서, 청소년 단체 등이 추천한 좋은 책, 또는 인터넷 검색을 통하여 쉽게 고를 수 있을 거야.

※ **男兒須讀五車書**남아수독오거서
"사람은 세상에 태어나서 다섯 수레에 가득 실을 만큼의 책을 읽어야 한다."

(4) 상위 그룹은 예습, 하위 그룹은 복습 위주로

예습 없이 수업에 참가하는 것은 시간 낭비라고 할 수 있어. 따라서 다음날 수업시간에 배울 내용을 미리 예습하는 게 좋아. 제목, 굵은 글씨, 중요 개념, 표 등을 훑어보고, 모르는 것은 표시하여 질문하면 금상첨화이지.

특히 수학 과목은 자기가 먼저 고민하면서 문제를 풀어본 후 잘 풀리지 않는 문제를 표시해 두었다가 '선생님은 어떻게 푸실까?' 하는 생각으로 수업에 임하면 그 효과는 압도적이지.

앞에서 공부를 잘하자면 공부하는 것을 즐겨야 한다고 했는데 공부를 즐겁게 하는 방법은 바로 예습을 하는 거라고 할 수 있어. 예습을 하면 공부하기가 쉬워지고, 수업시간이 기다려지며, 수업하시는 선생님과 호흡을 맞출 수 있거든.

학원에서 선행 학습을 하여 이미 다 알고 있다고 수업시간을 소홀히 하는 학생은 시험을 볼 때 의외로 쉬운 문제에서 틀리기 쉬워. 이미 알고 있는 내용이라고 수업을 소홀히 하지 않도록 늘 경계해야 해.

이미 알고 있는 부분을 수업시간에 배울 때는 같은 내용을 다각도로 생각해보면서 더 깊이 있게 이해하는 시간으로 활용하거나, 심화되고 응용된 문제를 푸는 시간으로 이용하거나, 자신이 이해한 것을 바탕으로 그 단원의 개념도를 그려보는 등 폭 넓고 깊이 있게 공부하는 시간으로 이용하는 것이 바람직한 일이야.

학생의 학업성취 수준에 따라 다르겠지만 '복습:예습' 의 비

"공부를 즐겁게 하는 방법은 바로 예습을 하는 거라고 할 수 있어. 복습은 제 각각으로 입력된 지식들을 오랫동안 기억할 수 있도록 서로 연결해 주는 과정이라고 할 수 있어."

율은 '3:2' 정도가 적당하다고 생각해.

복습은 수업 중에 이해하지 못한 부분과 소홀히 한 부분을 보충하고, 아는 부분은 다시 한번 확인하고 정리하여 배운 내용을 진정한 내 것으로 소화 · 흡수하는 과정이지. 다시 말하면 복습은 제 각각으로 입력된 지식들을 오랫동안 기억할 수 있도록 서로 연결해주는 과정이라고 할 수 있어.

집에 오자마자 바로 선생님이 강조한 부분과 요점 정리를 훑어보고 그래도 잘 모르는 부분은 참고서나 교과서, 사전을 찾아 확실히 이해해두는 것이 좋아.

성적이 하위권인 학생일수록 예습보다는 이미 배운 부분의 복습에 치중하여 부족한 부분을 하루속히 보완해야 해. 될 수 있으면 빠른 시간 내에 복습하도록 해. 복습하여 확실히 이해하고 넘어간다면 그 과목에 한층 자신감이 생길 거야.

5분 학습법

축구와 같은 운동경기에서는 경기 시작 후 5분, 종료 휘슬 5분 전이 가장 중요한 시간이라고 해. 공부도 수업 시작 3분 전의 예습과 수업이 끝난 뒤 2분의 복습이 몹시 중요하지.

5분 학습법은 쉬는 시간을 이용해 3분간 예습하고 수업이 끝난 후에 딱 2분만 방금 배운 내용 중 선생님이 강조한 부분과 요점을 정리하는 시간을 갖는 방법이야.

3분 예습을 하는 것은 수업을 즐겁게 하는 좋은 방법이지. 잠깐이라도 예습한 후 수업에 참가하는 것과, 아무 예습 없이 그냥 수업에 임하는 것과는 차이가 많아.

5분 학습법은 하루 6시간 수업을 할 때 하루에 5분 × 6시간 = 30분가량 더 공부하는 것이야. 일주일 뒤 기억한 양을 보면 5분 학습을 하지 않은 경우보다 공부량이 다섯 배 정도 많게 돼. 밤늦게까지 주말도 없이 공부를 열심히 하는데도 성적이 오르지 않는다면 수업 직후 5분 학습법을 이용해보도록 해.

결국 우등생이 되기 위한 최선의 방법은 '예습 ⇒ 철저한 수업, 핵심사항 파악 ⇒ 복습'의 반복이라고 할 수 있어. 바로 이것이 '뿌린 대로 거둔다'는 만고불변의 황금률이라는 사실을 명심하길…….

(5) 한자한문 공부에 정성을 다하라

대부분의 저명인사들이 어렸을 때 서당에서 한문을 공부한 경험이 있다는 사실은 잘 알려져 있어. 또 국내 최대 기업인 삼성이 직원을 채용할 때 한자 실력이 없으면 다른 부문의 시험점수가 높아도 아예 불합격시키기로 하였다고 해. 기업체의

"우리말의 70%는 한자에서 왔고 교과서에 등장하는 한자용어는 90%에 달하지. 한자를 공부하는 것은 학습내용 중 핵심사항을 쉽게 이해하는 데 큰 도움을 주어 학습 능률 향상에 크게 기여한다고 할 수 있어."

취직 시험에서 한자 시험을 추가하는 회사가 많아지고 한자 실력에 따라 가산점을 부여하는 회사도 많아.

실제로 우리말의 70%는 한자에서 왔고 교과서에 등장하는 한자용어는 90%에 달하지. 예를 들면, '두음법칙頭音法則' '가속도加速度' '관성慣性' '갑신정변甲申政變' 등 한자에서 온 어휘가 거의 대부분이야. 따라서 한자를 공부하는 것은 학습내용 중 핵심사항을 쉽게 이해하는 데 큰 도움을 주어 학습 능률 향상에 크게 기여한다고 할 수 있어. 게다가 앞으로 중요성이 더욱 강조되는 논술문에 한자를 적절히 섞어 쓰면 훨씬 돋보이는 논술문이 될 거야.

어릴 때부터 한자 서예를 배운다면 앞으로 공부를 잘하게 되는 데 두고두고 큰 도움이 될 거야. 자신의 실력에 맞는 한자급수 취득을 목표로, 차근차근 상급 급수를 취득하는 것은 한자를 익힐 수 있는 좋은 방법이라고 생각해. 학습목표가 명확하고 구체적일 때 공부를 스스로 열심히 하려는 마음이 생기기 때문이야.

한 학급의 전원이 한자쓰기 교재를 준비하여 아침 자습시간 등에 함께 일정량을 쓴 후 종례시간에 담임선생님께 검사를 받는 것도 한자 공부의 좋은 방법이 될 수 있어. 요즈음은 각 구청에서 무료로 방학을 이용하여 한자를 가르쳐주는 프로그램도 많이 있으니까 이를 이용해도 좋겠지.

Tip 공부달인 비법 셋

하나, 무엇보다 목표 수립을 먼저!

· 올바른 삶의 목표 수립은 성공하는 공부의 원동력
· 상급학교 진학과 진로 결정은 가능한 한 빨리
· 목표를 바라보고 묵묵히 자신의 길을……

둘, 공부는 이런 식으로!

· 공부 계획은 구체적으로, 중간 점검은 필수!
· 공부는 즐겁게!
· 수업시간엔 지칠 때까지 집중, 또 집중!
· 벼락치기보다는 끈질기게 계속해야
· 기계처럼 살지 않기 위하여, 공부할 땐 기계처럼
· 참고서는 적당한 수준으로 한 우물만 들이 팔 것!
· 독서는 다다익선!
· 질문하는 순간은 어린아이처럼 알 때까지, 꼬치꼬치!
· 암기력의 해법은 이해력!
· 상위권은 예습에, 하위권은 복습에 주력할 것!
· 한자 공부, 체험 학습, 일간지 읽기도 꼭!

셋, 교과서 밖의 승부

· 토막자투리시간을 우습게 보지 마.
· 새벽 공부의 강력한 효과를 체험해봐.
· 방학 때도 평소 리듬을 유지해.
· 건강이 내 발목을 잡지 않도록 가벼운 운동도 꾸준히 해야겠지.
· 적절한 휴식도 공부의 비법, 나만의 휴식 방법을 발견해봐.
· 학교를 믿고 선생님과의 관계를 돈독히 해.
· 부모 · 친구 관계도 공부의 하나라는 걸 잊지 마.

memo

부모님도 함께 가요 – 학부모를 위한 장

공부 잘하는 자녀 만들기 프로젝트

요즘은 자녀의 성적 관리를 자녀와 교사에게만 전적으로 맡기는 학부모님들이 별로 없는 것 같습니다. 그러나 어떻게 자녀를 돕고 지도해야 할지 잘 모르시는 부모님들도 참 많은 것 같아요. 잘못된 정보나 왜곡된 사랑으로 자녀를 오히려 우왕좌왕하게 만드는 부모님들도 간혹 있는 것을 보았거든요. 그래서 이 장은 특별히 학부모님을 위해서 구성했습니다.

요즘, 자녀의 학업에 대해 학부모의 관심이 부쩍 늘었지만 사실 초등학교 4학년만 되어도 교과 내용을 직접 지도하기에는 어려운 경우가 많습니다. 그러나 교과 내용을 직접 지도하지는 않더라도 자녀의 공부를 위해 부모님이 할 일들은 매우 많습니다. 크게는 대략 다음과 같이 정리할 수 있습니다.

· 자녀의 적성을 파악하고 공부의 동기를 부여합니다.
· 스스로 공부하는 태도를 길러줍니다.
· 공부 환경을 조성하고 신체적 · 정신적 건강을 향상시켜 줍니다.
· 진학 및 진로에 대한 정보를 제공합니다.

1 사랑과 관심은 어디까지?

자녀의 학업 성취에 대해 관심 없는 부모님은 거의 없을 거예요. 자녀를 사랑하는 마음도 모두 한결같겠지요. 그러나 자녀의 학업 성취를 높이기 위해서는 사랑과 관심만 가지고서는 어딘가 부족합니다. 전략이 필요한 것이죠. 때로는 지나친 사랑과 관심이 왜곡된 방법을 만나 자녀의 학업 성취를 방해할

"자녀의 학업 성취를 높이기 위해서는 사랑과 관심만 가지고서는 어딘가 부족합니다. 전략이 필요한 것이죠."

수도 있다는 걸 인정하셔야 해요. 공부 잘하는 아이를 만들기 위해 부모님이 생각하여야 할 문제들은 대략 다음과 같습니다.

· 자녀에게 어떻게 큰 꿈을 심어줄 것인가?
· 자신감을 북돋워주기 위해 노력하고 있는가?
· 자녀가 태어나서 대학에 들어갈 때까지 공부에 대한 장기적인 계획을 세웠는가?
· 자녀의 건강문제나 스트레스는 어떤 상태인가?
· 자녀의 성격과 적성은 어떠하며 장래희망은 무엇인가?
· 학교나 학원에서 선생님과 친구와의 관계는 어떠한가?
· 시험불안, 컴퓨터 게임 중독, 이성 친구 문제, 학교폭력 등의 문제는 없는가?
· 선행학습은 어느 범위까지 시켜야 하는가?

2 공부 잘하는 자녀로 기르자면

(1) 가능성에 대한 신뢰가 기본입니다

성적이 부진한 자녀에게 "너는 벌써 틀렸어"라는 반응과 "너도 하면 돼, 잘 할 수 있어"라는 반응 중 어떤 것이 실질적인 도움이 될까요? 당연히 자녀에게 용기를 주는 반응이 성적 향상에 도움이 됩니다.

"자녀에게 '사람은 누구나 다 한 가지 재능은 가지고 있는 법이야. 그걸 잘 살리면 성공할 수 있어' 라는 메시지를 끊임없이 주어야 합니다."

"노력해봐, 안 될 것 없어"
"열심히 하지 않아서 그렇지, 하면 돼. 시간이 좀 걸리더라도 괜찮아"
"사람은 누구나 다 한 가지 재능은 가지고 있는 법이야. 그걸 잘 살리면 성공할 수 있어"
"성공의 비결은 하고 싶은 것을 열심히 하는 거야"라는 메시지를 인내심을 가지고 끊임없이 주어야 합니다. 인간은 노력에 따라서 끝없이 발전해나갈 수 있는 존재라는 믿음을 심어주어야 하는 거죠.

학부모를 위한 Tip 자녀에게 해서는 안 되는 말

1. "OO 좀 봐라, 얼마나 공부 잘하니?" ⇨ 비교 당하면 의욕이 꺾여 자신감도 없어져요.
2. "넌 도대체 공부를 하는 거니 마는 거니?" ⇨ 공부를 한다고 하지만 부모님 기준에 도달하지 못할 뿐이에요.
3. "누구 닮아서 그렇게 공부를 못하니?" ⇨ 엄마, 아빠를 닮았지, 옆집 아저씨를 닮았겠어요?
4. "네 형은 안 그랬는데 넌 왜 그 모양이냐?" ⇨ 형은 형이고 난 나예요.
5. "넌 커서 뭐가 되려고 그렇게 공부를 안 하냐?" ⇨ 공부를 잘 해야 행복하게 사는 건 아니잖아요.
6. "그렇게 공부해서 밥이나 빌어먹겠니?" ⇨ 배부른 돼지보다는 배고픈 소크라테스가 좋아요.
7. "그까짓 공부도 어렵다고 난리냐?" ⇨ 올챙이 시절 생각을 해보셔

야죠.

8. "동생이 널 보고 뭘 배우겠니? 네가 잘 해야지." ⇨ 형이라고 늘 잘해야 한다는 법이 있나요?
9. "넌 왜 늘 그 모양이니?" ⇨ 생긴 대로 살아야죠, 뭐.
10. "너 때문에 내가 못 살아." ⇨ 부모님 인생은 부모님 것, 제 인생은 제 거예요.

Tip 피그말리온 효과 Pygmalion effect

미국의 심리학자 로젠탈과 제이콥슨의 연구

피그말리온은 그리스 신화에 나오는 조각가의 이름입니다. 그는 세상의 여자들에게 아름다움을 느끼지 못했고 어떤 여자와도 사랑할 수 없다고 생각했습니다. 결국 뛰어난 조각기술을 가졌던 그는, 자신이 사랑할 수 있을 만큼 아름답고 사랑스러운 여인을 조각하였고, 자신이 만든 여자 조각상과 사랑에 빠지고 말았습니다. 차가운 조각상을 너무 사랑하다 실망한 나머지 신에게 조각상에 생명을 불어넣어주기를 간청했습니다. 신은 그의 간절한 소망에 감동해 결국 그의 부탁을 들어주었다는 이야기입니다. 이 이야기를 빗대어, 누군가를 향한 사람들의 믿음, 기대나 예측이 그대로 실현되는 경향을 '피그말리온 효과'라 합니다.

어떻게 행동하리라는 주위의 예측과 믿음 또는 기대가 행위자에게 영향을 주어 결국 그렇게 행동하도록 만든다는 이론입니다. 예를 들면, 교사가 앞으로 '공부를 못할 것이다'라고 생각한 집단과 '학습 능력이 뛰어날 것이다'라고 인정한 집단 간의 비교에서, 학습 능력이 뛰어나다고 인정받은 집단의 학습 성과가 실제로 크다는 사실이 발견되었습니다.

일반적으로 칭찬하면 칭찬할수록, 더욱 잘하게 된다는 의미입니다.

(2) 공부의 개념을 전환하세요

지식이 재산인 사회에서는 교과 성적이 우수한 자녀로 키우는 것도 중요하지만 그것보다 더 중요한 것은 새로운 지식을 생성할 수 있는 창의력입니다. 새로운 것, 남이 하지 않는 자기만의 생각이나 가치 있는 것을 만들어 내는 능력, 즉 CQ창의적인 능력와 EQ감성지수, MQ도덕지수: 다른 사람과 어울려 지내면서 바르게 처신하는 능력를 발휘할 수 있는 쪽으로 키우는 것이 더 중요한 것이죠.

이런 변화에 따라 공부에 대한 부모님의 개념에도 변화가 필요합니다. '공부'란 국어 · 영어 · 수학 등 주요 과목을 잘해야만 잘하는 것이 아니고, 예체능 교과를 잘 해도 '공부를 잘하는 것'이며 학교에서 제공하는 특별활동이나 특기 · 적성 프로그램을 잘 하거나 또는 대인관계가 좋아도 '공부를 잘하는 것'입니다.

자녀가 어릴 때부터 어느 분야에서 흥미와 재능과 적성을 가지고 있는지 파악하는 일은 어떤 과외보다 앞서서 해야 할 부모의 역할입니다. "싫은 것은 억지로 할 필요가 없다. 그러나 하고 싶은 것에는 최선을 다하라"는 일괄된 지도가 필요한 것이죠.

(3) IQ보다는 EQ에 관심을

EQEmotion Quotient; 감성지수는 정서지능이라고도 하는데, 자신과 타인의 감정을 평가하고 표현하며 효과적으로 조절할 줄 아는 능력을 말합니다. 결국 자신의 삶을 계획하고 성취하기 위하여 정

> "자녀가 어릴 때부터 어느 분야에서 흥미와 재능과 적성을 가지고 있는지 파악하는 일은 어떤 과외보다 앞서서 해야 할 부모의 역할입니다."

서를 이용할 줄 아는 능력도 EQ에서 나오는 것이죠. 심리학자 골먼은 학업성적은 IQ로 대변되는 기억력과 추리력에 의하여 20% 정도의 영향을 받고 80%는 오히려 EQ에 의하여 지배를 받는다고 합니다. 학업성취를 위해 중요한 것은 집중력, 지구력, 인내심, 자제력 등 EQ로 대변되는 자기 감정을 통제하는 능력이기 때문이죠.

3 스스로 공부하는 아이가 성공한다

공부를 잘하게 하려면 스스로 공부하려는 의욕과 습관을 길러주고 공부하는 방법을 가르쳐주는 것이 가장 중요합니다.

(1) 자기 주도적인 학생의 특성

자기 주도적인 학생의 특징은, 하나 "나는 잘 할 수 있다" "나는 능력이 있고 쓸모 있는 사람이다"라고 생각하며 자신감이 넘칩니다. 자신의 일을 스스로 결정하려는 경향이 강하고, 장차 자신이 되고 싶은 직업이나 인물에 대해 깊이 연구하며 이를 위하여 어떤 학교에서 무슨 공부를 해야 하는지 구체적으로 생각합니다.

둘, 대부분 계획을 치밀하게 세우고 차근차근 실천하는 습관을 지녔습니다. 매일 아침 그날 할 일, 특히 공부계획의 우선순위를

"사랑은 사람을 움직이게 하는 가장 강력한 무기입니다. 실력 있는 아이가 되는 첫 걸음은 꾸중이나 충고가 아니라 바로 부모의 칭찬과 격려, 따뜻한 대화라는 걸 잊지 마십시오."

세운 뒤 저녁 때 이를 실천했는지 확인합니다. 이때 자신이 공부한 내용을 요약정리합니다.

셋, 대체로 부모나 교사에게 긍정적이며 주위의 큰 기대를 받습니다. 평소에 닮고 싶은 사람이 존재하고, 자율적인 편이나 어느 정도 엄격한 환경에서 자란 경우가 많습니다.

넷, 어릴 때부터 책을 많이 읽고, 독서하는 분위기에서 자란 경우가 많습니다.

(2) 스스로 공부하는 아이로 키우려면

가장 중요한 것은 자녀에 대한 사랑과 믿음을 가지고 자주 칭찬해주며, 또 올바른 공부 방법을 습득하게 해주는 것입니다.

① 뭐니 뭐니해도 사랑이 최고죠

사랑은 사람을 움직이게 하는 가장 강력한 무기입니다. 실력 있는 아이가 되는 첫 걸음은 꾸중이나 충고가 아니라 바로 부모의 칭찬과 격려, 따뜻한 대화라는 걸 잊지 마십시오.

아이들은 부모의 믿음과 칭찬을 먹고 자라는 존재입니다. 자녀에게 늘 "수고했다" "고마워" "힘들지?" "잘했네" "자랑스럽구나" "널 믿어" "넌 잘 할 수 있어" 등의 격려를 해주세요. 또 식탁의 대화에서나 휴대폰 문자메시지 또는 이메일로 자녀에게 사랑과 관심을 꾸준히 표현하는 것이 가장 효과적인

자녀 교육 방법입니다.

농부가 씨앗을 뿌리기 전에 먼저 쟁기질로 땅을 부드럽게 하는 것처럼, 가르치려 들기 전에 자녀의 마음을 사랑과 관심으로 부드럽게 하는 것이 제일 앞서 할 일입니다. 슬럼프에 빠진 자녀에게 오고가며 건네는 위로의 말, 그리고 정성껏 마련한 아침밥상과 간식 등을 고맙게 생각하게 됩니다.

그러나 평범한 자녀에게 자주 칭찬하는 것이 말처럼 결코 쉽지는 않죠? 자칫하면 부모의 욕심이 앞서기 쉽고, 이로 인해 자녀는 몹시 피곤해집니다. 학생들에게 가장 스트레스를 많이 주는 사람이 엄마라는 설문조사를 본 적이 있는데 바로 이런 이유에서겠죠?

우리 주변에는 '사랑 결핍증' 학생이 너무도 많습니다. 반항적인 학생은 대부분 사랑 결핍증 환자라고 보면 맞습니다. 아이들은 매사에 부모나 학교 탓을 하는 경우가 많은데 이때는 자녀의 의견을 충분히 들어주는 것이 중요합니다.

② 칭찬도 전략이 필요해요

자녀가 노력해서 얻은 성과는 아무리 작은 것이라도 현장에서 구체적으로 즉시 칭찬하는 것이 좋습니다. 반대로 잘못한 일도 현장에서 즉각적으로 벌을 주어야 합니다. 사소한 것이라도 잘한 점을 찾아내어 상품이나 상장 등을 주는 것도 좋은 방법이겠죠. 특히 공부를 잘 못하는 자녀의 사기를 올리는 데 효과적인 방법이죠.

자녀를 꾸중할 때라도 절대로 자녀의 행위가 나쁜 것이지,

"칭찬을 너무 자주 하거나 일정한 간격을 두고 하는 것은 좋지 않습니다. 또한 의도된 칭찬은 자녀가 부모에게 조종되고 있다는 인상을 주어 일부러 칭찬받을 만한 행동을 하지 않을 가능성도 커집니다."

자녀 자체가 나쁜 것은 아님을 명확히 하셔야 합니다. "넌 나쁜 애야" "싹수가 없어" 등의 말은 일생 내내 자녀에게 치명적인 심리적 부담감을 줄 수 있습니다.

부모님이나 선생님이 시켜서 한 일보다는 자녀 스스로 결정하여 한 행동에 대하여 더욱 많은 칭찬을 해줍니다.

또한 결과보다는 노력한 과정에 대한 칭찬을 하여야 합니다. "이번에는 참 잘했네. 네가 열심히 노력한 덕분이야"처럼 노력한 대가에 대한 칭찬은 자신감을 북돋아주어 공부에 재미를 느끼게 합니다. 가령, 중간고사에서 50점이던 것이 기말고사에서 60점이 되었을 때 100점이 아니라고 꾸짖지 말고, 10점이나 오른 것을 칭찬해주는 것이죠. 50점이 60점으로 오른 것은 대단한 향상입니다. 칭찬을 듣고 또 들으면 70점이 되고 90점이 되다가 끝내는 100점이 되는 것이죠.

칭찬을 너무 자주 하거나 일정한 간격을 두고 하는 것은 좋지 않습니다. 또한 의도된 칭찬은 자녀가 부모에게 조종되고 있다는 인상을 주어 일부러 칭찬받을 만한 행동을 하지 않을 가능성도 커집니다. 때때로 불시에 하는 칭찬이 더 효과가 큽니다.

잘한 일뿐만 아니라, 하지 말라고 한 것을 하지 않았을 때에도 칭찬해주세요.

유머

아버지와 아들

· 아들: 아버지, 좋은 소식이 있어요!
· 아버지: 좋은 소식? 뭔데?
· 아들: 제가 이번 시험에서 60점 이상이면 상금으로 50만 원 주시기로 하셨잖아요?
· 아버지: 그랬지!
· 아들: 그 돈 아버지 쓰세요.

헉!……

③ 학습 습관을 바꿔주세요

공부 잘하는 자녀를 만들기 위해서는 자녀 스스로 노력해서 성취하는 경험을 자주 맛보도록 해주셔야 합니다. 공부는 100m 경주가 아니라 마라톤 경주와 같다는 것, 남이 대신해 줄 수 없다는 것, 그리고 자신이 한 일에 대해 책임을 져야 한다는 것 등을 깨닫게 해야 합니다.

부모는 자녀도 자신의 의견을 가지고 있는 인격체이므로 자녀의 의견과 결정을 존중하고 자녀의 행동을 이해하려고 노력해야 합니다. 이를 위하여 자녀가 스스로 판단한 잘못이나 실수에 대해서도 너그러운 태도를 보여야 합니다.

자녀를 통제하는 것보다는 자율적으로 공부하도록 돕는 게 성적 향상에 가장 중요합니다. 따라서 자녀가 자율적으로 공부할 수 있도록 동기를 유발하고 환경을 조성해주는 데 부모로서 얼마나 노력했는지 점검할 필요가 있습니다. 하지만 스스로 아침에 일찍 일어나기, 공부방 정리 정돈하기, 학교 준비물 챙기

"참고서 · 학원 · 과외, 진로의 선택은 자녀와 부모님이 함께 생각하되 최종적인 결정은 자녀가 주도적으로 하는 방법이 좋습니다. 부모는 조언자의 역할로 만족해야 하는 것이죠."

기, 숙제 반드시 하기 등 몇 가지는 자녀가 꼭 지키도록 엄하게 지도하여야 합니다.

참고서 · 학원 · 과외, 진로의 선택은 자녀와 부모님이 함께 생각하되 최종적인 결정은 자녀가 주도적으로 하는 방법이 좋습니다. 부모는 조언자의 역할로 만족해야 하는 것이죠.

공부뿐만 아니라 일상생활의 문제를 자녀 스스로 해결하는 자립심을 발휘할 수 있는 기회를 만들어주어야 합니다. 예를 들어, 가족이 함께 여행할 때, 자녀에게 필요한 경비를 주어 스스로 여행 계획을 세우도록 해보세요. 또 은행에 저축도 하고 세금도 납부해보도록 하세요. 자립심을 키우고 자기 주도적 학습 태도를 기르는 데 도움이 될 것입니다.

자녀에게 무조건 열심히 공부하라고만 하면 자녀는 늘 불안하여 시험을 잘 보지 못하고 공부 자체에 흥미를 잃게 됩니다. 이 과목이 왜 재미있는지 그 과목을 통해 무엇을 얻을 수 있는지를 끊임없이 일깨워주어 공부하는 기쁨을 알도록 해야 합니다.

학부모를 위한 Tip **방학생활을 위한 조언**

방학은 모든 학생에게 부족한 과목을 보충하는 절호의 기회입니다. 중학교 3학년 겨울방학은 고등학교 1학년 정도의 영어, 수학을 선행 학습하도록 지도해주세요. 중학교 2학년 여름방학은 2학기 중간고사 범위까지 영 · 수 · 국 · 과 등 주요과목을 예습하는 것이 좋습니다. 특목고나 자립형사립고 등 내신을 반영하는 학교의 경우 대부분 중학교 2학년 성적부터 반영합니다. 중학교 3학년 학생들은 11월 하순이나 12월 초순에 끝나는 기말고사 이후부터 고등학교에 입학하는 3개월간의 겨울방학이 참 중요합니다. 이 겨울방학을 어떻게 보내느냐에 따라 고등학교의 성적이 결정되기 때문입니다.
중학생 자녀를 둔 부모님들은 방학 때 다음 사항을 관심 있게 봐주세요.

· 첫째, 폭넓은 독서의 기간이 되도록 도와주세요.
독서는 교양을 쌓고 어휘력을 늘려주어 사고력, 창의력, 문제해결능력을 향상시켜 줍니다. 당연히 논술 실력이 부쩍 향상되겠죠?

· 둘째, 자녀의 진로에 대해 고민하는 기간이 되어야 합니다.
진로 진단 검사, 흥미 검사, 성격 검사 등을 통하여 자신의 적성을 부모님과 함께 알아 가는 시간이 되도록 도와주세요.

· 셋째, 방학 때도 평소와 똑같이 규칙적인 생활을 해야 합니다.
치과 질환, 축농증, 비염, 심한 코골이, 근시, 난시, 비만 등 공부에 나쁜 영향을 주는 질병이 있다면 방학 때를 이용해 치료해야겠죠.

· 넷째, 평소의 잘못된 습관을 고치는 기회로 활용하도록 해주세요.
매일 늦잠 자던 아이는 방학을 이용하여 아침에 일찍 일어나는 습관을 기르면 더욱 좋아요.

· 다섯째, 박물관, 미술관, 과학관 등을 견학하게 해주세요.
사찰, 산업 현장, 연구소 등을 답사하거나 해외여행이나 각종 캠프에 적극 참여하는 것도 매우 유익합니다.

학부모를 위한 Tip **귀한 자녀, 혹시 인터넷 중독은 아닐까요?**

정보통신부는 2006년, 컴퓨터 게임을 하다가 사망할 정도로 날로 심각해지고 있는 청소년의 인터넷 중독증을 예방하기 위하여 매주 하루는 인터넷 휴休요일, 즉 '인터넷 안 하는 날'로 정했습니다. 인터넷에는 자녀의 공부에 치명적인 게임, 채팅 및 음란 사이트 등이 있습니다.

게임 · 채팅 및 음란물 중독의 증상

· 밤새워 게임을 하느라 늘 수면부족에 시달린다. 최근 이런 질 나쁜 잠을 일컬어 정크슬립junk sleep이라고도 하는데 이로 인해 수업시간에 잠만 자고, 생활 리듬이 깨져 비만과 각종 질병에 노출된다.
· 아침에 일어나자마자, 또는 하교하여 집에 들어서자마자 컴퓨터 게임부터 한다. 하루라도 접속하지 못하면 불안하고 초조하다.
· 게임이나 채팅에서 사귄 친구들이 현실 친구들보다 더 가깝게 느껴져 늘 외톨이다.
· 컴퓨터 외에 별다른 취미가 없다.
· 현실과 가상공간을 혼동한다. 사이버에서 본 것을 실행에 옮기게 되어 자주 돌출 행동을 한다.
· 폭력성이 두드러진다. 부모님을 대하는 언어와 태도가 매우 과격해진다.
· 건강이 나빠진다. 대표적으로 VDTVideo Display Terminal Syndrome 증후군이 있는데 컴퓨터를 장시간 사용함으로써 컴퓨터에서 나오는 X선, 방사선 등의 해로운 전자기파로 인한 두통, 안구건조증, 근시, 시각장애 등이 있다. 또한 목, 어깨, 팔, 허리의 통증과 결림, 손목 및 손가락, 허리 등 관절 계통의 이상을 호소하게 된다.

게임 · 채팅 · 음란물 중독의 심리적 특성

게임 · 채팅 · 음란물 중독에 빠진 학생들은 공통적으로 성적이 부진하므로 부모나 선생님의 기대에서 멀어지며, 친구관계에서조차 소외됩니다. 외톨이가 된 학생들은 좌절감과 스트레스를 다시 인터넷 게임으로 해소하게 되므로 인터넷 중독에서 빠져나오기 힘든 악순환에 빠지는 것이죠. 이로 인하여 자기 통제가 전혀 되지 않으므로 공부에 막대한 지장을 초래하게 됩니다.

외톨이 → 인터넷 중독 → 학업 지장 → 강한 스트레스 → 인터넷 중독 → 가정폭력, 외톨이……

인터넷 중독증의 치료

인터넷 중독은 도박이나 약물 중독처럼 한번 빠지면 헤어나기 어렵기 때문에 심각해지기 전에 예방에 힘써야 합니다. 자녀가 정말로 좋아하고 잘 하는 것을 함께 찾아보고, 관심을 가져주고, 때로는 함께 해주어야 합니다. 무엇보다 칭찬을 자주 하여 부모님의 인정과 사랑을 받고 있다는 믿음이 생기도록 하는 것이 가장 근원적인 치료법이 될 것입니다.

가족이 함께 여가를 즐기도록 유도하고, 자녀가 혼자 있는 시간을 줄여야 합니다. 무엇보다 자녀와의 원만한 의사소통이 제일 중요합니다. 생활에서 실천할 수 있는 방법은 다음과 같습니다.

- 컴퓨터를 거실과 같이 가족이 공유하는 공개적인 장소로 옮긴다.
- 컴퓨터 사용시간을 제한한다. 이때 사용시간은 대화와 가족회의를 통하여 구체적으로 정하고 자녀가 실천할 수 있도록 이끌어야 한다.
- 부모님도 컴퓨터 사용법과 인터넷을 익히는 것이 좋다. 좋은 사이트를 찾아서 자녀에게 추천한다.
- 프리막 원리를 이용한다. 보통 부모님은 자녀가 좋아하는 행동을 못하게 하고 싫어하는 행동을 강요하게 되는데 이는 반발심만 유발한다. 프리막 원리란 이와 반대되는 방식으로 말하는 것이다. 즉, "컴퓨터 게임$_{TV\ 보기}$ 제발 그만하고, 공부 좀 해라!"가 아니라, "공부$_{숙제}$ 다 해놓고, 컴퓨터 게임$_{TV\ 보기}$ 맘껏 해라"로 바꾼다.
- 자녀가 자주 출입하는 PC방을 알아둔다. 문제가 생기면 바로 도움을 청한다.
- 유해 사이트 차단 프로그램을 설치한다.

알아두면 유용한 사이트

- 인터넷 중독예방 상담센터 www.kado.or.kr/ipac
  상담전화 ☎ 1599-0075. 전액 무료이며 전화예약 후 직접 방문할 수 있음.
- 인터넷 중독 온라인 센터 www.psyber119.com
- 청년의사 인터넷 중독센터 www.cyadic.or.kr

배우 공격!
교과서 밖의 승부!

Line 7 인간관계의 달인 되기
Line 8 시간관리의 달인 되기
Line 9 건강관리의 달인 되기

자기관리를 통한

공부달인 굳히기

공부하는 기술만 잘 알고 있다고 공부를 잘하는 것은 아니야. 공부의 진정한 달인이라면 자기관리의 달인이 되어야 해. 인간관계, 시간관리, 그리고 건강관리와 같은 자기관리를 잘 해야만 진정한 공부달인의 경지에 도달하는 것이지.

고독한 공부천재? 난 공부짱! 인기짱!

인간관계의 달인 되기

너희가 갖고 있는 고민은 공부, 성적, 진로에 대한 것이 많겠지만 정말 절박한 고민은 인간관계 때문에 생기는 고민일 거야. 실제로 학급에서 왕따집단 따돌림를 당하던 학생이 자살을 기도하는 경우를 신문 기사에서 본 적이 있을 거야.

인간관계란 사람과 사람 사이의 관계를 말하는데 우리는 많은 사람들과 관계를 맺고 살아갈 수밖에 없는 존재야. 그런데 인간관계에 어려움이 있으면 공부가 되지 않는 것은 너무나 당연한 일이지.

청소년기에 인간관계에 어려움을 느끼는 경우 성인이 되어 사회생활을 할 때에도 여전히 인간관계에 어려움을 느끼게 되는 경우가 많거든. 실제로 많은 직장인들이 직장을 그만두거나 옮기는 이유는 일 자체의 어려움보다는 사람과의 관계, 즉 인간관계의 문제 때문이야.

1 좋은 인간관계의 출발은 마음 자세부터

어떻게 하면 인간관계를 잘 맺고 유지해나갈 수 있을까? 이 물음에 대한 일치된 해답을 얻기는 어렵지만 우선은 인간관계가 원만한 사람의 특징을 살펴보자. 그러면 어느 정도 인간관계에 대한 실마리를 잡을 수 있을 거야.

인간관계가 서투른 사람들은 나서야 할 때와 물러서야 할 때를 제대로 판단하지 못해. 한 마디로 눈치가 없는 거지. 원만한 인간관계를 유지하려면 상대방의 행동이나 말을 정확히 파악할 수 있어야 해.

"자기 검색 능력이 우수한 사람들은 자신이 타인에게 미치는 영향에 매우 민감하므로 원만한 인간관계를 유지할 수 있는 거야."

심리학자인 스나이더는 다른 사람들이 자신을 어떻게 생각하는지 자각하는 정도와 자기의 행동을 통제하는 행위를 '자기 검색'이라고 불렀어. 자기 검색 능력이 우수한 사람들은 자신이 타인에게 미치는 영향에 매우 민감하므로 원만한 인간관계를 유지할 수 있는 거야.

인간관계가 원만한 사람들은 어떤 공통점을 갖고 있을까?

• 상대방의 욕구에 민감해

상대방이 받기를 원하는 행동이 무엇인지를 민감하게 파악하여 가능한 한 그에 부합되는 행동을 해.

• 상황에 따라 다르게 행동할 수 있는 융통성이 있어

상대방이 처한 상황이나 함께 하는 사람이 누구인지에 따라 말과 행동을 적절하게 취사 선택해.

• 직설적이고 노골적인 감정표현을 자제해

상황이나 분위기를 정확하게 포착해서 자신의 감정 상태를 적절하게 조절함으로써 분위기를 깨거나 상대에게 상처를 입히지 않아.

"인간관계를 좀더 나은 방향으로 발전시키기 위해서는 일시적인 노력이 아닌 지속적인 노력이 필요해. 그리고 자신의 인간관계를 잘 관찰하고 어디에 문제가 있는지 파악해야 해."

• 비언어적 의사소통 기술이 뛰어나

표정이나 시선, 말투 등 비언어적으로 전달되는 상대방의 의중을 읽을 수 있으며 상대방에게 비언어적 의사전달 능력이 우수하지.

• 공감하는 능력과 경청하는 태도를 가지고 있어

상대방의 감정을 공유할 수 있고, 말하기보다는 경청하는 능력이 있어서 자기 중심적이 아닌 타인 중심적 태도를 보이지.

많은 사람들은 좀더 성숙하고 바람직한 인간관계를 맺기 위해 관심을 가지고 노력하고 있지. 인간관계를 더 나은 방향으로 발전시키기 위해서는 일시적이 아닌 지속적인 노력이 필요해. 그리고 자신의 인간관계를 잘 관찰하고 어디에 문제가 있는지 파악해야 해. 그런 다음 언제든지 새로운 인간관계를 위해 다시 시도하는 용기가 필요해. 절대 포기해서는 안 돼. 넌 할 수 있어.

학생을 위한 Tip

대인관계 조언

심리학자들이 말하는 인간관계 유형

교류분석 심리학자들은 사람들이 다른 사람들과 교류하는 방식을 네 가지로 나누고 있어. 자신만을 인정하고 타인은 부정하는 방식, 자신은 부정하고 타인을 인정하는 방식, 자신과 타인을 모두 부정하는 방식, 그리고 자신과 타인을 다함께 인정하는 방식이지. 각 유형의 특성을 검토해 보면 아마 자신의 모습이 보일 거야.

① I am OK, You are not OK 자기긍정-타인부정: 자아도취형

자신은 옳고 타인은 틀렸다는 생각이 지배적인 사람이다. 여기에 속하는 사람들 중에는 외모나 능력이 뛰어나며 야심적인 경우가 많다. 이런 사람들은 자신을 과대평가하는 경향이 있기 때문에 남의 이야기를 듣지 않으려 하며 상대를 경멸하고 다른 사람의 능력을 비하한다. 경쟁에서 항상 이겨야 하기 때문에 다른 사람들이 잘 되는 것을 보지 못하며, 자기보다 못한 사람들을 가차없이 비난한다. 남의 이야기를 들을 때도 냉소적인 경우가 많으며 갈등상황에서는 상대에게 책임을 전가한다.

② I am not OK, You are not OK 자기부정-타인부정: 염세포기형

자기도 별 볼일 없지만 남들도 제대로 된 사람이 없다고 생각하는 사람의 특성이다. 매사에 의욕이 없으며 비관적이다. 일이 생기면 뒤로 빠지면서 앞에서 나서는 사람들에 대해서도 못마땅해 한다. 주위 사람들에게는 자포자기한 사람이라는 인상을 준다. 세상에 대한 원망과 자신에 대한 불신감으로 자신은 물론 자신을 둘러싼 주변 사람까지 모두 파멸로 몰아간다. 이들은 자신을 믿지 못할 뿐 아니라 다른 사람들도 마찬가지라고 생각하기 때문에 아무도 믿지 못하고 항상 고독하다.

③ I am not OK, You are OK 자기부정-타인긍정: 패배형

패배형의 사람들은 열등감이 많으며 실수에 대해서 과도하게 걱정한다. 남들에게 가련한 모습을 보여줌으로써 다른 사람들이 자기를 비판하는 것을 방지하고, 기대를 갖지 않게 하거나 측은지심을 발동하도록 유도한다. 주변 사람들이 모두 자기보다 더 나은 것처럼 생각하기 때문에 남들의 평가에 민감하다. 안정과 사랑을 받기 위해 자기주장을 포기하고 맹목적으로 순종할 수 있으며 진정한 행복이나 자긍심을 경험하기가 어렵다.

④ I am OK, You are OK 자기긍정-타인긍정: 원만형

자기와 타인에게서 장점과 잠재력을 발견할 수 있는 사람이며 자신감이 있다. 타인의 평가나 비난을 수용할 수 있기 때문에 쉽게 자존심이 상하지 않는다. 남들이 자기와 다른 주장을 하더라도 그럴만한 이유가 있음을 인정한다. 자신이나 세상을 긍정적으로 바라보기 때문에 유머감각이 있으며 주변 사람들로부터는 너그럽고 융통성이 있는 사람이라는 평가를 받는다. 이들은 누구나 소중하다는 것을 인정하기 때문에 사람들을 대할 때 지위고하를 가리지 않아서 청소부, 경비아저씨, 식당종업원들과도 좋은 사이를 유지할 수 있다. 수많은 사람에게서 많은 정보와 도움을 받을 수 있기 때문에 어떤 상황에서든지 쉽게 문제를 해결할 수 있다.

2 나의 인간관계 O, X로 알아보자

(1) 나 자신도 몰랐던 나의 인간관계

지금보다 더 나은 인간관계를 원하면 무엇보다 자신의 현재 상태를 정확히 알아야 해. 그런 다음에야 개선해나갈 방향

을 정할 수 있는 거야. 현재 나의 인간관계를 돌아보기 위하여 다음의 문항들에 O, X로 한번 답해봐.

인간관계 평가 문항

1. 내가 맺고 있는 전반적인 인간관계에 대해 만족하지 못하고 있다. ( )

2. 주변사람들로부터 애정과 인정을 받고 있지 못하다. ( )

3. 자주 고독과 외로움을 느끼고 있다. ( )

4. 타인에 대해 미움과 분노를 자주 느끼는 편이다. ( )

5. 최근 어떤 인간관계로 인해 고민하고 있다. ( )

6. 인간관계 문제로 학업에 영향이 있다. ( )

7. 학업문제로 인해 인간관계가 영향을 받고 있다. ( )

8. 비밀스런 고민을 털어놓고 조언을 구할 사람이 주위에 별로 없다. ( )

9. 심각한 어려움에 처했을 때 도움을 요청할 만한 사람이 별로 없다. ( )

10. 주위에 영원히 용서하지 못할 것 같은 사람이 있다. ( )

평가 및 해석

O표한 문항이 7개 이상이면 인간관계에 있어서 심각한 문제가 있는 사람이야. 하루 빨리 인간관계 개선을 위해 노력할 필요가 있어.

O표한 개수가 3개 이하인 사람은 어느 정도 바람직한 인간관계를 맺고 있다고 할 수 있어. 그렇지만 좋은 인간관계가 지속될 수 있도록 노력을 게을리 해서는 안 되겠지.

이번에는 구체적인 인간관계 기술은 어떠한지 확인해볼까?

(2) 나의 인간관계 기술

구체적으로 인간관계를 맺는 기술에 대해 어느 정도나 알고 있는지 알아볼까? 다음 문항들에 자신을 비추어 O, X로 답해봐.

인간관계 기술 평가 문항

1. 사람을 만나고 새로운 인간관계를 맺는 데에 익숙하다. ( )
2. 나의 말이나 행동이 상대방에게 어떻게 전달될지 신경을 쓰는 편이다. ( )
3. 상대방의 표정을 통해 감정 상태를 어느 정도 알 수 있다. ( )
4. 처음 만난 사람과도 편안히 이야기할 수 있다. ( )
5. 내가 원하는 바를 타인에게 분명하게 표현하고 전달한다. ( )
6. 다른 사람의 이야기를 잘 경청하고 공감해준다. ( )
7. 다른 사람의 감정과 기분을 잘 느끼고 이해한다. ( )
8. 다른 사람이 무리한 요구나 부탁을 할 때, 적절히 거절할 수 있다. ( )
9. 부정적 감정, 예를 들어 불만, 실망, 분노 등을 잘 조절하여 표현할 수 있다. ( )
10. 나의 속마음과 사적인 고민을 타인에게 털어놓을 수 있다. ( )

평가 및 해석

O표의 개수가 7개 이상이면 인간관계 기술을 어느 정도 체득하고 있는 사람으로 인간관계로 인한 큰 문제가 없다고 볼 수 있어. O표가 3개 이하인 경우 인간관계 기술을 잘 모르고 있다고 볼 수 있고, 미숙한 인간관계 기술로 인해 인간관계에 심각한 문제가 발생할 수도 있어. 자신의 상황을 정직하게 인정하고 인간관계 기술을 배워나가는 것이 이 평가의 목표야.

3 동성친구 관계

최근 청소년 상담기관에서 청소년들에게 "고민이 있는 경우 누구에게 가장 먼저 털어놓는가?"에 대해 조사한 적이 있었어. 그 결과를 살펴보면 〈친구〉가 56.4%로 가장 많았고, 다음으로 〈스스로 해결〉 16.8%, 〈부모님〉 12.0%, 〈형제 · 자매〉 7.3%, 〈선 · 후배〉 4.1% 순이었어. 친구와의 관계가 인간관계에서 매우 큰 비중을 차지하고 있지? 그럼 청소년기에 특별히 친구와의 인간관계가 중요한 까닭은 무엇일까?

친구를 사귐으로써 자아정체감을 확립할 수 있기 때문이야. 좋은 친구는 건전한 자아상을 갖는 데 도움이 되거든. 어떤 사람을 알려면 그 사람이 사귀는 친구를 보라는 말이 있지? 친구에게 자신의 모습이 투영된다고 할 수 있어.

또한 부모님에게는 털어놓지 못하는 많은 비밀들을 터 놓고 얘기할 수 있는 사람이 바로 친구거든. 친구는 가족과의 갈등 문제까지도 터놓고 얘기할 수 있는 일종의 카운슬러라고 할 수 있어.

너희가 겪는 인간관계 문제 중에서 심각한 것 중 하나가 바로 왕따 현상일 거야. 청소년 대화의 광장에서 조사한 결과에 따르면 왕따 당하는 학생의 42%는 자신이 따돌림당하는 이유를 인식하지 못하고 있대. 이유를 알아야 그 해결책을 찾을 수 있는데 말야. 왕따의 원인에는 혹시 자신이 제공하는 것은 없는 것일까? 그 원인을 좀더 알아보도록 하자.

(1) 왕따의 7가지 유형

하나, 잘난 척 하면서 다른 친구를 무시하는 아이

왕따 당하는 유형 중 가장 많은 비율을 차지해. 자신의 잘난 점을 과시하면서 다른 아이들을 무시하는 태도를 보인다면 누가 좋아하겠니?

둘, 선생님에게 고자질하는 아이

선생님에게 잘못을 일러바치는 아이는 우선 우리 편이라고 생각하지 않아. 가까이 하면 안 되겠다는 생각이 들기 때문에 따돌리게 되지.

셋, 선생님이나 주위 사람들로부터 귀여움을 독차지하는 아이

학급 친구들의 질투를 사게 돼.

넷, 외모의 콤플렉스 때문에 자기 스스로 움츠러드는 아이

얼굴에 큰 흉터가 있다거나 너무 뚱뚱해서 스스로 친구들을 피하면 오히려 자기가 따돌림을 받게 돼.

다섯, 남을 배려하지 않고 이기적으로 행동하는 아이

모든 것을 자기 위주로만 생각하고 행동하면 왕따가 되기 쉬워. 집에서 귀여움을 독차지한 경우 이런 유형이 되기 쉽지.

“성격이 너무 튀거나 자기밖에 모르는 경우, 혹은 나약해서 저항하지 못하는 경우 따돌림을 받는 것 같아.”

여섯, 남의 험담을 하고 다니는 아이

험담한 것이 다 밝혀지면 다른 친구들이 믿지 못하게 돼.

일곱, 신체적 또는 정신적 장애를 지니고 있는 아이

아이들은 강자에게는 약하고 약자에게는 강한 심리적 특성이 있어. 장애가 있는 아이들은 거의 반항을 못하기 때문에 집단적인 괴롭힘의 대상이 될 수 있는 거야. 그 아이들이 반항하지 않는다고 해서 고통을 모르는 것은 아니야. 왕따로 인해 신체적 · 정신적 고통이 훨씬 더 심해진단다. 자신이 그런 처지에 놓였다고 생각해봐. 생각이 좀 달라질 거야.

이 땅에서 정말 왕따가 사라졌으면 좋겠다.

부모님들 중에는 “우리 아이가 학교에서 혹시 왕따를 당하지 않을까……” 걱정하시는 분들이 많아. 성격이 너무 튀거나 자기밖에 모르는 경우, 혹은 나약해서 저항하지 못하는 경우 따돌림을 받는 것 같아. 왕따를 당하게 되면 원인이 무엇인지 생각해보고, 부모님과 선생님께 상의하는 게 좋을 거야.

학부모를 위한 Tip 극단적 집단 따돌림의 처방 - 홈스쿨링

집단 따돌림과 학교 폭력의 문제가 부모와 교사의 수준에서 해결되지 않을 경우 홈스쿨링을 생각해볼 수 있습니다. 홈스쿨링이란 학교를 떠나 가정에서 부모님의 도움으로 스스로 공부하는 것을 말하는데요, 이때 상급학교 진학은 검정고시 합격으로 해결할 수 있습니다.

홈스쿨링이란?

가정학교, 재택학교라고 할 수 있으며 학교와 같이 제도화된 시스템이 아닌 가정에서 행하는 교육활동을 말합니다. 부모가 자녀의 최고 교육책임자로서 교육의 중심에 서는 방법입니다. 가정의 교육적 기능이 회복되어야 한다는 생각을 기본으로, 다음과 같은 원칙을 세우고 있습니다.
"가정보다 더 나은 교육환경은 없다."
"부모보다 더 나은 교육자는 없다."
"부모보다 아이들을 더 사랑하는 교사는 없다"

이것은 학교교육공교육 제도가 시작되기 전인 중세 이전 귀족의 가정교육과 비슷합니다. 처음에는 종교적 이유로 출발하였습니다만 요즈음은 부모 대신 전문적인 교사를 채용하여 교육하는 경우도 많습니다. 미국, 캐나다, 호주 등 영어권 국가는 홈스쿨링이 활발한 편이고 우리나라에서도 점차 증가 추세에 있습니다.

홈스쿨링의 장 · 단점은?

주어진 틀 속에서 빡빡한 일정대로 진행되는 공교육과는 달리 홈스쿨링은 부모나 개인교사가 자녀에게 최적의 교육과정을 세워줄 수 있다는 장점이 있습니다. 아이들은 다양하게 즐기면서 자유롭게 맞춤식으로 하고 싶은 공부를 할 수 있게 되는 거죠.
하지만 우려되는 점도 없지 않습니다. 부모의 도움이 절대적이므로 부모가 자녀와 하루 종일 얼굴을 맞대고 있어야 합니다. 또, 친구들과 고립됨으로써 사회성이 떨어지지 않을까 걱정이 되기도 합니다. 그리고 개인교사를 채용할 경우, 경제적인 부담도 있습니다.

따라서 부모는 모든 것을 계획하고 가르치려고 할 것이 아니라 큰 방향만 설정해주는 것이 좋습니다. 구체적인 것들은 자녀 스스로 계획을 세워 자기 주도적으로 공부하도록 하고 그 결과에 대해서도 책임지는 것을 배우도록 해주세요. 책임감이 생기면 동기부여가 되어 공부의 효과가 더욱 커집니다.

자녀의 사회성이 염려된다면, 홈스쿨링을 하는 다른 학생들과 자주 모임을 가지도록 해주십시오. 비슷한 환경의 아이들을 만나게 해준다면 정규 학교 때보다 더 의미 있는 만남이 될 수 있습니다.

(2) 새 친구를 사귀는 6가지 방법

친구로 사귀고 싶은 아이가 있는데 어떻게 해야 할지 잘 모르는 경우가 있지? 몇 가지 방법을 알려줄게.

하나, "용기 있는 자가 좋은 친구를 얻는다"

먼저 마음을 열고 다가가는 거야. 좋은 친구를 사귀려면 좀 더 적극적인 자세가 필요하단다. 상대방이 먼저 말을 걸어주기를 기다리는 소극적인 자세로는 친구를 얻기가 어려울 거야. 자신이 먼저 용기를 내어 마음을 열고 다가가봐.

둘, "가는 정이 있어야 오는 정이 있다"

조그마한 것이라도 먼저 베푸는 거야. 친구에게 무조건 받기만을 기대해서는 안 돼. 또 "내가 이렇게 해주었으니까 너도 나에게 이렇게 해주어야 해"라는 계산적인 사고를 가지고 친구를 대해서도 안 되겠지. 꼭 돈이 드는 멋진 선물이 아니라도

"누구나 좋은 친구를 사귀고 싶을 거야. 하지만 그 전에 자신은 과연 좋은 친구가 될 만한 사람인지 돌아보는 것이 필요해."

마음이 담긴 의미 있는 작은 선물, 간단한 편지 한 장이 상대방에게 감동을 줄 수 있거든. 세심한 관심을 행동으로 먼저 보여주는 것이 우정을 두텁게 하는데 큰 도움이 된단다.

친구의 생일을 기억하는 것은 필수야. 그 친구에 대한 관심을 나타낼 수 있는 절호의 기회이거든.

셋, "서로 솔직한 관계가 되어야 해"

보통 친구에서 친한 친구로 바뀔 때를 생각해보면 남들에게는 말하지 않은 자신의 비밀을 진솔하게 서로 털어놨을 때가 아닌가 싶어. 친구가 나에게 자신의 비밀이나 속마음을 털어놓으면 나 역시 공감하는 자세로 진지하게 들어주어야 해. 고민을 들어주고 힘을 북돋아주는 친구 관계는 절대 깨지는 법이 없어. 이때 주의할 점은 친구가 털어놓은 비밀을 다른 사람에게 결코 흘리면 안 된다는 거야. 공들여 쌓은 우정의 탑이 순식간에 무너질 수도 있거든.

넷, "단점보다는 장점을 보도록 해"

바람직한 친구 사이는 서로의 발전을 위해 도움이 되어야 해. 어떤 친구와 사귐으로 인해 태도가 나빠지고 성적도 떨어진다면 그 친구와의 관계에 대해 다시 한번 생각해볼 필요가 있지 않을까?

진정한 친구는 친구의 단점보다는 장점을 보고, 그것을 이끌어내어 계속 좋은 쪽으로 발전할 수 있도록 위로하고 격려해주는 사이야. 어렵고 힘든 학창시절, 친구의 한 마디 격려가 많은 힘이 되었던 기억이 지금도 떠올라. 비록 친구가 못나 보여도 서로 이해하고 격려해야 우정도 지속될 수 있어.

다섯, "내가 먼저 좋은 친구가 되어야 해"

누구나 좋은 친구를 사귀고 싶을 거야. 하지만 그 전에 자신은 과연 좋은 친구가 될 만한 사람인지 돌아보는 것이 필요해. 좋은 친구가 되기 위한 최고의 자질은 누가 뭐라 해도 흔들리지 않는 믿음직함인 것 같아. 그런 친구를 원하고 구하기 전에 자기 자신이 그런 친구를 얻을 만한 자격이 있는지 돌아보고 그렇게 되도록 노력해야 해.

여섯, "갈등이 생기면 빨리 풀도록 노력해야 해"

동성친구 간에 갖게 되는 고민들은 이런 게 있을 수 있겠지. "친구가 나보다 다른 아이와 더 친하게 지내잖아." "친구가 내게 너무 무리한 요구를 하는 것 같은데……" "사소한 일로 다퉜다고 그 후로는 아는 체도 하지 않네"

갈등이 생기면 빨리 풀도록 노력해야 해. 만일 친구를 그만 만나지 않을 거라면……. 친구가 먼저 사과할 때까지 기다린다면 자칫 친구를 잃을 수도 있어. 될 수 있으면 직접 얘기하는 게 좋지만 쑥스러워 힘들다면 다른 친구를 통하거나, 편지나 이메일 혹은 문자메시지도 괜찮아.

Tip 친구, FRIEND?

Free 서로 구속하지 않으며
Remember 영원히 기억하며
Idea 아이디어를 서로 나누며
Enjoy 함께 즐길 수 있으며
Need 필요할 때 힘이 되고
Depend 힘들 때 기댈 수 있는 사이

학창시절의 친구는 이해관계로 만난 사이가 아니므로 평생 친구가 될 수 있어. 하지만 학교 친구관계가 늘 밝은 면만 있는 건 아니야. 지나치게 놀기 좋아하는 친구를 만나면 황금같이 귀중한 학창시절을 헛되이 보낼 수도 있어. 반면 성적이 좋은 친구를 사귀다보면 건강한 자극이 되어 덩달아 성적이 오르는 수도 있지.

공부하는 도중 슬럼프에 빠지거나 나태해질 때 격려해주고 이끌어주는 친구가 진정한 친구가 아닐까? 또 맘잡고 공부하려는데 놀러가자고 유혹하는 친구보다는, 모두들 휴가로 술렁대는 바캉스 시즌에 함께 독서실 가서 공부하자고 권하는 친구가 진정한 친구가 아닐까?

친구관계에서 하나 더 강조하고 싶은 것은, 친구 사이에 맺고 끊는 것을 명확히 하라는 거야. 그래야 공부하는 동안에는 생활이 단순해지거든. 친구와 장시간 전화 통화하느라, 문자 메시지 보내느라 바쁜 학생들이 요즘 너무 많지? 이런 시간을 조금만 아끼면 내 공부 시간뿐 아니라 친구의 공부 시간도 늘어난다는 점을 잊지 마.

"이성친구를 사귀기 전에 먼저 자신의 성격이 어떤지, 내게 맞는 이성 스타일은 어떤지 질문해 보아야 해"

Tip 공부를 잘하려면

· 목표를 세워라
· 함께 공부할 친구를 만들어라
· 선의의 경쟁심을 최대한 높여라

4 이성친구 관계

여자와 남자는 과연 친구가 될 수 있을까? 어떤 사람은 남녀 사이에는 사랑만이 존재하고 우정이란 존재하지 않는다고 하지. 과연 그런 걸까?

하지만 남녀 사이의 우정도 엄연히 존재해. 우정이 사랑으로 발전될 수도 있지만 말야. 이성을 좋아하는 감정은 동성친구와 확실하게 다르기는 해.

이성친구가 없으면 왠지 열등감에 빠지는 경우가 있어. "내가 못나서 이성친구가 없는 것은 아닐까?"라는 고민이 생길 수도 있지. 하지만 어떻게 사귀어야 하는지 잘 몰라서 없는 경우가 대부분이야. 그럼 이성친구를 어떻게 사귀며, 또 관계는 어떻게 풀어나가야 할까?

이성친구를 사귀려면 이성에 대한 이해가 반드시 선행되어

야 해. 먼저 남자와 여자가 어떻게 다른지 이해하는 것이 가장 중요해. 같은 인간이지만 분명 차이가 있거든.

(1) 이성친구를 사귀는 방법

이성친구를 사귀고 싶지만 어떻게 해야 할지 모르는 사람을 위해서 그 방법을 알아볼까?

① 마음의 준비는 되었는가

먼저 이성친구를 사귀기 전에 자신에 대해 질문할 것이 몇 가지 있어.

· 나는 어떤 성격일까?
· 내 성격에 어떤 사람이 어울릴까?
· 나는 무엇을 중요하게 여기고, 무엇을 좋아하며, 무엇을 싫어하는가?
· 내가 좋아하는 이성 스타일은 어떤가?

두 번째는, 내가 이상적으로 생각하는 이성교제는 어떤 것인지 생각해보는 거야. 그것을 위해서는 영화나 TV 드라마 속의 남녀가 교제하는 여러 경우 중에서 어떤 커플이 가장 좋게 보이는지 떠올리면 이해가 쉽겠지?

세 번째는, 내 상황을 살펴보는 거야. 내 현재 여건으로 보아 이성교제에 얼마나 시간을 투자할 수 있는지, 이성교제를 하게 되면 나의 생활이 어떻게 영향을 받을지, 또 누구에게 도움을 받을 수 있을지 미리 생각해두는 것이 좋을 거야.

네 번째는, 이성친구를 사귀기 전에 여러 가지 마음의 준비와 계획을 세우는 거야. 마음의 준비 없이 시작한다면 실패할 가능성이 높거든.

"이성친구를 사귀기 전에 여러 가지 마음의 준비와 계획을 세워야 해. 마음의 준비 없이 시작한다면 실패할 가능성이 높거든."

② 적당한 이성은 있는가?

자, 준비 단계가 끝났으면 본격적인 이성친구 사귀는 단계로 넘어가 볼까?

먼저 사귈 대상이 있어야겠지. 맘에 들었던 친구가 있으면 다행이지만 없으면 가까운 데서 찾아보는 거야. 일단 주위 사람들 중에서 내가 찍을 만한 사람이 있는지 살펴보자. 다음 중 그 대상에게 해당되는 것이 몇 개나 있는지 체크해봐.

☐ 1. 매력적인가?

☐ 2. 호감이 가는가?

☐ 3. 나에게 호의적인가?

☐ 4. 나에게 도움이 될 만한 사람인가?

☐ 5. 내가 도움을 줄 수 있는가?

☐ 6. 함께 있으면 편하고 즐거운가?

☐ 7. 이야기가 통하는가?

☐ 8. 현재 사귈 수 있는 여건이 되는가?

☐ 9. 지금 교제하고 있는 다른 친구가 있지는 않은가?

적어도 5개 이상은 되어야 OK라고 할 수 있겠지?

③ 마음을 전하는 2가지 방법

그러면 다음 단계로 넘어가보자. 내가 좋아하기로 결심한 친구에게 어떻게 내 마음을 전할까?

지피지기知彼知己면 백전백승百戰百勝이라는 말이 있지? 남을 알고 자기를 알면 100번 싸워도 100번 이길 수 있다는 말이야. 이성친구를 자세히 아는 것이 필요하겠지.

그 애의 가정환경 조사서를 만들 수 있을 정도의 정보를 수집하는 거야. 어느 학교, 몇 학년 몇 반, 이름, 집주소, 전화번호, 종교, 형제 관계, 학교 성적, 성격 등 궁금하고 알고 싶은 정보를 다 알아내는 거야.

다음에는 그 애에게 나의 존재를 알려주어야겠지? 용기가 없어 자신의 존재를 알리지 못하면 결국 짝사랑으로 끝나고 말아. 자신의 존재를 알리는 데는 두 가지 작전이 있어. 적극적인 대시dash와 적극적인 기다림…….

둘 다 '적극적'이라는 표현을 붙였는데 자신을 알리려는 것 자체가 적극적인 행위이기 때문이야. 적극적인 대시는 "나는 너를 좋아해. 너랑 사귀어보고 싶어."라고 단도직입적으로 말을 하는 건데, 이때 주의할 점은 한 쪽에서 너무 강하게 나오면 다른 쪽에서는 움츠러들면서 도망갈 수도 있다는 거야. 그렇게 되면 공든 탑이 완전히 무너질 수도 있어.

적극적인 기다림은 그 아이의 주위를 맴돌면서 내 존재를 서서히 인식시키는 거야. 나에 대한 그 애의 관심이 내가 그 애에게 가진 관심과 비슷해질 때까지 기다리는 거야. 기다림이란 수동적인 행위로 느껴지지만 적극적인 기다림은 그냥 가만히 앉아서 기다리는 것이 아니기 때문에 적극적이라는 말을 붙였어.

"상대에게 어떤 작전이 먹혀들지는 미리 심사숙고해서 결정하는 것이 좋아. 너무 성급한 행동으로 인해서 돌이킬 수 없는 치명적 결과를 낳을 수도 있거든."

상대에게 어떤 작전이 먹혀들지는 미리 심사숙고해서 결정하는 것이 좋아. 너무 성급한 행동으로 인해서 돌이킬 수 없는 치명적 결과를 낳을 수도 있거든.

어떤 남학생이 극기 수련회 갔다 오는 버스 안에서 마이크를 잡고 그 반의 여학생에게 "나는 너를 좋아하는데 너는 어떠니? 나랑 사귀어보지 않을래"라고 고백을 했어. 여학생의 반응은 시큰둥하게 "우리 그냥 친구로 지내자"라는 것이었지. 결국 남학생은 그 여학생과 사귀는 데 실패했어. 고백이 너무 이벤트 성으로 흐르면 진실하다는 느낌이 덜 해지기 때문에 실패할 수 있다는 사실을 명심하기 바래.

이성관계를 위한 조언

친구간의 아름다운 우호 감정을 우정友情이라 하고, 이성에 대해 가지는 애착심을 연정戀情이라고 해. 쉽게 말해 사랑이라고 할 수 있지. 물론 사이좋은 남녀관계가 다 사랑일 수는 없어. 동성관계처럼 우정인 경우도 있거든.

우정에서 출발했지만 사랑으로 이어지는 경우도 있어. 처음에는 친구 사이였지만 연인 사이로 발전한 거지.

누군가를 사랑하는 감정이 생기면, 우선 그 애에 대한 생각이 머릿속을 떠나지 않게 돼. 또 생각만 해도 가슴이 뛰고 말아. 그런 것을 사랑에 빠졌다고 하는 거겠지?

그런데 두 사람이 친해질수록 성적인 관심도 높아지기 마련이야. 남녀간의 차이에 있어서 남자들은 여자에 비해 훨씬 충동적이야. 보통은 남자 쪽에서 성적인 접촉이나 관계를 요구하게 된단다. 이때 여자들은 혼란스러워지는데 얼떨결에 남자친구의 요구를 받아들이고 나면 돌이킬 수 없는 결과를 낳게 돼.

얼떨결에 가진 성관계로 인해 임신이 된다면 그것은 정말 큰 문제야. 왜냐하면 두 사람 모두 정신적 · 신체적 · 사회적으로 책임질 수 있는 준비가 안 되어 있으니까. 남자들의 경우 여자친구가 임신하게 되면 책임을 느끼는 경우도 있지만 그렇지 않고 도망가려는 경우도 많거든.

무엇보다도 순간의 선택이 평생을 좌우할 수 있다는 거야. 남자친구가 성적인 관계를 요구해온다면 어떻게 해야 할까? 남자들은 성관계를 요구할 때 주로 쓰는 몇 가지 말이 있어.

"진정으로 사랑하기 때문에 너를 갖고 싶다."

"사랑한다면 모든 것을 줄 수 있지 않니?"

"성관계를 거절하는 것은 나를 사랑하지 않기 때문이야."

"한 번의 성관계로는 절대 임신이 되지 않아"

여자들은 자기가 거절하면 남자친구가 실망하여 떠나버릴까봐 걱정되어 쉽게 거절 못하는 것이지. 그렇지만 이럴 때 남자를 테스트할 기회라고도 볼 수 있어. 만일 거절을 받아들이지 못하는 남자라면 그냥 떠나가라고 해. 그런 남자는 진정으로 여자를 사랑할 자격이 없는 거야. 미련 없이 떠나보내야 해.
여자를 진정으로 아끼는 남자는 거절당하면 오히려 여자를 신뢰하는 반응을 보인다는 걸 명심해.

(2) 이성친구와 관계를 유지하는 4가지 방법

이성친구를 사귀기로 했다면 오랫동안 좋은 관계를 유지하는 방법에 대해서도 알아야겠지?

첫째, 이성을 호기심의 대상이 아닌 한 인격체로서 존중하는 마음을 가져야 해

동성친구 사이에 이해와 신의, 사랑이 밑바탕 되어야 하듯 이성친구 사이에서도 그런 덕목이 바탕이 되어야 해. 서로 협력하고 존중하며 예절을 지키고 절제하는 마음가짐과 태도가 필요해.

진정으로 여자를 사랑하는 남자는 자신의 성적 욕구를 조절할 줄 알고, 여성이 싫다고 하면 이를 받아들일 줄 알거든.

둘째, 우정과 연정을 혼동하지 말고 자신의 의지나 의사를 분명히 하여 한결같은 자세를 가져야 해

사춘기의 이성 교제는 우정의 테두리 안에 두는 것이 좋아.

"동성친구 사이에 이해와 신의, 사랑이 밑바탕 되어야 하듯이 이성친구 사이에서도 서로 협력하고 존중하며 예절을 지키고 절제하는 마음가짐과 태도가 필요해."

일방적으로 교제를 강요한다거나, 처음에 가졌던 태도를 갑작스럽게 바꾸어 상대방을 구속하는 것은 바람직하지 않아.

교제의 방식과 한계에 대해서도 생각해보아야 해. 공동 목표를 가진 여러 친구와의 모임을 통하여만 이성과 교제할 것인지, 아니면 그 모임이 끝나고 나서도 계속 지속해야 하는지 생각해볼 필요가 있어.

셋째, 자기의 언행에 책임을 짐으로써 신뢰감을 가지게 해야 해

두 사람 사이에 신뢰감이 생기면 이성을 대하는 태도도 부드럽고 친숙해지며, 불편한 감정이 해소되고, 동성친구처럼 자연스럽게 대할 수 있게 될 거야.

설레는 감정이 지속되고 자꾸 보고 싶어지면 우정의 테두리를 넘어서 사랑하는 관계에 들어섰다고 볼 수 있어.

우정에서 연정으로 넘어서려는 두 사람은 상대에 대해 더 알고 싶어지며, 공통점과 공감대를 찾으려고 애쓰지. 서로 인정하고 받아들이면서 자신감과 안도감을 가지고 상대방을 믿게 되는 거야. 이러한 믿음은 서로의 관계를 지속시키는 제일 중요한 원동력이란다. 서로 필요한 존재임을 깨닫고, 누군가가 용기를 내서 상대방에게 사랑을 고백하게 돼. 고백이 받아들여져서 서로 사랑을 확인하면 두 사람만의 만남이 계속되며, 서로의 특성과 결점을 이해하고 보완하면서 더욱 성장하게 되는 거야.

넷째, 사귀다가 헤어지게 되는 경우 너무 매달려 집착하는 것은 바람직하지 않아

남녀의 교제가 항상 순탄하게 진행되지는 않지. 원하지 않지만 환경의 변화 때문에 헤어지기도 하고, 좋았던 사람이 사소한 이유로 갑자기 싫어지기도 해. 서로 합의하여 헤어지기도 하지만, 한 쪽이 일방적으로 실연失戀을 당하기도 하고.

헤어지는 것이 당장은 슬픈 일이지만, 길게 보면 삶의 지혜를 배워가는 과정이라고 할 수 있어. 훗날 자신과 더 잘 어울리는 상대를 발견할 수 있는 안목을 갖추는 기회가 될 수도 있기 때문이야.

5 가족관계

"가정은 인생이라는 험한 산을 오르기 위한 베이스 캠프와 같다"라는 말이 있어. 가족은 다른 관계와는 달리 혈연으로 맺어진 집단이야. 많은 인간관계 중에서 가장 많은 접촉이 일어나는 긴밀한 관계이지. 불만과 갈등이 있다고 해도 마음대로 이탈할 수도 없어.

다른 사람들과의 인간관계에 비해 가족과의 인간관계를 소홀히 하는 사람들이 많은 것 같아. 아마도 그만큼 가족이 편하게 느껴지기 때문일 거야. 그러나 배려가 부족해 오랫동안 불편한 관계로 지내는 사람들도 많단다. 어떤 인간관계라도 노

"'가정은 인생이라는 험한 산을 오르기 위한 베이스 캠프와 같다'라는 말이 있어. 가족은 다른 관계와는 달리 혈연으로 맺어진 집단이야. 많은 인간관계 중에서 가장 많은 접촉이 일어나는 긴밀한 관계이지."

력 없이 지속되는 경우는 없다는 것을 명심했으면 좋겠어.

가족관계 중에서 가장 중요한 부모님과의 바람직한 관계를 유지하는 방법에 대해 살펴볼까?

첫째, 부모님의 교훈에 일단 귀를 기울여

부모님은 너희보다 인생을 20년 이상 앞서 사신 분으로 그만큼 경험이 풍부해. 경험에서 우러나오는 지혜는 결코 무시할 수 없으므로 부모님 말씀에는 일단 귀를 기울이렴. 자기 생각과 일치하지 않는 경우, 무조건 자기 생각을 고집하기보다는 부모님께서 왜 그런 생각을 갖고 계신지 이해하려고 노력해야 해. 그런 다음 자신의 생각을 차근차근 말씀드리는 방법이 좋아.

둘째, 하루 10분이라도 부모님과 대화 시간을 갖자

대부분의 청소년 문제는 가정에서 비롯된다고 해도 과언이 아닐 거야. 아마도 부모와 자녀 간의 대화 부족이 큰 원인이라고 생각해. 실제로 한 조사 결과를 살펴보면 일주일 동안 아버지와 한 시간도 대화를 나누지 못한다는 청소년들이 전체의 약 2/3나 된다고 해.

청소년기는 자아정체감이 형성되는 시기이므로 부모님으로부터 정신적인 독립을 하려고 하지. 따라서 자신만의 세계를 가지려고 부모님께 자신의 학교생활이나 친구 문제 등에 대해 얘기하지 않으려는 경향이 있어. 하지만 그건 부모님과의 관계를 멀어지게 만드는 지름길이야.

하루 10분이라도 자신의 생활이나 고민에 대해 부모님과 나누는 시간을 반드시 가져보길 바래.

학부모를 위한 Tip **자녀와의 좋은 관계가 중요한 이유**

교육과정평가원에서 2002학년도 초 · 중 · 고학생 19,200명을 대상으로 한 연구에 의하면 부모님과 대화를 많이 한 학생일수록 성적이 우수하다는 연구결과가 있습니다. 또 다른 조사에서는 아버지와 자주 대화하는 학생일수록 학업성적이 우수하다고 합니다. 자녀의 고민을 관심 있게 지켜보고 자주 터놓고 얘기하도록 하는 것이 중요합니다. 신문이나 책에서 본 내용을 함께 토론하는 것도 자녀의 성적 향상에 큰 도움이 됩니다. 자녀와 함께 토론할 수 있는 주제로는 다음과 같은 것들이 있겠죠.

· 초 · 중학교에서 여자선생님이 대부분을 차지하는 추세의 장 · 단점
· 원자력발전의 필요성과 문제점 해결 방안
· 외모지상주의를 어떻게 볼 것인가?
· 개발 및 성장과 환경보호의 한계
· 환율 하락이나 북한 핵실험이 국내 경제에 미치는 영향은?

셋째, 무조건 이해하지 못하실 거라는 생각을 버려야 해

부모님과 자녀 사이에는 20~30년의 세대 차이가 있어. 성장해 온 사회적 · 교육적 배경도 다르고 이로 인한 가치관, 사고 방식, 생활습관 등도 달라. 하지만 부모님은 나를 키워주셨기 때문에 나에 대해 잘 알고 계시다는 사실을 반드시 기억해야 해.

넷째, 나도 언젠가는 부모가 된다는 사실을 명심해

자녀가 부모님을 속상하게 하면 부모님은 "너도 나중에 너 같은 자식 낳아봐야 안다"는 말씀들을 하시지? 실감은 나지 않겠지만 누구나 나중에 부모가 된다는 사실을 기억하길 바래. '내가 부모라면 나는 과연 어떻게 할 것인가?' 라는 질문에 한번 스스로 답을 해봐. 그렇다면 현재의 부모님 입장도 이해가 되면서 자신의 모습을 반성할 수도 있을 거야.

다섯째, 부모님께 늘 감사하는 마음을 가져야 해

부모님은 너희에게 무조건적인 사랑을 베푼단다. 이를 '내리사랑' 이라고 하는데 너희는 이것을 당연한 것으로 여기는 경향이 있어. 아버지에게 자신의 신장을 기꺼이 이식해준 아들의 사연을 기억하는 사람이 있을 거야. 아들은 아버지가 살아 계시는 것 그 자체가 얼마나 감사한 일이냐고 하여 주위 사람을 감동시켰어.

부모님께 불만이 전혀 없을 수는 없지만 부모님이 곁에 건강하게 살아 계시는 것만도 감사한 일이라는 걸 언젠가는 깨닫게 될 거야.

여섯째, 부모님은 좋은 선생님이야

부모님을 공부하는 데 좋은 선생님으로 이용(?)하는 것도 매우 좋아. 늦게 피곤한 몸으로 퇴근하시는 부모님께 모르는 것을 여쭤보는 일이 미안한 생각이 들 수도 있겠지. 하지만 부모님께서는 아무리 피곤해도 열심히 공부하는 자녀의 질문을 잘

"'내가 부모라면 나는 과연 어떻게 할 것인가?' 라는 질문에 스스로 답을 한번 해봐. 그렇다면 현재의 부모님 입장도 이해가 되면서 자신의 모습을 반성할 수도 있을 거야."

받아주시고 또 대견해 하실 거야. 물론 부모님은 졸업하신 지 오래 되셨으니 잊어버리신 게 많을 수도 있지만 질문을 자주 하고 많은 얘기를 나누는 과정에서 훌륭한 답을 분명히 얻을 수 있을 거야. 이런 대화는 가족 모두를 건강하게 해주는 비타민과도 같아.

6 선생님과의 관계

청소년기의 생활은 대부분 학교에서 이루어지지. 따라서 학교에서 만나게 되는 선생님들과의 관계 역시 청소년기의 인간관계에서 매우 중요해. 선생님과의 인간관계가 좋지 못한 학생들은 학교에 가는 것 자체가 고역이 될 수 있거든. 심한 경우 아예 학교를 그만 두는 학생들도 있게 돼. 그럼 어떻게 하면 선생님과의 관계를 잘 유지할 것인지 그 방법에 대해 생각해보자.

첫째, 선생님을 단순히 지식의 전달자로 바라보기보다는 인생의 선배로서 존경하는 자세를 가지고 바라보는 것이 좋아

선생님을 마치 학원 강사처럼 지식의 전달자로만 생각한다면 그 관계는 피상적으로 흐를 수밖에 없어. 최근 치열한 입시 경쟁 때문에 사제간의 사랑은 사라지고 가르치고 배우는 관계만 남아 있는 것 같아 매우 안타까워.

"선생님이라고 해서 완벽하지는 않아. 선생님도 감정을 가지고 있는 한 분의 부족한 인간이라는 걸 잊지 마. 지혜로운 자세로 선생님을 대하는 것이 중요해."

선생님을 인생의 선배로서 인격적으로 존경하는 자세가 필요해. 존경의 마음을 가져야만 사제간에 좀더 인격적인 만남이 가능하고 그래야 학교생활이 더 의미가 있게 되겠지.

둘째, 솔직한 태도로 임하되 선생님도 부족함이 많은 한 인간임을 명심해

요즘 학생들은 굉장히 솔직하고 자기 생각을 거침없이 말한다는 소리를 많이 듣는단다. 간혹 지나치게 솔직한 자세는 버릇없거나 당돌한 느낌으로 다가오는 경우가 있어. 그러면 선생님께 좋지 않은 이미지를 심어주게 되어 인간관계에 있어서는 치명적인 오점이 될 수도 있는 거야.

선생님이라고 해서 완벽하지는 않아. 선생님도 감정을 가지고 있는 한 분의 부족한 인간이라는 걸 잊지 마. 따라서 지혜로운 자세로 선생님을 대하는 것이 중요해.

셋째, 선생님께 더욱 가까이 갈 수 있는 기회를 만들어

선생님과 무엇이든 털어놓는 친밀한 관계를 유지하는 학생이 있는 반면, 1년 내내 그 반에 있었는지조차 모르게 지나치는 학생도 있어. 선생님께 친구처럼 적극적이 되어보렴. 선생님과 친해지면 여러 가지로 유리한 점이 많아. 모르는 것이 있으면 부담 없이 질문하러 갈 수도 있잖아?

선생님과 친밀한 관계를 유지하는 주된 비결은 자주 뵙는 거야. 수시로 선생님께 질문도 하고 도와드릴 일이 없나 살펴보고 심부름도 해드리고 하다 보면 선생님과 가까워질 거야.

넷째, 수업시간에 진지한 자세로 열심히 들어봐

선생님에 대한 최대의 존경의 표시는 수업시간에 진지한 자세로 열심히 듣는 거야. 수업시간에 불성실한 자세를 보이는 학생은 일단 선생님과 좋은 인간관계를 맺기가 어려워. 어떤 과목을 좋아하려면 담당 선생님을 먼저 좋아해야 한다는 말도 있듯이 선생님에 대해 좀더 관심을 갖고 임한다면 그 과목도 따라서 좋아질 수 있어.

다섯째, 학교와 선생님을 신뢰하는 자세가 중요해

학교나 선생님에 대한 신뢰는 공부의 목표를 이루는 밑거름이야. 선생님의 권위를 인정하지 않으면 가장 큰 피해는 자신이라는 점을 잊지 마. 학교 선생님은 학원 선생님과 달리 지적인 영역뿐 아니라 인성 교육, 창의성 교육, 생활 습관 지도, 바람직한 교우 관계 지도 등 전인교육을 담당하고 계셔. 나 자신의 발전에 도움이 되도록 선생님을 믿고 선생님께 적극적으로 접근하면서 선생님을 활용(?)하면 성적 향상에 큰 도움이 될 거야.

Tip 선생님과의 관계를 멀어지게 하는 말

1. "제가 뭘 잘못했다고 그러세요?"
2. "쟤도 잘못했는데 왜 저만 혼내세요?"
3. "전 원래 그런 놈이에요."
4. "선생님, 차별하지 마세요."
5. "절 그냥 내버려 두세요."

친한 친구 사이에 해서는 안 될 말

1. "왜 너는 나말고 걔하고 노니?" ⇨ 진정한 우정은 구속하지 않아.
2. "잘난 척 좀 하지마." ⇨ 친구의 장점을 인정해주고 발전시켜 주는 게 진정한 우정이야.
3. "그래 너 잘났다." ⇨ 잘나지도 못한 게 잘난 척 한다는 의미야.
4. "공부도 못하는 게……." ⇨ 성적이 친구의 조건이 되어서는 안 돼.
5. "넌 이것도 못하냐?" ⇨ 부족한 부분을 감싸주고 채워주는 친구가 진정한 친구야.

이성친구 사이에 해서는 안 될 말

1. "말해봐. 너에게 난 뭐야?"
2. "휴대폰 비밀번호 알려줘."
3. "치이…… 오늘 너무 잼없다……."
4. "옛날에 사귀던 걔는 말이야……."
5. "남자가 말이야……." "여자가 말이야……."
6. "너 살쪘어."
7. "넌 몰라두 돼! 내가 알아서 할게!"
8. "네 친구, 참 멋지다."
9. "우리 헤어져, 하하하……."
10. 그 밖에, 내가 듣고 싶지 않은 모든 말들.

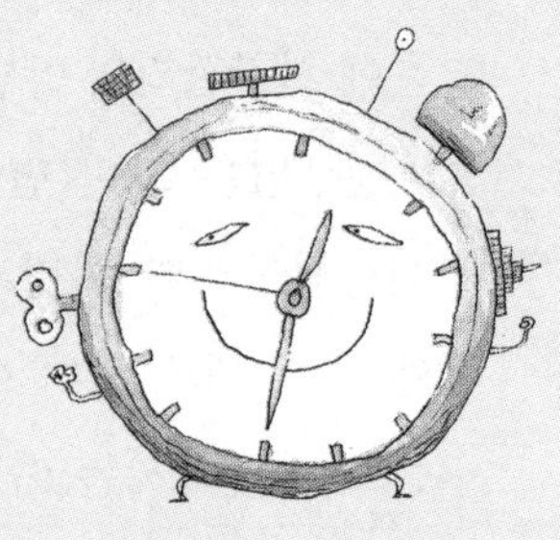

성적에 시달리는데 시간에도 쫓겨? 난 여유짱! 공부짱!

시간관리의 달인 되기

현대인에게 시간을 어떻게 잘 관리하는가, 즉 시간관리 방법을 터득하는 것은 생존과도 직결되는 중요한 문제야.

그런데 매일 학교와 집을 오가면서 비슷한 생활을 반복하는 너희는 시간관리가 그다지 중요한 문제가 아니라고 생각할 수도 있어. 그러나 시간이 아무리 많아도 제대로 관리하지 못하면 원하는 일을 할 수가 없단다. 인생은 어차피 제한되어 있기 때문에 시간관리의 방법과 기술을 알아두는 것이 반드시 필요해.

선생님은 그런 면에서 행운아였다고 할 수 있어. 왜냐하면 선생님유미현의 아버지는 시간관리 전문가이시거든. 시간관리에 관한 책도 많이 쓰셨어. 어렸을 때부터 시간관리의 원칙을 몸소 실천하시는 아버지의 모습을 보고 자연스럽게 시간관리 방법을 배우게 된 것 같아.

그런데 학생들의 하루 생활을 주의 깊게 관찰하다 보면 시간관리의 기본적인 원칙조차 모르고 있는 것 같아. 선생님이 발견한 문제점을 살펴보고 자신의 시간관리 의식이 어떠한지 점검해보는 시간을 갖도록 할까?

1 시간관리의 문제점

첫째, 하루를 아무 계획 없이 시작한다는 거야

'계획 없이 시작한 날은 혼돈으로 끝난다'는 명언이 있어. 아침부터 허겁지겁 학교에 가기 바쁘지? 학교에 와서는 친구들과 잡담을 하면서 하루를 시작하고. 하루의 시작을 이렇게 정신 없이 하다 보니 하루도 어느새 정신 없이 지나가버리지.

"시간이 아무리 많아도 제대로 관리하지 못하면 원하는 일을 할 수가 없단다. 인생은 어차피 제한되어 있기 때문에 시간관리의 방법과 기술을 알아두는 것이 반드시 필요해."

집에 와서도 별 계획 없이 지내는 건 마찬가지야. 간식 먹고, 밥 먹고, 학원 갔다가, TV 보고, 컴퓨터 게임 하고, 라디오 듣다가 잠들어버리고……. 이렇게 정신 없이 하루가 가지. 도대체 오늘 하루 뭘 위해 살았는지 기억도 못하면서.

둘째, 우선순위가 뒤죽박죽이야

중 · 고등학생들은 하루에 해야 할 일이 한두 가지가 아니야. 공부도 해야 하고, 깜박 잊은 숙제도 해야 하고, 준비물도 챙겨야 하고, 친구한테 문자메시지도 보내야 하고……. 그런데 해야 할 여러 가지 일들 중에서 무엇을 먼저 해야 하는지 우선순위를 생각하는 학생은 거의 없는 것 같아.

'우선 급한 불부터 끄고 보자'는 식이지. 수학 숙제가 있으면 수학 숙제하고, 다 못했으면 다른 수업시간에 몰래 하기도 하고. 수업을 받는 것과 숙제를 하는 것의 우선순위를 따져본다면 당연히 수업을 받는 것이 먼저 할 일인데, 긴급한 일부터 하고 보니 정작 중요한 것은 뒤로 밀려나버리는 식이야.

셋째, 자투리 시간을 제대로 활용하지 못해

하루에 학교 생활을 하면서 받는 수업시간은 6~7시간 정도야. 그 사이에는 10분의 쉬는 시간이 있어. 쉬는 시간과 등 · 하교 시간까지 합치면 약 2시간 정도 돼.

옷을 만들다 남은 조각천을 자투리라고 하는데 이것을 그냥 내버려두면 쓰레기지만 이것을 활용하면 훌륭한 퀼트가 될 수 있잖아. 하지만 자투리 시간의 중요성을 인식하고 그것을 제대로 활용하는 학생들은 별로 많지 않은 것 같아. 쓸데없이 주위를 왔다 갔다 하거나 친구들과 잡담을 하면서 보내는 경우가 많거든. 그러는 사이 자투리 시간은 의미 없이 보내고 말지.

넷째, 질적인 시간과 양적인 시간 차이에 대한 감感이 없어

공부계획을 짤 때 같은 1시간을 배정하더라도 공부가 잘 되는 시간대의 1시간과 공부가 잘 안 되는 시간대의 1시간은 효율과 효과 면에서 엄청난 차이가 있어. 양적인 시간이 같다고 해서 질적인 시간까지 같은 것은 아니라는 거지.

공부계획을 세울 때에는 반드시 이 차이를 고려해야 해. 공부가 잘 되고 집중도 잘 되는 시간을 '황금 시간'으로 본다면 이 시간에 중요한 과목이나 두뇌를 많이 쓰는 과목을 배치하는 게 좋겠지. 대부분의 학생들은 생각 없이 무턱대고 공부하는 것 같을 때가 많아.

다섯째, 시간 낭비의 요소가 많아

학생들의 생활을 관찰해 보면 친구들과의 관계에 있어서 거절하지 못하는 경우가 많아. 특히 여학생의 경우가 많은 거 같아. 예를 들어, 친구가 교무실에 함께 가자고 하면 자신은 별로 볼일이 없는데도 함께 가는 거야. 하루 생활을 계획할 때 뚜렷한 목표를 세워 두지 못한 경우에 거절하기가 더 어려워

"공부가 잘 되는 시간대의 1시간과 공부가 잘 안 되는 시간대의 1시간은 효율과 효과 면에서 엄청난 차이가 있어. 양적인 시간이 같다고 해서 질적인 시간까지 같은 것은 아니야."

져. 방과 후에도 친구들에 의해 끌려 다니다 보면 정작 자신이 해야 할 일은 하지 못하는 경우가 많아. 과감히 거절할 수 있는 용기가 있어야 시간을 제대로 관리할 수가 있는 거란다.

※ 시간관리 의식 테스트

이번에는 시간관리에 대한 자신의 의식을 체크해 볼까?

다음 질문은 시간을 관리하는 데 있어서 어떠한 의식으로 하는지 알아보는 검사야. 자신을 솔직히 돌아보면서 다음 중 O 또는 X에 체크해봐.

1	종종 성급하게 약속을 하고서는 나중에 제대로 지키지 못한다.	O X
2	잠들기 전에 다음날 할 일이 무엇인지 곰곰이 생각한다.	O X
3	때때로 너무 바빠서 정신을 차릴 수 없다.	O X
4	보통 나는 모든 것에 대해 책임을 느낀다.	O X
5	나에 관한 중요한 문서들이 모두 어디에 있는지를 단번에 기억해 낼 수 있다.	O X
6	때때로 중요한 내용이나 전화번호 또는 약속 날짜 등을 쪽지에 메모해두는데, 잠시 후에는 그 쪽지가 어디에 있는지 찾아내지 못한다.	O X
7	아주 바쁠 때라도, 죄책감 없이 다른 사람의 청을 딱 잘라 거절하지 못한다.	O X

8	중요한 일을 하기 앞서 일정표를 짠다.	O X
9	여러 가지 일을 한꺼번에 시작하면 정신을 못 차리곤 한다.	O X
10	내가 해낼 수 있는 것보다 더 많은 일을 떠맡는 경향이 있다.	O X
11	나는 다른 사람에 비해 나의 관심 영역을 지키기가 수월한 편이다.	O X
12	내가 직접 나서서 진행하지 않는 일은 제대로 성사되지 않는다.	O X
13	누군가에게 종종 착취당했다는 느낌이 든다.	O X
14	낮 시간에도 충분히 나만의 자유시간을 가지려고 신경 쓴다.	O X
15	일없이 가만히 있으면 불안해진다.	O X
16	다른 사람에게 무슨 일을 부탁하기가 어렵다.	O X
17	급하게 서두르지 않도록 약속시간을 적당히 분배한다.	O X
18	나는 내 시간을 마음대로 하지 못한다고 느낀다.	O X
19	예기치 않게 쉬는 날이 생기면, 시간을 어떻게 보내야 할지 모른다.	O X
20	일에 몰두하는 동안에는 어느 누구와도 연락하지 않는다.	O X
21	여가나 휴양, 휴식은 나와는 전혀 상관없는 얘기로만 생각한다.	O X

번호	응답 (O, X)	번호	응답 (O, X)	번호	응답 (O, X)
1		2		3	
4		5		6	
7		8		9	
10		11		12	
13		14		15	
16		17		18	
19		20		21	
합계	A: ( )	합계	B: ( )	합계	C: ( )

"시간 분배나 생활 습관이 안정되어 있는 사람은 많은 일을 추진해도 중압감에 빠지는 적이 거의 없어. 무슨 일이든 신중히 착수하고 자신이 해낼 수 있는 것 이상으로 일을 떠맡지 않아."

각각의 응답 결과 중 O의 개수를 센 다음 세로로 합하여 A, B, C의 (　) 에 기록한다. 가장 많은 점수가 나온 것이 자신의 시간관리 의식의 유형이다.

• A타입: 시간 부족에 대해 남의 탓을 하면서 사는 사람

이 유형에 속하는 사람들은 자신이 시간의 주체자로서 생활하지 못하고 남에 의해 끌려 다닌다는 피해의식 속에서 살아간다. 늘 시간이 부족하다고 불평하고, 자신에게 끊임없이 맡겨지는 많은 일들로 인해 끙끙거린다. 그런데도 자신이 문제의 장본인이라는 생각은 하지 못한다.

자신의 한계를 정확히 파악하지 못하므로 남들의 부탁에 대해서 'No' 라고 거절할 줄도 모른다. 자신의 능력과 주어진 시간을 정확히 파악하고 시간관리의 주체가 될 필요가 있다.

• B타입: 시간을 관리하면서 사는 사람

시간 분배나 생활 습관이 안정되어 있어서 남의 부러움을 사는 유형이다. 많은 일을 추진해도 중압감에 빠지는 적이 거의 없다. 무슨 일이든 신중히 착수하고 자신이 해낼 수 있는 것 이상으로 일을 떠맡지 않는다. 시간의 귀중함을 알고 있어

"말로는 '시간은 금이다'라고 하면서도 시간을 정말 금처럼 아끼는 사람은 많지 않은 것 같아. 오히려 '시간 보기를 돌같이 하라'는 신념(?)으로 다들 생활하는 것 같아."

서 시간을 적절히 나누어 쓴다. 이성지향적이며 충동적인 면이 거의 없어서 평정을 잃지 않고 생활하는 장점을 갖고 있다.

이런 사람들은 집단 내에서 지도적 위치를 맡을 자격이 있다고 하겠다.

• C타입: 늘 '바쁘다 바빠'를 외치며 사는 사람

이 유형의 사람들은 마음속의 공허와 고독을 두려워해서 불필요한 일까지 많이 만들기 때문에 늘 시간적 여유가 없다. 조금이라도 여가가 생기면 약속으로 메운다. 이 약속 저 약속으로 분주히 쫓겨다니면서 언제나 산더미같은 일에 파묻혀 사는 사람들이다. 아무 일도 하지 않으면 숨통이 조여오는 압박감과 불안감을 느낀다. 심리적인 원인을 깊이 추적할 필요가 있다.

2 3단계 시간관리법

(1) 1단계: 시간의 중요성 깨닫기

말로는 '시간은 금이다'라고 하면서도 시간을 정말 금처럼 아끼는 사람은 많지 않은 것 같아. 오히려 '시간 보기를 돌같이 하라'는 신념(?)으로 다들 생활하는 것 같아.

시간을 별로 중요하게 생각하지 않는 까닭은 무엇일까? 시간은 아무런 노력을 하지 않아도 누구에게나 똑같이 주어지기 때문이야. 또 시간은 물과 같아서 한번 흘러가면 다시 오지 않지만 물과는 달리 흘러가는 게 보이지 않아. 그리고 시간이 아직 많이 남아 있다고 생각하거든.

시간의 진정한 가치를 깨닫는 것이 시간관리의 첫걸음이야.

마라토너 이봉주 선수는 애틀랜타 올림픽에서 3초 때문에 울어야 했고, 후쿠오카 마라톤 경기에서는 2초 때문에 웃을 수 있었지. 3초 늦어서 애틀랜타 올림픽에서 금메달을 놓쳤고, 2초 빨리 들어온 덕분에 일본 국제마라톤경기에서 금메달을 딸 수 있었던 거야. 단 몇 초의 시간이 엄청난 결과의 차이를 불러올 수 있다는 것을 실감나게 하는 예라고 할 수 있지. 하루 5분씩만 10년을 투자하면 5개 국어에 능통할 수 있다는 말 들어봤니? 하찮게만 여겨지는 5분이 10년 후에는 엄청난 차이를 불러온단다.

그러면 어떻게 평소에 시간의 소중한 가치를 인식하면서 생활할 수 있을까?

· 아침에 일어나면 '오늘이 내 생애의 마지막 날'이라고 생각해본다.
· 한 시간을 30분 단위로 생각해서 시간 계획을 짠다.
· 인생은 생각보다 빠르게 지나간다는 것을 기억한다.
· 모든 일에 마감 시간을 정한다. 긴장감과 시간 의식이 높아질 것이다.

· 시간에 관해서는 언제나 구두쇠가 된다.
· 돈을 잃었을 때와 마찬가지 심정으로 시간 낭비를 안타까워한다.
· 시간은 절대로 되돌릴 수 없다는 것을 염두에 둔다.
· 돈으로 시간을 살 수 있다면 기꺼이 그렇게 한다.
· 3분, 5분과 같은 자투리 시간들도 금싸라기로 여기는 습관을 기른다.
· 잠들기 전에 반드시 다음 세 가지 질문을 한다.
  - 오늘의 목표를 잘 달성했는가?
  - 기분 좋고 행복한 하루였는가?
  - 순간마다 시간의 가치를 인식한 행동을 했는가?

(2) 2단계: 올바른 우선순위 정하기

"운동을 하긴 해야 하는데 시간이 없어서……"

이런 변명을 하는 사람이 많아. 사실 시간이 없다기보다는 운동을 우선순위에 두지 않기 때문에 못하는 것 아니겠니? 운동을 우선순위에 둔다면 시간을 마련할 수 있을 거야.

우선순위란 해야 할 여러 가지 일들의 순서를 정하는 거야. 해야 할 일, 혹은 하고 싶은 일이 아무리 많아도 한 번에 다 할 수는 없으니까.

우선순위를 잘 정하려면 먼저 목표가 뚜렷해야 해. 목표가 없다면 정할 순서도 없단다. 뚜렷한 목표가 있어야만 우선순위를 매길 수 있어.

"'긴급한 일'과 '중요한 일'을 혼동하지는 않는지, '긴급한 일'과 '중요한 일' 사이에서 어떤 결정을 내려야 할지 잘 알지 못하는 건 아닌지……"

우선순위를 정할 때 가장 곤혹스러운 것은 '중요한 일'과 '긴급한 일' 사이에서 어떤 것을 선택하느냐는 거야. 우리는 당장 해야 할 긴급한 일을 소중한 일로 여기게 되거든. 그리고 긴급한 일은 바로 결과를 보여주기 때문에 더욱 매달리게 돼. 긴급한 일로 인해 정작 중요한 일이 뒷전으로 밀리면 곤란하지.

'긴급한 일'과 '중요한 일'을 혼동하지는 않는지, '긴급한 일'과 '중요한 일' 사이에서 어떤 결정을 내려야 할지 잘 알지 못하는 건 아닌지 다음 표를 통해 점검하도록 하자.

	긴급한 일	긴급하지 않은 일
중요한 일	**1** · 위기 · 다급한 문제 · 마감에 쫓기는 과제 · 생명과 관계된 일 ➡ **즉시 실시하라!**	**2** · 미래를 위한 준비 · 예방 · 계획 · 인간관계 구축 · 진정한 여가 ➡ **계획하라!**
중요하지 않은 일	**3** · 불시 방문, 나를 찾는 전화 · 눈앞의 다급한 일들 · 인기 있는 활동 · 정에 끌려 마지못해 하는 일 ➡ **선별하라!**	**4** · 하찮은 일, 바쁘게만 만들고 성과가 없는 일 · 시간 낭비거리 · 용건 없는 전화 · 지나친 TV 시청 ➡ **하지 말라!**

① 긴급한 동시에 중요한 일

1번 칸은 '긴급한' 동시에 '중요한' 일들이야. 체육 시간에 다친 친구를 양호실로 데려가는 일이나, 성적에 반영되는 과제물을 제 시간에 제출하는 일 등은 긴급하면서도 중요한 일이라고 할 수 있어. 1번 칸에 해당하는 일에 우선적으로 시간을 할애해야 해.

② 중요하지만 긴급하지 않은 일

2번 칸은 '중요하지만 긴급하지 않은' 활동들이야. 장기적인 계획, 미래에 발생할 문제의 예방, 독서와 지속적인 자기계발, 다른 사람들과의 인간관계를 돈독히 하는 일 등이 해당해. 도둑이 들기 전에 무너진 담장을 보수한다거나 홍수에 대비해서 둑을 미리 쌓는 것 등도 이런 예라고 할 수 있어. 유비무환의 자세로 장기적인 대비가 필요한 것들이야.

긴급하지 않으나 중요한 일에 준비성을 가지고 시간을 할애하면 그만큼 능력은 함양되고 미래는 밝아지는 거야.

③ 긴급하지만 중요하지 않은 일

3번 칸엔 '긴급하지만 중요하지 않은' 일들이 있어. 긴급하다고 호들갑을 떨기 때문에 그 일이 정말 중요하다는 착각에 빠지게 되지. 그러나 내막을 잘 들여다보면 다른 사람에게만 중요할 뿐이야. 걸려오는 전화, 불쑥 찾아오는 방문객 등을 예로 들 수 있어. 모두 나의 우선순위가 아닌 다른 사람의 우선순위에 의해 바쁜 경우야. 다른 이들의 우선순위와 기대

"'긴급하지만 중요하지 않은' 일들이 있어. 긴급하다고 호들갑을 떨기 때문에 그 일이 정말 중요하다는 착각에 빠지게 되지. 그러나 내막을 잘 들여다보면 다른 사람에게만 중요할 뿐이야."

에 맞추느라 많은 시간을 빼앗기는 거지. 과연 자신이 누구의 우선순위 때문에 바쁜 건지 잘 판단하는 지혜로운 학생이 되길 바래.

④ 긴급하지도 않고 중요하지도 않은 일

4번 칸은 '긴급하지도 않고 중요하지도 않은' 활동들, 즉 시간 낭비일 뿐인 일들이야. 이 칸에 해당하는 일에는 시간을 쓰지 말아야 해. 모두 낭비이니까. 습관적으로 TV를 켜서 멍청히 보고 있다든지, 전자오락 게임에 지나치게 몰두한다든지 하는 것이 이에 해당하지. 물론 여가를 위해 건전하게 하는 것은 어느 정도 의미가 있지만 말야.

우리는 우선순위 결정에서 '긴급하지는 않지만 중요한' 일을 소홀히 생각하여 뒤로 미루는 경향이 많아. 사실 우리 삶에 도움이 되고 풍요와 의미를 가져다주는 여러 가지 중요한 일은 대체로 '긴급한 일'이 아닐 때가 많기 때문에 잊지 말아야 해. 이런 일들은 평소에 늘 챙겨야 해. 그럼 어떤 것들이 있을까?

· 주변 사람들과 인간관계를 돈독히 하는 것
· 여러 가지 할 일에 대한 준비를 철저히 하는 것
· 삶의 비전을 갖고 계획을 세우는 것

"승자는 패자보다 더 열심히 일하지만
시간에 여유가 있고
패자는 승자보다 게으르지만
늘 '바쁘다 바빠' 라고 말하지"

· 자신을 돌아보는 것
· 자신의 능력을 계발하는 것
· 진정한 의미의 여가를 갖는 것

"그러면 어떻게 우선순위를 정할 수 있나요?"라고 질문하고 싶은 친구들이 있을 거야. 다음 방법을 참고로 해봐.

하나, 자기 목표, 즉 해야 할 일을 모두 나열해.

둘, 이 모든 목표가 측정 가능한 것인지, 즉 성취 결과를 명확히 알 수 있는 것인지 확인해.

셋, 매 목표마다 "왜 이것을 해야 하는가?"라는 질문을 하여 중요도를 분석해. 자신의 가치 체계와 분석에 근거해서 이 목표들의 일람표를 A, B, C로 등급화해봐. A는 꼭 해야 할 일이면서 매우 중요한 것, B는 해야 할 일 또는 다소 중요한 것, C는 시간이 있으면 할 수도 있으나 별로 중요하지 않은 것이야.

넷, 이 모든 일을 시작할 때 우선순위 1번만 바라보고 생각해. 그 일이 완성될 때까지 계속 그렇게 해.

다섯, 나머지 일도 그와 똑같은 방식으로 해. 한번에 하나씩!

그날의 모든 일을 마칠 때까지 이런 식으로 해.

(3) 3단계: 시간계획표를 짜고 실천하기

시간계획표 없이 생활하는 학생들의 비율이 자그마치 93%나 돼. 계획표를 세우긴 세우는데 '계획 따로 실천 따로' 라고 답한 사람도 있었어.

시간계획표를 형식적이고 귀찮은 것으로 여기는 학생이 많은 것 같아. 그렇지만 제대로 계획을 세워서 생활해 보면 그 진가를 알게 될 거야. 잘 짜여진 계획표는 목표를 쉽게 달성하고 시간 낭비를 최소한으로 줄이며 적은 시간도 효과적으로 사용할 수 있게 만들지. 따라서 늘 시간을 여유 있게 관리하면서 살 수 있단다.

승자와 패자

승자는
패자보다 더 열심히 일하지만
시간에 여유가 있고
패자는
승자보다 게으르지만
늘 "바쁘다 바빠"라고 말한다.
승자의 하루는
25시간이고
패자의 하루는
23시간이다.

승자는 열심히 일하고
열심히 놀고
열심히 쉰다.
패자는 허겁지겁 일하고
빈둥빈둥 놀고
흐지부지 쉰다.
승자는 시간을 관리하며 살고
패자는 시간을 끌며 산다.
승자는 시간을 붙잡고 달리며
패자는 시간에 쫓겨서 달린다.

그러면 시간계획표를 어떻게 짜야 할까?

하루의 시간을 효과적으로 활용하기 위해서는 시간계획

"너무 무리하게 계획을 세우면 성취감보다는 오히려 좌절감을 맛볼 확률이 높아."

표를 매일 아침에 세우는 것이 좋아. 시간계획표를 짜는 수첩이나 노트를 마련하면 좋겠지?

처음에는 시간계획표를 짜는 게 귀찮지만 자꾸 하다 보면 하루의 시간을 알차게 활용할 수 있어서 무척 뿌듯할 거야. 다음과 같은 과정으로 시간계획표를 짜면 돼.

① 우선 오늘 해야 할 일이나 공부할 목록을 종이에 나열해

수학 문제 20문제 풀기, 영어 단어 50개 암기, 국어 숙제 등, 오늘 해야 할 숙제나 공부들을 나열해. 이를 위해서는 1주일간의 계획이 어느 정도 세워져 있어야 해.

② 각 활동마다 어느 정도의 시간이 걸릴지 예측해봐

이를 위해서는 우선 자신의 능력을 정확하게 파악하고 있어야 해. 예를 들어, 수학 문제 10개를 푸는 데 1시간 정도가 걸리는데 그것을 30분으로 잡는다면 무리한 계획표가 되겠지.

③ 한 가지 일에만 몰두할 수 있는 시간을 계산해

수업시간을 제외하고 혼자 공부할 수 있는 시간이 얼마나 되는지 생각해봐. 다른 일이 많다면 시간을 넉넉히 마련하여 부족함이 없게 해야겠지.

④ 자신의 목표에 따라 우선순위를 매겨봐

가장 중요해서 오늘 반드시 마쳐야 한다고 생각하는 것을 A, 그 다음으로 중요한 것은 B, 또 그 다음은 C로 등급을 매겨봐. 그런 다음 A등급에 해당하는 일을 가장 우선적으로 할 수 있도록 계획표를 짜. 그래야 시간계획표에 질서가 잡히고 성취감도 느낄 수 있어.

⑤ 현실적이며 융통성 있는 시간계획표를 만들어

너무 무리하게 계획을 세우면 성취감보다는 오히려 좌절감을 맛볼 확률이 높아. 계획을 세울 때는 일과 일 사이에 적당한 여유 시간을 두어 현실적으로 성취 가능하도록 하는 것이 필요해.

⑥ 제일 좋은 시간에 제일 중요한 일을 배열해야 해

자신의 신체 리듬을 생각해 보면 하루 중 가장 능률이 오르는 시간이 있어. 바로 그 시간에 가장 중요한 공부나 일을 배치하는 거야.

⑦ 자신에게 맞는 시간계획표 양식을 준비해

자신에게 맞는 옷이 편하듯 자신에게 맞는 형식이 좋아.

⑧ 예상치 못한 일의 발생에 대비해

시간계획표에 '계획되지 않은 시간'이라는 항목을 포함시켜. 보너스로 생기는 시간 덕분에 생활에 여유가 생기지.

⑨ 시간계획표의 각 항목을 제대로 이루었는지 반드시 평가해

자신을 되돌아보는 평가 과정이 없으면 발전이 없어. 너무 무리한 계획을 세웠는지도 평가하면 점검이 가능해.

활용할 수 있는 몇 가지 시간계획표의 예를 살펴볼까?

■ 공부를 위한 시간계획표 (월 일 요일)

번호	과목	교재	공부범위	공부내용	소요시간	중요도	평가
1			~				
2			~				
3			~				
4			~				
5			~				
6			~				
7			~				

■ 일주일 단위의 시간계획표

	월요일	화요일	수요일	목요일	금요일	토요일	일요일
오전							
7 : 00							
7 : 30							
8 : 00							
8 : 30							
9 : 00							
9 : 30							
10 : 00							
10 : 30							

	월요일	화요일	수요일	목요일	금요일	토요일	일요일
11 : 00							
11 : 30							
12 : 00							
12 : 30							
오후							
1 : 00							
1 : 30							
2 : 00							
2 : 30							
3 : 00							
3 : 30							
4 : 00							
4 : 30							
5 : 00							
5 : 30							
6 : 00							
6 : 30							
7 : 00							
7 : 30							
8 : 00							
8 : 30							
9 : 00							
9 : 30							
10 : 00							
10 : 30							
11 : 00							

■ **주간 계획표** (날짜: / ~ /)

주간목표(주말까지 내가 성취하고 싶은 사항)
1.
2.
3.
4.
5.

목표를 달성하기 위해 요구되는 활동들	우선순위	소요시간	요일

3 제한된 시간의 효과적 사용법

성경에 나오는 유명한 비유들 중에서도 달란트의 비유는 대부분 잘 알고 있을 거야. 먼 길을 떠나는 주인이 세 종을 불러 각각 5달란트, 2달란트, 1달란트를 맡기는 장면에 대해 들어본 적 있을 거야. 여기서 달란트는 당시 화폐의 단위이기도 하지만 재능talent의 어원이기도 해. 재능은 사람마다 다르게 주어졌지만 그것의 많고 적음이 중요한 것이 아니라 얼마나 성실한 자세로 재능을 활용하느냐가 중요한지 말해주는 비유라고 할 수 있어.

성경에 나오는 이와 비슷한 비유로 또 므나의 비유가 있는데 므나도 달란트와 마찬가지로 화폐의 단위야. 길 떠나는 주인이 세 종을 불러 모두 1므나씩 골고루 나눠주었어. 어떤 종은 장사를 해서 1므나를 가지고 10므나를 남기지만 어떤 종은 땅 속에 파묻어 두어 전혀 이익을 남기지 못하지.

달란트의 비유에서는 종에게 각기 다른 분량의 달란트를 맡기지만 므나의 비유에서는 모든 종에게 똑 같은 분량의 므나를 나눠준다는 차이가 있어. 여기서 므나가 뜻하는 것은 바로 시간이라고 할 수 있어. 시간은 누구에게나 공평하게 주어졌는데 그것을 어떻게 활용하느냐에 따라 몇 배로도 쓸 수 있다는 교훈을 담고 있는 거지.

(1) 자투리 시간 활용법

시간을 활용하다 보면 자투리 시간이 남기 마련이야. 보잘

것없다고 생각해서 무시하면 쓸모없지만 이를 소중히 여겨서 잘 활용한다면 나중에는 커다란 효과를 보게 될 거야.

간혹 학생들 중에는 잠자는 시간은 아까워하면서도 자투리 시간은 별 생각 없이 흘려보내는 경우가 있어. 자투리 시간을 제대로 활용한다면 남들보다 시간을 훨씬 여유있게 쓸 수 있단다.

• 하루 동안 생기는 자투리 시간을 정확히 예측하고 있어야 해

아침에 집을 나서기 전에 하루 동안의 자투리 시간에 대해 예측하고 있어야만 미리 철저하게 계획을 세울 수가 있지. 계획이 없는 상태에서는 시간이 아무리 많이 주어진대도 제대로 이용하지 못하는 거야.

학교생활을 하는 대부분의 청소년의 경우 하루에 1~2시간 정도의 자투리 시간이 생긴다고 볼 수 있어. 등 · 하교 시간 및 쉬는 시간, 하교 후 학원가기 전까지의 시간 등을 합치면 충분히 1~2시간 정도의 자투리 시간이 생겨. 수면 시간을 빼고 활동할 수 있는 시간이 16시간이라고 보면 자투리 시간은 결코 무시 못해.

• 자투리 시간에 할 것을 미리 준비해야 해

자투리 시간을 정확히 파악하고 있더라도 그 시간에 무엇을 할 것인지 미리 계획을 세워 놓지 않으면 제대로 이용할 수 없어. 하루 동안에 생기는 자투리 시간에 어떤 공부를 할 것인지 미리 준비해 놓아야 해.

"시간을 활용하다 보면 자투리 시간이 남기 마련이야. 보잘것없다고 생각해서 무시하면 쓸모없지만 이를 소중히 여겨서 잘 활용한다면 나중에 커다란 효과를 보게 될 거야."

등·하교 시간의 자투리 시간에는 영어 단어·숙어나 한자 암기 등을 하는 것이 좋아. 손바닥만한 암기장 하나만 준비하면 되고 단어 암기는 짧은 시간에 짬짬이 공부하기에는 매우 효과적이야. 자주 틀리는 수학 문제를 기록해 놓은 약점 노트도 자투리 시간에 풀면 좋겠지?

• **수업과 수업 사이에 생기는 자투리 시간은 매우 훌륭한 예습, 복습 시간이 돼**

쉬는 시간, 종이 치기가 무섭게 책과 공책을 집어넣어 버리는 친구들이 많지? 그러고는 이리저리 왔다 갔다 하거나 친구들과 어제 본 TV 프로에 대한 수다를 떠느라 정신이 없어…….

이런 학생들은 다음 수업 시작종이 친 후에도 선생님이 들어오셔야 헐레벌떡 자리로 돌아와 그제서야 책과 공책을 꺼내. 수업 받을 마음의 준비가 되어 있지 않기 때문에 수업 내용도 귀에 잘 들어올 리 없어.

집에 가서 예습, 복습에 별도의 많은 시간을 할애하는 것보다는 쉬는 시간을 잘 활용하면 훨씬 효율적이고 효과적일 수 있어. 선생님은 수업이 끝날 즈음 중요한 요점을 반복 강조하는 경우가 많기 때문에 이를 유심히 들어야 해. 그리고 쉬는 시간을 알리는 종이 치더라도 잠시 자리에 남아 책과 공책에 중요한 사항을 반드시 표시하도록 해. 쉬는 시간 앞의 3분 정도는

"선생님은 수업이 끝날 즈음 중요한 요점을 반복 강조하는 경우가 많기 때문에 이를 유심히 들어야 해. 그리고 쉬는 시간을 알리는 종이 치더라도 잠시 자리에 남아 책과 공책에 중요한 사항을 반드시 표시하도록 해."

전 시간의 복습 시간으로 삼고 나머지 2~7분은 다음 시간의 예습 시간으로 삼는 거지. 화장실은 언제 가냐구? 물론 급하면 다녀와야지. 이렇게 몇 분 안 되는 시간이라도 다음 시간에 배울 내용이 무엇인지 간단히 파악할 수 있는 시간은 충분하거든.

(2) 새벽시간 활용법

요즘 학생들의 수면 습관은 늦게 자고 늦게 일어나는 유형이 많은 것 같아. 보통 올빼미형이라고 하지. 인터넷, 컴퓨터 게임, TV, 라디오, 비디오 등을 늦게까지 보느라, 또 학원에 다니느라 밤늦게까지 자지 않고 깨어 있는 올빼미족은 점점 늘어가는 것 같아. 그렇다보니 새벽시간의 소중함을 경험한 사람도 많지 않고, 그 시간을 제대로 활용하는 사람도 드문 것 같아.

일찍 자고 일찍 일어나는 습관이 얼마나 가치 있는가를 안다면 도전해보고 싶은 마음도 생길 거야. 그러면 일찍 일어나는 습관의 유익함은 어느 정도일까?

• 첫째, 하루를 여유 있게 시작할 수 있어

일찍 일어나서 하루의 계획을 짜고 일찍 시작하면, 그 하루는 순조롭고 여유 있게 진행되지. 반대로 아침에 늦잠을 자면 하루 종일 무엇인가에 쫓기는 신세가 돼.

• 둘째, 남들보다 하루를 일찍 시작하는 뿌듯한 기분이 돼

빨리 시작한다는 일종의 우월감 때문에 행동 하나 하나에 자신감과 활력이 붙어. 동작이 민첩하고 활력이 넘쳐흐르는 사람의 대부분은 아침 일찍 일어나는 사람들이야.

• 셋째, 온전히 집중할 수 있는 시간을 얻게 돼

새벽은 다른 사람의 간섭을 받지 않는 알짜 시간이라고 할 수 있어. 이렇게 마련된 알짜배기 시간에 정신을 집중하여 전력투구한다면 얼마나 많은 일을 할 수 있을지 상상해봐.

• 넷째, 아침부터 시작되는 각종 시험에 유리해

수학능력시험과 같은 중요한 시험을 앞두고 있는 수험생의 경우 수면 습관은 매우 중요해. 올빼미형의 수면 습관을 가지고 있는 경우 아침에는 두뇌활동이 활발하지 못하거든.

반면 일찍 자고 일찍 일어나는 종달새형의 수면 습관을 가진 학생들은 일찍부터 두뇌활동이 활발해지므로 아침 일찍 시작하는 시험에 훨씬 유리해. 최소한 시험 1달 전부터는 종달새형으로 수면 습관을 바꾸는 게 좋아.

• 다섯째, 여름철에 특히 능률을 내게 되지

무더운 여름에는 조금만 일해도 금세 지치게 돼. 여름철 일하기에 가장 좋은 시간은 역시 아침이야. 일찍 일어나서 일을 하면 하루일의 절반쯤은 해낼 수 있어.

• 여섯째, 밤에 깊이 잘 수 있어

깊은 잠을 잔다는 것은 하루에 쌓인 피로를 쉽게 풀 수 있다는 것을 의미하거든. 아침 일찍 일어나면 저녁에는 피곤해지므로 숙면을 취할 수 있어. 밤 12시 이전에 1시간 자는 것은 밤 12시 이후에 2시간 자는 것과 같은 효과가 있다고 하지. 학자들의 연구에 의하면 잠자는 동안 이제까지 공부한 것이 뇌에 저장되어 암기되기 때문이래.

잠을 제대로 자지 못하거나 낮과 밤을 바꿔서 생활하는 사람처럼 신체 리듬이 비정상적이면 뇌의 기능이 떨어져 기억력은 감퇴하고 집중력도 떨어져. 따라서 기억력 향상을 위해서라도 충분한 수면과 규칙적인 생활 습관을 유지하는 것이 절대로 필요해. 그러면 새벽시간은 어떻게 활용하는 것이 유익할까?

명상의 시간

종교를 가지고 있는 학생은 'Q.T'Quiet Time에 대해서 들어본 적이 있지? 그 시간을 떠올려보면 돼. 종교가 없더라도 성공적인 하루를 기원하는 아침 5분 명상을 해봐. 하루를 여는 시간에 혼자만의 장소에서 숙연한 자세로 조용히 자신을 돌아보는 시간의 유익함을 느낄 수 있을 거야. 허둥대는 아침이 아니라 5분 명상의 아침을 가진 사람과 그렇지 않은 사람이 보내는 하루의 질 차이를 한번 느껴보기 바래.

하루를 계획하는 시간

앞에서도 말했지? '계획 없이 시작한 날은 혼돈으로 끝난다' The day that starts without a plan will end in chaos 라고. 그만큼 하루를 어떻게 살 것인지 계획하는 시간은 매우 중요한 거야. 아침에 늦게 일어나면 시간에 쫓겨 차분히 하루를 계획할 시간을 갖기가 어려워. 새벽시간을 효과적으로 활용하는 방법 중 하나는 하루에 일어날 일들과 해야 할 일들을 떠올리면서 하루 계획을 세워보는 거야.

새벽 운동

운동을 하지 않는 사람 중에는 시간이 없어서 못한다는 사람들이 가장 많은 것 같아. 그렇다면 새벽시간을 건강관리를 위한 시간으로 활용해보면 어떻겠니? 새벽에 상쾌하게 조깅을 하거나 다른 운동을 하면 몸과 맘이 건강해지는 건 물론이고, 하루를 기분 좋게 또 자신감 넘치게 보낼 수 있어. 특히 입시로 인한 스트레스가 많은데 운동할 시간을 잘 내지 못하는 수험생들의 경우 새벽시간을 운동으로 활용한다면 여러 모로 큰 효과를 볼 수 있을 거야.

새벽 공부

밤에 하는 공부와 새벽에 하는 공부 중 어느 것이 효과적일까? 물론 사람에 따라 다르겠지만 일반적으로 밤 공부는 낮 공부의 연장이므로 두뇌가 매우 지쳐 있는 상태에서 하게 되는 거야. 반면 새벽 공부는 잠으로 충분히 두뇌를 휴식한 후 하는 것이므로 공부의 효과가 훨씬 좋을 수밖에 없어. 따라서 같은 한 시간을 공부해도 밤보다는 새벽에 더 능률이 오른다고 할 수 있어.

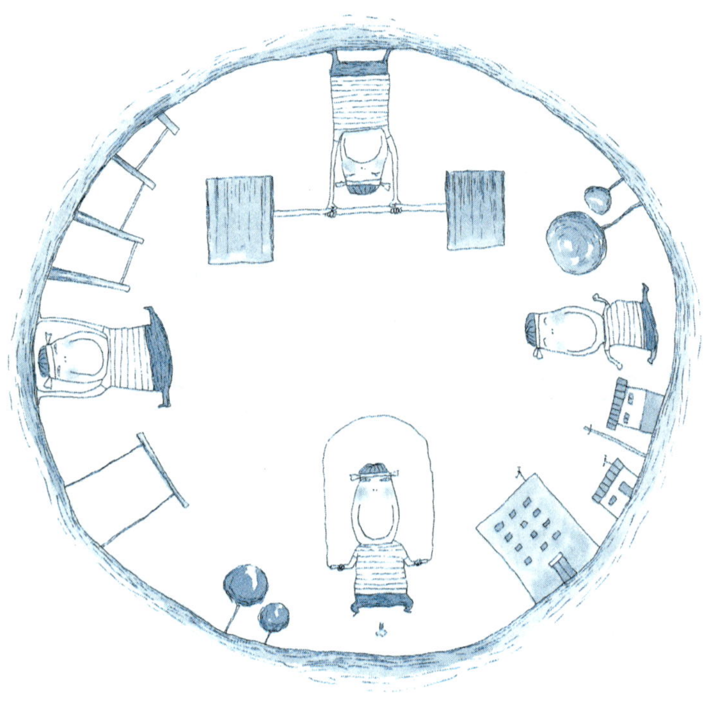

허약한 공부벌레? 난 체력짱! 공부짱!

건강관리의 달인 되기

건강이라고 하면 신체의 건강이 먼저 떠오르겠지만 여기에서는 마음과 몸의 건강을 모두 말하려고 해. 요즘 여러 의학연구에 의하면 마음이 건강하지 않으면 몸도 건강할 수 없다는 걸 알 수 있어. 마음과 몸의 건강을 어떻게 잘 관리해야 건강관리의 달인이 될까?

1 자신의 감정 조절하기

과거에는 공부를 주로 지능지수, 즉 IQ의 문제라고 많이 생각했지. 그러나 IQ가 높은 사람 중에도 공부를 못해서 학습부진아로 낙인찍히는 사람이 있고 IQ가 낮은 사람 중에도 공부를 잘하는 우등생이 나오기도 해. 실제로 몇 년 전 우리 반 학생 중에는 IQ가 비슷한데 한 명은 앞에서 3등이고, 다른 한 명은 뒤에서 3등인 경우가 있었어. 선생님도 어떻게 그런 결과가 나오는지 무척이나 궁금했지. IQ 이외에 성적을 좌우하는 다른 요인이 있지 않을까 하는 생각이 들었어. 그건 바로 EQ, 즉 감성지수의 문제였어.

(1) 우리가 모르는 EQ의 효력

미국의 대니얼 골먼 박사는 감성지능, 즉 EQEmotion Quotient가 사람의 성공과 행복을 좌우한다는 이론을 발표했어. 그가 말하는 EQ란 많은 사람이 오해하고 있는 것처럼 감수성이 풍부한 것을 나타내는 것은 아니야. EQ란 자기 자신과 상대방의 마음감정을

“EQ란 자기 자신과 상대방의 마음감정을 잘 이해하고 이를 적절히 조절할 줄 아는 능력이라고 표현할 수 있어”

잘 이해하고 이를 적절히 조절할 줄 아는 능력이라고 표현하는 것이 적절해.

EQ가 낮고 머리만 좋은IQ가 높은 사람은 자신의 감정을 생산적으로 잘 다스리지 못하므로 잠시 동안은 공부를 잘할 수 있지만, 결국은 성공하기 어렵다는 거야. 실제로 너희 중에도 뭔가 싫증이 나면 쉽게 그 일을 집어치우거나, 어려운 일이 있을 때 쉽게 포기하는 사람들이 있지? 그런 사람은 아마도 EQ가 낮은 사람일 거야. 그런 사람은 다른 사람과의 관계도 원만히 이끌어가지 못해. 왜냐하면 다른 사람의 감정에 대해 별로 민감하지 못하거든.

EQ의 핵심은 자기 자신에게 일어나는 느낌을 인식하는 능력이라고 할 수 있어. ‘지금 나는 몹시 우울한 기분이 드는걸’ ‘지금 너무 흥분했나봐’ 등 자신의 감정을 솔직하게 관찰하여 이해하는 능력이지.

자신의 감정을 적절하게 전환하고 조절하는 능력도 EQ의 일부분이야. 분노, 흥분, 우울, 불안한 느낌들을 다스림으로써 쉽게 떨쳐버릴 수 있는 능력이라고도 볼 수 있지. 또 어떤 일을 하는 데 있어서 그것을 하고 싶은 마음이 들도록 스스로 동기 유발을 하는 것 역시 EQ의 중요한 일부분이야.

"EQ가 높다는 것은 주의집중력과 인내심, 그리고 지구력이 강하고, 감정의 통제능력이 뛰어나다자제력이 크다는 것이고 성공은 이들에 의하여 지배돼."

(2) EQ가 중요한 이유

인내심이나 끈기가 없는 사람의 경우 대부분 EQ에 문제가 있는 경우가 많아.

혹시 감맹感盲이라는 말 들어봤니? 그건 말야, 바로 자신과 남의 정서 상태를 파악하지 못하는 사람을 뜻하는 말이야. 이런 사람들은 자신의 감정 조절에도 서투를 뿐만 아니라 다른 사람의 감정을 이해하지 못하기 때문에 남에게 상처를 주는 경우가 많아.

하기 싫은 공부라도 꾹 참고 하는 사람은 자기 감정을 조절할 줄 알고 스스로 동기 유발을 잘 하는 사람으로서 EQ가 높은 사람이며 감맹과는 거리가 멀지.

EQ는 성적과 밀접한 관계가 있단다. EQ의 여러 특성 중에서도 특히 자기 정서에 대한 이해, 정서의 조절, 동기 유발 등의 항목은 학업 성취도를 높여서 공부를 잘하게 되는 데 많은 도움이 돼.

아무리 머리가 좋아도 끈질기게 노력하는 과제집착력이 없으면 타고난 잠재능력을 제대로 발휘할 수 없다는 거야.

자신의 감정을 잘 조절하여 어떤 목표를 향해 끊임없이 노력할 수 있도록 스스로 격려하는 자세를 갖는 것이 공부를 잘하게 되는 하나의 비결이야.

2 공부와 체력

아무리 공부를 열심히 하고 싶어도 체력이 뒷받침되지 않으면 힘들어. 몸이 아파서 골골대는데 공부는 제대로 할 수 있겠니?

'건강한 육체에 건강한 정신이 깃든다' 라는 말 들어봤지? 건강이란 육체와 정신과 마음이 조화된 상태이며 사람의 잠재력을 최대로 발휘할 수 있는 상태라고 할 수 있어. "돈을 잃으면 조금 잃는 것이요, 명예를 잃으면 많이 잃는 것이요, 건강을 잃으면 다 잃는 것"이라는 말도 있지.

특히 청소년기에는 건강에 대해 지나친 자신감을 갖다 못해 아예 무관심한 아이들이 많아. 담배 피는 것이 멋있어 보여 시작했는데 자기도 모르는 새에 골초가 되어버린 아이들이 있잖아. 어릴 때 담배를 배울수록 끊기는 그만큼 더 어렵다고 하더구나.

지금이라도 얼떨결에 담배를 피우기 시작했다면 건강을 해치기 전에 끊기를 당부한단다. 흡연하는 아이들은 학교 생활을 무척 힘들게 하는 것을 보게 돼. 수업 50분조차 앉아 있기가 힘든가봐. 잦은 흡연 욕구에 시달리거든. 또 흡연 때문에 부모님과 선생님께 거짓말도 많이 하게 되지. 여학생 흡연이 느는 것도 큰 문제야. 어쨌든 건강은 건강할 때 지켜야 하지 않겠니?

(1) 건강관리의 이점

건강을 잘 관리하면 어떤 점이 좋을까?

첫째, 건강함은 공부나 일을 할 때 지치지 않는 활력과 끈기를 주지. 따라서 일을 효과적으로 처리해나갈 수 있어.

둘째, 건강함은 여러 가지 질병을 예방해주고 스트레스를 완화시켜줘. 우리 주위에는 늘 병을 일으키는 바이러스나 세균들이 있지만 병에 걸리지 않는 것은 이것들을 이겨낼 능력이 있기 때문이야.

셋째, 건강함은 현재의 부정적인 상황을 극복할 수 있게 해줘. 가난하면서 건강까지 나쁜 사람은 가난을 극복할 수 없어. 그러나 건강한 사람은 열심히 일할 수 있으므로 현재의 빈곤한 상황을 극복해낼 수 있는 거야. 성적이 나쁜데다 건강까지 좋지 못하다면 성적을 올리기가 여간 어려운 일이 아니야.

넷째, 건강함은 자기가 추구하는 꿈과 목표를 이루게 하는 원동력이 되지. 아무리 거창한 꿈을 가지고 있더라도 건강이 좋지 못하면 이루기 어렵거든. 건강하면 의욕이 생기고 그 의욕은 목표를 추진하는 에너지를 제공하지.

(2) 건강한 생활을 위한 5가지 방법

그러면 어떻게 신체적으로 건강한 생활을 할 수 있을지 알아볼까?

• 하나, 규칙적인 생활!

사람에게는 바이오리듬이 있다는 말을 들어봤지? 그건 태어날 때부터 갖게 되는 신체, 지성, 감정의 주기적인 변화라고

"건강이란 육체와 정신과 마음이 조화된 상태이며 사람의 잠재력을 최대로 발휘할 수 있는 상태라고 할 수 있어."

이와 같이 사람의 몸에는 일정한 리듬이 있는데 그것이 깨어져 버리면 병에 걸리는 거야. 비행기를 타고 시차가 많이 나는 외국을 여행할 경우 병에 쉽게 걸리는 건 바로 신체의 리듬이 깨어져 버렸기 때문이지.

일정한 시간을 정해놓고 일을 하는 규칙적인 생활은 건강한 삶의 필수조건이야. 불규칙하게 생활하는 사람 치고 건강한 사람이 없거든. 언론 보도를 보면 연예인이 과로로 쓰러졌다는 기사가 종종 나오는데 그건 연예인들의 생활이 불규칙적이기 때문에 건강을 해쳐서 나타난 결과라고 할 수 있어.

• 둘, 아침 식사는 반드시!

아침 식사는 잘 하는 편이니? 조사해본 결과 한 학급의 반 정도가 아침 식사를 거른다더구나. 왜 아침을 안 먹느냐고 물었더니 그 이유가 대부분 '밥맛이 없어서', 또는 '시간이 없어서' 였어. 아침 식사를 거르는 것이 습관화되다 보면 아침 밥맛이 없어질 수밖에 없고 어쩌다 아침을 먹으면 탈이 나고 말지. 또 늦잠을 자는 경우 밥을 먹으면 등교가 늦어지므로 밥을 먹지 못한 채 학교로 향하게 되는 거야.

아침 식사를 거르면 두뇌 활동에 필요한 에너지가 모자라 오전 시간 학교에서 수업을 받고 공부를 하는 데 큰 지장을 받게 돼. 점심시간까지 굶으면 위장병에 걸릴 수도 있어.

특히 청소년기에 아침식사를 거르면 성인이 되어 급격한 체력 저하가 일어나기 때문에 청소년기에는 아침식사를 반드시 해야 해.

간단한 빵 한 조각과 우유만으로도 굶는 것보다는 훨씬 나으니까 입맛이 없더라도 공부하기 위한 최소한의 체력을 유지하려면 조금이라도 아침 식사를 해야 해.

• 셋, 적당한 운동은 필수!

에너지가 철철 넘치는 너희들을 보면 참 부럽더라. 넘치는 에너지를 가지고 가만히 앉아서 공부만 하라고 하면 안 되겠지? 에너지를 발산할 만한 출구가 반드시 필요한데 가장 바람직한 것이 바로 운동이야.

고등학생이 되면 공부하는 시간이 늘어나고 자연히 의자에 앉아 있는 시간도 길어져. 덩달아 운동은 뒷전으로 밀려나기 마련이야. 입시의 길은 단거리가 아닌 장거리 경주에 해당해.

운동부족으로 인한 비만은 지구력과 인내심의 현격한 저하를 동반해. 비만한 사람은 움직이기를 싫어하고 비교적 참을성이 부족해. 어떤 종목이든 하루 30분 이상 해야 효과가 있고, 일주일에 적어도 3회 이상은 흠뻑 땀흘리는 운동이 좋다는 연구결과가 있어.

학교에서 하는 경우는 농구나 축구, 배구 등이 좋고, 동네 놀이터에서라면 줄넘기, 배드민턴, 달리기 등이 좋아. 스포츠센터에 다닐 수 있다면 수영, 스쿼시, 에어로빅, 요가 등 선택의 폭이 좀더 다양해질 테지. 이런 여건이 안 된다면 공부방에서 스트레칭이나 아령 들기 등 맨손체조라도 꾸준히 해주기를 당부해.

"에너지를 발산할 만한 출구가 반드시 필요한데 가장 바람직한 것이 바로 운동이야."

• 넷, 휴식과 수면은 적당히!

휴식은 일을 쉬는 상태만을 뜻하는 것이 아니야. 다음 일을 하기 위한 재충전의 휴식도 일의 연장으로 볼 수 있어. 그런데 휴식의 방법과 기술을 잘 아는 사람은 많지 않은 것 같아. 오래 쉬었지만 휴식 후 오히려 다음 일에 방해가 되는 경우를 경험한 적이 있을 거야.

휴식이 휴식으로서의 가치를 가지려면 면밀한 계획이 필요하단다. '4시까지 공부한 다음 30분은 DDR을 하고 30분은 음악 감상을 한다.'는 식으로 휴식 계획을 미리 세워두면 공부도 더 열심히 하게 되는 효과가 있거든.

처음에는 30분~50분 동안 공부를 한 후 10분~20분 정도 가벼운 운동으로 휴식을 해야 집중력이 높아져. 그 후 공부를 계속하는 시간을 점점 늘려 나가야 해. 공부하는 것보다 운동하는 것이 재미있어서 자칫하면 공부시간은 10분, 운동시간은 1시간으로 역전되기 쉬우므로 이를 경계해야 해.

잠자는 시간은 정해진 것은 없어. 사람마다 적절한 수면의 양이 다르기 때문이야. 나폴레옹은 하루 4시간의 수면으로도 충분했다고 하지만 어떤 사람은 최소한 8시간은 자야 한다고도 해. 자신의 하루 일정과 건강상태를 체크하여 자신에게 맞는 수면 시간을 정하여 일정한 시각에 자고 일어나는 규칙적

"입시의 길은 단거리가 아닌 장거리 경주에 해당해. 운동부족으로 인한 체력의 저하는 장기적으로 보면 불리한 요인이 되지."

인 생활이 무엇보다 중요해.

• 다섯, 스트레스의 현명한 관리!

스트레스는 무조건 나쁘기만 한 건 아니야. 사람을 적당히 긴장하게 만들어 일의 성취를 돕는 스트레스는 긍정적인 스트레스라고 할 수 있어. 물론 과도한 스트레스는 몸과 마음을 해치고 일의 능률도 저하시키지. 심하면 스트레스로 인해 병이 나기도 해.

청소년기 학생들이 받는 스트레스는 대부분 공부에 관한 것이지. 이러한 스트레스를 예방하거나 극복하기 위해서는, 먼저 공부에 대한 의미를 새롭게 하는 것이 중요하단다. 그리고 목표를 너무 높게 잡지는 않았는지, 참고서의 수준은 자신에게 맞는지를 검토해 보고 마음의 여유를 찾는 것이 필요해. 특히 친구들과의 비교 때문에 받는 스트레스라면 자신의 장점을 발견해가면서 극복할 수 있어.

(3) 체력관리를 위한 운동

일생에서 가장 왕성한 성장을 보이는 청소년기는 신체적 · 정신적 · 사회적으로 가장 급격한 변화를 겪는 시기라고 해. 이때에는 체격이 커지고 운동능력도 더불어 발달하지.

운동능력의 발달은 근육, 신경, 성격, 행동 등의 성장과 성숙에 밀접한 영향을 끼치게 되므로 생활의 일부분인 운동습관을 가지는 것이 필요해.

청소년기에 권장되는 운동은 심폐지구력 · 근력 · 유연성 등의 건강 관련 체력과, 순발력 · 민첩성 · 협응성 등의 기능 관련 체력을 고르게 발달시킬 수 있는 것들이 있어.

심폐지구력 운동	· 걷기, 달리기, 줄넘기, 에어로빅, 댄스, 수영, 축구, 배드민턴 등이 해당함. · 각종 구기 종목과 병행하면 흥미와 효과를 배가시킬 수 있음. · 이러한 종목을 주당 5일 이상, 하루 1시간 이상 부상의 위험이 없을 정도의 강도로 실시함.
근력 및 근지구력 운동	· 팔굽혀펴기, 윗몸일으키기, 앉았다 일어서기 등. 가능하면 역기 등의 기구를 이용한 방법이 더욱 효과적임.
유연성 운동	· 스트레칭류의 운동으로 한 동작을 6~12초 정도 지속하는 것이 바람직함.
기능 관련 체력을 향상 시키는 방법	· 여러 가지 스포츠를 다양하게 경험하는 것이 바람직함.

이 시기에 경험하고 습득한 스포츠는 장기간 유지되어 일생 동안 건강을 유지하는 데 큰 역할을 하게 된단다.

운동은 식후 1~2시간 후에 하도록 하고 운동 후에는 충분히 휴식한 후 식사하는 것이 좋아. 의욕이 지나쳐 자칫 부상이나 안전사고를 당할 위험이 있기 때문에 평소 안전수칙 준수, 준비 및 정리운동의 생활화, 충분한 휴식, 적절한 영양섭취 등 바른 운동습관을 길러야 해.

학습효과를 높이는 실내운동

실내에서 잠깐씩 하는 운동은 보약보다도 나아. 앉은 자리에서나 서서 가볍게 팔다리와 눈 운동만 해줘도 피로와 긴장감이 풀려 학습효과가 높아지고 숙면을 취하는 데도 도움이 돼.

- **몸통틀기:** 등을 곧게 펴고 상체를 비틀어 의자의 등받이를 양손으로 잡는다. 반대방향으로 바꾸어가며 3~4 차례 반복한다.
- **팔뻗기:** 손을 깍지낀 후 손바닥이 앞을 향하도록 뻗는다. 숨을 들이마신 후 숨을 멈춘다. 깍지낀 손을 서서히 위로 들어올린다.
- **눈운동:** 손끝으로 관자놀이를 누른다. 눈을 감고 손가락으로 눈꺼풀을 위에서 아래로 가만히 눌러 내리며 눈 주위를 마사지한다.
- **목운동:** 턱이 가슴에 닿도록 앞으로 숙인 후 천천히 오른 쪽으로 돌린다.
- **상체 굽히고 젖히기:** 등을 곧게 펴고 다리를 뻗어 의자 끄트머리에 앉아 두 손이 양발에 닿을 정도로 상체를 굽힌다. 점차 숨을 들이마시고 가슴을 내밀면서 상체를 천천히 뒤로 젖힌다.
- **유연성 높이기:** 서서 손을 깍지끼고 앞쪽으로 뻗어 위로 올린다. 또 손을 뒤로 깍지낀 후 최대한 들어올린다.

학부모를 위한 Tip 자녀의 두뇌활동을 위한 조언

아침식사와 성적의 상관관계

아침을 거르면 두뇌에 치명적인 나쁜 영향을 미친다는 사실은 널리 알려져 있습니다. 하루 동안 뇌가 활동하는 데 드는 에너지는 사람마다 조금 다르기는 하지만, 하루에 약 400㎉ 정도의 에너지가 소모됩니다. 하루 종일 쉴새 없이 움직이는 심장의 하루 소비 열량이 140㎉임을 감안할 때 두뇌는 심장의 세 배의 에너지를 소모하고 있다는 것을 알 수 있습니다. 그만큼 뇌의 일이 매우 많다는 것입니다.

정신적 스트레스가 많은 학생의 경우 더 많은 에너지가 쓰이기 때문에 에너지가 쉽게 소모되어 기진맥진해지는 것을 자주 볼 것입니다. 뇌에 에너지가 부족하면 뇌신경세포의 기능이 일시적으로 마비되어 정신을 잃고 쓰러지기도 합니다. 잠을 자는 동안에도 신체 각 장기는 계속 활발한 신진대사를 하면서 에너지를 소모합니다. 대개 뇌는 하루에 300~500㎉의 에너지를 소모합니다. 이는 한 끼 식사의 열량에 해당합니다. 이처럼 많은 뇌신경세포를 움직일 수 있는 에너지원은 다름 아닌 밥의 주성분인 당입니다.

당은 우리의 생명을 유지해주는 원동력입니다. 특히 포도당은 뇌신경세포의 유일한 에너지원이므로 두뇌회전을 위해서는 없어서는 안 될 필수영양소입니다. 최근 들어, 당이 비만과 당뇨병의 원인이라 하여 인체에 무익한 것으로 생각하는 사람들이 있는데 전혀 근거 없는 착각입니다. 적절한 당분 섭취를 통하여 뇌 활동을 극대화하는 것이 건강에 필수입니다.

만약 아침을 거르고 점심까지 기다리면 장시간의 공복으로 두뇌에 특히 부담이 됩니다. 이런 식습관이 오래 가면 건강과 학습에 치명적일 수 있습니다. 매일 아침식사를 하는 사람이 그렇지 않은 사람보다 지적 활동이 왕성하고 장수한다는 연구결과도 이를 입증합니다.

성장기의 청소년이나 육체 및 정신노동자들은 에너지 소비가 더 많기 때문에 아침 영양식이 꼭 필요합니다. 탄수화물이나 지방 위주의 식단보다는 과일, 채소, 유제품 등 균형 잡힌 영양식단을 마련해주는 게 좋겠죠.

뚜렷한 목적과 목표는
성공하는 공부의 비밀병기

Line 10 진로 탐구

진로 탐구

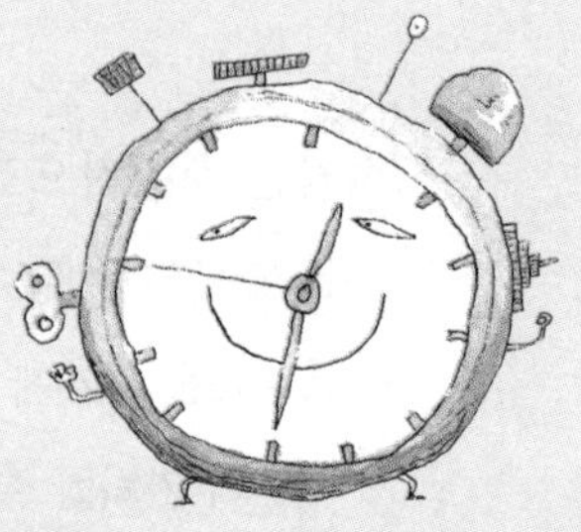

공부는 나의 미래!

진로 탐구

1 진로 탐구

직업일은 단순히 생계를 유지하는 수단일 뿐만 아니라 더욱 중요한 의미가 있어. 일하는 즐거움과 더불어 일을 통해 자신의 꿈과 희망을 실현하고 남에게 봉사하며 국가 · 사회발전에 기여하게 되는 거야.

• 직업은 개인적으로는

- 생계를 유지해주고
- 소속감을 느끼게 하고
- 개인의 가치를 실현해주며
- 자아실현을 가능하게 해.

• 사회적으로는

- 사회적 역할을 수행하도록 해주고
- 더불어 사는 즐거움을 알게 해줘.

따라서 행복한 삶은 일에서 얻어지는 자아실현을 통해서도 이룰 수 있겠지.

학창시절은 장차 어느 분야의 직업에서 나의 성격 · 흥미 · 적성에 맞는 일을 찾아 나의 전부를 바치며 살아갈 것인가를 끈질기게 찾고, 방향을 정해야 할 때야. 다시 말하면 생의 목표를 정해야 할 중요한 때인 것이지. 이를 위해서는, 먼저 자

"학창시절은 장차 어느 분야의 직업에서 나의 성격 · 흥미 · 적성에 맞는 일을 찾아 나의 전부를 바치며 살아갈 것인가를 끈질기게 찾고, 방향을 정해야 할 때야."

기가 가장 하고 싶은 것과 가장 잘할 수 있는 것을 찾아내야 해. 거기에 이 사회가 요구하는 것이 무엇인지를 탐구하여 자신의 직업을 생각하는 것이 중요해. 여기까지 고민했다면 이제 목표를 향해 열심히 준비해야겠지?

남들이 다니는 산길로 가서는 결코 산삼을 찾을 수 없어. "남이 하니까 나도 해야 한다."가 아니라 세상에서 오직 나만이 "유일하게 할 수 있는 일"을 찾아야 해. *You too? Only I!*

올바른 진로설정을 위해서는 옛말에도 있듯이 '知彼知己 百戰百勝' 지피지기 백전백승이 가장 중요한 원칙이야. 우선 자기 자신을 잘 이해하기 위하여 자신의 적성, 흥미, 성격, 가치관, 신체적 조건, 가정환경 등을 정확하게 파악해야 해. 이것은 학교에서 실시하는 각종 성격 및 흥미검사, 진로적성검사 등을 참고하거나, 부모님 · 선생님과 상의하는 게 좋아. 또는 전문검사기관이나 인터넷 등에서 검사하여 자신의 가치관, 능력, 주어진 여건, 급변하는 시대적 환경전망과 소득 등을 종합적으로 고려하여 신중하면서 가급적 빨리 진로를 결정하는 게 좋아.

자신의 진로에 대한 계획이 빨리 수립되어 장차 되고 싶은 인물이나 직업 등에 대한 구체적인 그림이 그려진다면, 그 다음부터는 누가 시키지 않아도 자기 스스로 이에 대해 깊은 관

"자신의 진로에 대한 계획이 빨리 수립되어 장차 되고 싶은 인물이나 직업 등에 대한 구체적인 그림이 그려진다면, 그 다음부터는 누가 시키지 않아도 자기 스스로 이에 대해 깊은 관심을 갖게 돼."

심을 갖게 돼. 또 이를 성취하기 위하여 어떤 고등학교, 어떤 대학에서 무슨 공부를 해야 할지를 구체적으로 생각하게 되고 뚜렷한 삶의 목표를 가질 수 있지. 그러면 학습에 대한 의욕도 강해지고, 일생이 행복해질 거야.

1) 어떻게 하면 나의 적성이나 흥미를 알 수 있을까?

(1) 나의 적성은 무엇일까?

가끔 이런 생각 안 드니? '과연 내가 좋아하는 일은 무엇이고, 나는 무슨 일을 잘 할 수 있을까?'

어떤 일이 자신에게 적합한지 정말 궁금해질 때가 있을 거야. 그게 바로 적성이란 것이지. 적성도 여러 가지로 나누어져. 학업 성취에 관련된 적성을 학업적성, 직업 활동에 관련된 적성을 직업적성이라고 해. 그리고 특수적성으로 사무적성, 기계적성, 음악적성, 미술적성, 언어적성, 수리적성 등이 있어.

미래에 어떤 일을 하는 것이 적합한지 알려주는 적성을 알아보기 위해 적성검사를 받지? 중학교 3학년 때와 고등학교 1학년 때쯤 학교에서는 전체적으로 적성검사를 실시하게 될 거야.

이렇게 얻어진 적성검사 결과로 자신이 미처 인식하지 못한 특수 능력이나 잠재력을 발견하여 학업이나 진로를 결정하는 데 정보를 얻기도 하고, 미래 학업이나 직업에 있어서의 성공

가능성을 예측하기도 하지.

중학교 3학년 때의 적성검사 결과는 고등학교 진학을 결정하는 자료로 활용될 수 있어. 고등학교 1학년 학생의 경우에는 이과 · 문과의 계열 결정, 대학 학과 및 직업 선정에 귀중한 참고자료가 될 수 있단다.

현재 실시되고 있는 적성검사의 종류는 매우 다양하기 때문에 다 해볼 수는 없지만 어떤 직업 분야에 적성이 있는지 한 번 간단히 알아보자.

① 적성 테스트

다음은 자신이 어떤 직업 분야에 적성이 있는지 알아보는 문항으로 구성된 검사야. 각각의 문항이 자신을 얼마나 잘 나타내고 있는지 O, X중 해당하는 항목에 체크해봐.

• A 항목

1	다른 사람을 보살펴 주길 좋아한다.	O X
2	다른 사람들 앞에 나서서 이야기하길 좋아한다.	O X
3	다른 사람들을 교육하거나 지도하는 일이 즐겁다.	O X
4	조직 규범에 맞춰 다른 사람을 이끄는 능력이 있다.	O X
5	다른 사람에게 '이래라 저래라' 지시하는 걸 좋아한다.	O X
6	다른 사람을 설득하는 능력이 있다.	O X
7	다른 사람들의 말을 잘 들어주고 그들의 문제를 잘 해결해준다.	O X
8	내 생각대로 다른 사람을 움직일 수 있다고 생각한다.	O X
9	무슨 일이든지 개인보다는 조직적으로 움직이려고 한다.	O X
10	어떤 일에 실패해도 쉽게 좌절하지 않고 다시 도전하는 편이다.	O X

각 질문에 대해 O라고 답한 것의 개수를 센다.

→ 나의 O표 ( )개

• B 항목

1	집이나 사무실보다는 밖에서 하는 일을 좋아한다.	O X
2	일정한 목표를 세워 놓으면 그것을 달성하려고 상당히 노력한다.	O X
3	노력한 만큼 얻을 수 있다고 생각한다.	O X
4	새로운 사람을 만나 인간관계 맺는 것을 즐긴다.	O X
5	어떤 목표를 세워 놓고 다른 사람과 경쟁하는 것을 좋아한다.	O X
6	콤플렉스가 없는 편이다.	O X
7	시작보다는 끝이 더 중요하다고 생각한다.	O X
8	일정한 월급보다는 일한 만큼 더 받을 수 있는 성과급제가 좋다고 생각한다.	O X
9	스스로 목표를 세우고 실천하기를 좋아한다.	O X
10	다른 사람의 마음을 잘 읽고 파악할 줄 안다.	O X

각 질문에 대해 O라고 답한 것의 개수를 센다.

→ 나의 O표 ( )개

• C 항목

1	정보 수집이나 자료 관리 능력이 뛰어나다.	O X
2	앞에 나서기보다는 뒤에서 챙기는 역할을 좋아한다.	O X
3	충동적이지 않고 신중한 편이다.	O X
4	다른 사람들이 뭐라고 하든지 내가 하고 싶은 일을 하는 편이다.	O X
5	이따금 주위 사람들로부터 너무 추상적으로 생각한다는 말을 듣는 편이다.	O X

6	미래를 분석하고 그에 맞는 대처 방안을 미리 준비하는 편이다.	O X
7	직접 행동하기보다는 생각과 말에 그치는 경우가 많은 편이다.	O X
8	다른 사람의 말이나 조직 규범을 잘 따르지 않는 편이다.	O X
9	직접 해보라고 하면 잘 못하지만 다른 사람들이 잘하는지 못하는지 비판할 능력은 있다.	O X
10	다른 사람의 부하가 되는 것이 싫지만 그렇다고 독자적으로 무엇을 추진할 만한 능력이 있다고는 생각하지 않는다.	O X

각 질문에 대해 O라고 답한 것의 개수를 센다.

→ 나의 O표 (　)개

• **D 항목**

1	사물과 현상을 논리적으로 분석하기를 좋아한다.	O X
2	한 가지 일에 빠지면 시간 가는 줄 모르고 몰입한다.	O X
3	실험실이나 연구실에서 하는 일을 좋아한다.	O X
4	사람을 만나기보다는 혼자서 하는 일을 즐긴다.	O X
5	혼자 있어도 지루하거나 고독하지 않다.	O X
6	공부나 일은 여럿이 모여서 하기보다는 혼자서 할 때 생산성이 더 높다.	O X
7	무언가를 만들고 발명하는 데 소질이 있다.	O X
8	누군가로부터 명령이나 지시 받기를 싫어한다.	O X
9	항상 새로운 것을 추구하고 도전한다.	O X
10	다른 사람들로부터 이기적이고 괴짜라는 말을 자주 듣는다.	O X

각 질문에 대해 O라고 답한 것의 개수를 센다.

→ 나의 O표 (   )개

• E 항목

1	꼼꼼하게 영수증을 챙기고 장부 정리를 잘 하는 편이다.	O X
2	자료 정리를 잘 해 필요한 것을 찾을 때 허둥대는 일이 없다.	O X
3	사람을 직접 만나기보다는 전화나 컴퓨터 통신, 우편을 이용하길 좋아한다.	O X
4	변화가 많은 직장보다는 지루하더라도 안정적인 직장이 좋다고 생각한다.	O X
5	다른 사람이나 회사를 위해서라면 자신의 권리와 이익은 침해받을 수도 있다고 생각한다.	O X
6	다른 사람, 돈, 정보를 통합해서 전체적으로 활용할 줄 안다.	O X
7	학교나 회사의 규범을 잘 지키는 편이다.	O X
8	인간관계가 원만해서 다른 사람들과 잘 어울린다.	O X
9	어떤 일을 계획하고 기안하는 일을 좋아한다.	O X
10	공부나 일을 할 때 다른 사람들과 협력해서 하길 좋아한다.	O X

각 질문에 대해 O라고 답한 것의 개수를 센다.

→ 나의 O표 (   )개

② 유형별 적성 평가

A, B, C, D, E 각각의 테스트에서 가장 높은 점수를 받은 것이 자신의 적성 유형이라고 할 수 있어. 그럼 자신의 적성 유형을 좀더 자세히 살펴볼까?

"경영자형은 사회의 리더 그룹에 속할 수 있으나 자칫 독선이나 독재로 흐를 수도 있는 유형이므로 늘 상대방의 입장을 배려하도록 노력해야 해."

• A타입: 경영자형

테스트에서 A점수가 가장 높게 나오고, 그 점수가 7점 이상이라면 경영자 또는 관리자 분야에 적성이 있는 거야. 다른 사람들 앞에 나서길 좋아하며, 다른 사람을 지도 감독하는 일에 소질이 있는 편이라고 할 수 있어 .

경영이나 리더십 분야에 관심을 가지고 자기 분야에 필요한 능력을 쌓으면 사회의 리더 그룹에 속할 수 있을 거야. 그러나 지나치게 자신을 신뢰하고 집단을 이끌려고 하는 경향이 있기 때문에 자칫하면 독선이나 독재로 흐를 수도 있어. 그러므로 다른 사람의 입장에 서서 상대방의 입장을 배려하고, 자기의 자존심보다는 전체를 생각할 줄 아는 훈련이 필요해.

이 분야에 적성이 있는 사람들은 평소 인맥을 잘 관리하고, 다른 사람의 이익을 고려하며, 정보 수집 능력을 키울 필요가 있어.

가능하면 심리학, 경영학, 정치학, 사회학과 같은 문과 계통을 선택하는 게 도움이 될 거야.

• B타입: 영업형

테스트에서 B점수가 가장 높게 나오고, 그 점수가 7점 이상이라면 직접 발로 뛰는 영업 분야에 적성이 있다고 봐야 해. 사무실에 앉아 있기보다는 외부에서 사람 만나는 것을 좋아하고, 남과 경쟁하길 좋아하며, 스스로 목표를 세워 실천할 수 있는 능력을 가지고 있기 때문에 자기가 노력한 만큼 얻을 수 있는 영업 분야에 종사하면 좋을 거야.

과거와는 달리 영업 분야는 단순히 시간과 몸으로 때워도 되는 분야가 아니야. 우리나라 직장인들 중에 고액 소득자는 거의 자동차, 보험설계 등과 같이 영업 분야에 종사하는 이들이거든. 영업은 단지 사교적이고 외향적인 성격이라고 해서 적성에 맞는 것은 아니야. 스스로 자기의 능력을 계발하고, 정보를 잘 수집 · 분석해서 고객을 효과적으로 관리할 수 있는 사람만이 영업 분야에서 성공할 수 있어.

이 분야에서 성공하려면 유통, 마케팅, 인간관계론, 심리학, 경영학을 공부해야 하는 건 물론이고 고객관리능력, 패인분석능력, 감성지수EQ를 높여야 해. 영업에 성공하려면 자기가 취급하는 제품에 관한 지식이 전제되어야 하고, 문과나 이과 계통을 구분할 필요는 없지만 기본적으로 사회과학, 인문과학 쪽으로 공부하는 게 도움이 될 거야.

• C타입: 기획형

테스트에서 C점수가 가장 높게 나오고, 그 점수가 7점 이상이라면 기획과 조정 분야에 적성이 있는 거야. 직접 발로 뛰거나 나서는 것을 좋아하지 않지만 잘 갖춰진 조직에서 새로운 일을 기획하는 능력이 뛰어나지.

그러나 새로운 아이디어를 사업이나 실천에 옮기는 능력에는 한계가 있기 때문에 이런 유형의 사람들은 자신의 아이디어를 실행하게 해줄 뛰어난 리더를 만나는 것이 중요해.

"기획형은 자신의 아이디어를 실행하게 해줄 뛰어난 리더를 만나는 것이 중요해."

이 분야에 소질이 있는 사람들은 리더가 될 기회가 있어도 잘 나서지 않고 차라리 자유로운 행위자가 되는 것을 더 좋아해. 그러나 자칫하면 너무 추상적이라서 실천이 불가능하거나 생각과 말만 앞설 수 있어. 그래서 이런 분야에 종사하려면 정보 수집 능력, 정보 분석 능력, 기획 능력, 창의력을 키우고, 그것을 바탕으로 자신의 아이디어를 직접 실행할 수 있는 능력을 키워야 해. 그리고 추상적으로만 생각하지 말고 좀더 구체적인 수치를 제시하고 합리적으로 생각하는 습관을 키우면 큰 도움이 될 거야.

이런 적성의 소유자들은 조직의 참모, 기획실, 이벤트 기획, 방송국, 정치, 홍보, 출판 분야에 종사하는 게 좋아.

• D타입: 연구개발형

테스트에서 D점수가 가장 높고 그 점수가 7점 이상이라면 연구개발 분야에 적성이 있다고 할 수 있어. 연구개발 분야는 문과나 이과를 막론하고 실험실이나 연구실에서 한 가지에 몰두할 수 있는 능력과 무언가를 새롭게 창조할 줄 아는 능력이 필요해.

한 가지 주의해야 할 점은 연구개발에만 몰두한다고 사고가 실험실에만 국한되어서는 안 된다는 거야. 아무리 좋은 연구개발이라도 결과를 현실에 적용할 줄 알아야 하고, 그것을 사업으로 연결시킬 수 있어야 해. 그래서 정부나 기업, 또는 재단, 대학의 후원을 받아 연구할 줄 아는 이과 계통이 바람직하고 물리, 화학, 기초의학, 약리학, 한의학, 생리심리학, 컴퓨터 공학 등을 공부하는 게 좋아.

• E타입: 사무형

테스트에서 E점수가 가장 높게 나오고, 그 점수가 7점 이상이라면 사무 분야에 적성이 있는 거야. 전형적인 샐러리맨들이 이 유형에 속하지.

이들은 조직에 충실하고 상명하복에 적합한 사람들이며, 안정을 바라고 사회와 조직 규범을 잘 지키는 편이야. 그리고 자신보다는 조직과 조직 구성원을 우선적으로 고려할 줄도 알아.

사무형은 문과나 이과 계통을 모두 선택할 수 있으며, 과거와는 달리 적극적으로 자신의 업무를 수행할 수 있어야 해. 자신의 업무를 잘 수행하기 위해서는 자기 분야에 필요한 능력과 다른 부서의 업무파악은 물론, 다른 부서 성원들과 효과적인 커뮤니케이션도 할 줄 알아야 해. 조직의 다른 구성원들을 존중하고, 명확한 지시와 명령을 할 수 있도록 자기 의사표현을 분명히 하는 습관을 길러야 해. 평소 컴퓨터, 회계, 조직관리, 조직개발, 리더십, 커뮤니케이션에 관한 공부를 해두면 도움이 될 거야.

(2) 나의 흥미는 무엇일까?

이번에는 내가 무엇을 특별히 좋아하고, 어떤 활동을 즐기는지 한번 알아볼까?

"자신의 흥미가 무엇인가를 이해하는 것은 자신을 이해하는 데 도움을 줘. 흥미는 저절로 생기는 경우도 있지만 개발되는 경우가 많아."

특정한 사람이나 활동 또는 사물에 대해 가지는 긍정적인 느낌이 바로 흥미라고 할 수 있어. 종이접기를 좋아하고 즐긴다면 그것이 바로 흥미 분야이지.

자신의 흥미가 무엇인가를 이해하는 것은 자신을 이해하는 데 도움을 줘. 흥미는 저절로 생기는 경우도 있지만 개발되는 경우가 많아. 흥미의 개발 문제는 대단히 중요해. 흥미가 진로의 방향을 결정하고 직업을 선택하는 데 매우 중요한 역할을 하기 때문이야.

자기 자신이 어떠한 일에 몰두하게 되는 것도 결국 그것에 대한 흥미 때문이라고 할 수 있어. 여가 활용이나 취미 활동 또는 학문을 하는 데 있어서도 흥미는 그 성패를 가름하는 중요한 요인이 돼. 따라서 자신이 어떤 일을 진정으로 좋아하는지 이해하고 있다면 이에 맞는 직업을 선택할 수 있을 거야. 교사가 학생을 가르치는 데 흥미가 없다면 그 직업이 남들이 선호하는 직업이라고 한들 무슨 의미가 있겠니?

① 흥미 테스트

다음 표는 자신의 흥미를 발견하고, 흥미에 맞는 진로를 찾아보기 위한 질문들이야. 표에 주어진 여러 가지 내용을 보고 평소 즐겨 하는 항목에 ∨표 해봐.

번호	구분	즐겨하는 활동
1	다른 사람 돌보기	아기 돌보기( ), 노인 방문하기( ), 가르치기( ), 방문객 안내( ), 자원봉사하기( ), 간호( ), 치료서비스하기( )
2	다른 사람 설득하기	자선단체 조직( ), 토론 · 논쟁( ), 청소년 단체 참여( ), 신문 · 잡지의 논쟁 참여( ), 게임의 고안( )
3	언어와 아이디어 사용하기	문학서적 읽기( ), 철학서적 읽기( ), 역사서적 읽기( ), 단어의 어원 찾기( ), 외국어 사용( ), 출판물 편집( ), 기사 작성( )
4	과학 학습하기	화학 공부( ), 물리 공부( ), 생물 공부( ), 천체와 별 관찰( ), 새 · 꽃 등의 자연 관찰( )
5	계산하기	용돈계획 작성( ), 가계부 정리( ), 돈 관리( ), 티켓 판매( ), 장부 정리( ), 신문의 경제면 읽기( )
6	연장을 가지고 일하기	시계나 자전거 등의 수리( ), 전기기구의 설치 및 수리( ), 가구제작( ), 조립하기( ), 장난감 고치기( ), 목재 공작( )
7	재료를 가지고 일하기	가구 칠하기 또는 닦기( ), 그릇 만들기( ), 그림 그리기( ), 정원 가꾸기( ), 재봉 또는 바느질( ), 요리( ), 주변 장식( )
8	예술적인 활동하기	음악 연주( ), 시 쓰기( ), 그릇 만들기( ), 그림 그리기( ), 운동하기( ), 춤추기( ), 사진 찍기( )
9	실외에서 활동하기	야구( ), 수영( ), 등산( ), 자전거 타기( ), 축구( ), 단체 게임( ), 에어로빅( )

V 표시가 많이 된 분야가 자신이 흥미를 더 많이 느끼고 있는 분야라고 할 수 있어.

자신의 흥미 분야
1위
2위
3위

다음은 자신의 흥미를 좀더 자세히 알아보기 위한 문항들이야. 평소에 흥미 있게 여겼던 내용이라고 생각되면 O표에 체크하고, 그렇지 않으면 X표에 체크해.

1	가전기구를 능숙하게 수리한다.	O X
2	동물을 돌보는 일에 관심이 많다.	O X
3	기계를 보면 움직이는 원리가 궁금하다.	O X
4	분위기에 맞는 색, 음악, 꽃 등에 관심이 많다.	O X
5	사람들과 어울리는 것은 항상 즐겁다.	O X
6	다른 사람들과 경쟁하기를 좋아한다.	O X
7	새로운 물건을 만들고 싶다.	O X
8	사람을 치료하고 보살피는 일을 좋아한다.	O X
9	한 가지 일을 시작하면 끝까지 해내고 만다.	O X
10	연극에 관심이 많다.	O X
11	바른 사회를 만드는 데 무엇인가 기여를 하고 싶다.	O X
12	조직을 만들고, 그 조직 속에서 일하기를 좋아한다.	O X
13	내가 직접 무언가를 만들기 좋아한다.	O X
14	새로운 농작물을 개발해내고 싶다.	O X
15	새로운 아이디어를 잘 생각해낸다.	O X

16	남과는 다른 독특한 복장이나 머리 모양을 하고 싶다.	O X
17	사람들과 토론하는 것이 즐겁다.	O X
18	다른 사람들과 협력하여 어떤 목표를 달성하는 것이 좋다.	O X
19	실내에서 일하는 것보다는 밖에서 일하는 것이 좋다.	O X
20	사람들과 어울려서 일하는 것이 싫다.	O X
21	평생 배우고 싶다.	O X
22	상상력이 풍부하다.	O X
23	남들을 위해 봉사활동을 하는 것이 즐겁다.	O X
24	어떤 일을 할 때는 합리적인 방법을 찾는다.	O X
25	정신적 노동보다는 육체적 노동이 좋다.	O X
26	내가 하는 일을 남들로부터 간섭받기 싫다.	O X
27	조각 맞추기나 단어 맞추기와 같은 퍼즐 풀기를 즐긴다.	O X
28	나의 독창적인 아이디어를 시험해보고 싶다.	O X
29	TV에서 슬픈 장면이 나오면 잘 운다.	O X
30	밖에서 일하는 것이 싫다.	O X
31	자동차의 원리를 알고 싶다.	O X
32	집에서 동물을 기르고 싶다.	O X
33	남에게 논리적으로 잘 따져 묻는 편이다.	O X
34	남들과 똑같이 사고하고 행동하는 것이 싫다.	O X
35	남을 잘 이해하는 것이 중요하다고 생각한다.	O X
36	승진이나 진급을 할 수 있는 직업을 갖고 싶다.	O X
37	전자제품을 잘 분해하여 본다.	O X
38	인간의 질병에 대해 관심이 많다.	O X
39	논리적으로 곰곰이 생각하는 것을 좋아한다.	O X
40	전시회에 가기를 좋아한다.	O X
41	사람 사는 사회에서는 서로 도와야 한다.	O X
42	다른 사람에게 명령하는 것을 좋아한다.	O X

• **응답표**

번호	응답 (O, X)	번호	응답 (O, X)	번호	응답 (O, X)	번호	응답 (O, X)	번호	응답 (O, X)	번호	응답 (O, X)
1		2		3		4		5		6	
7		8		9		10		11		12	
13		14		15		16		17		18	
19		20		21		22		23		24	
25		26		17		28		29		30	
31		32		33		34		35		36	
37		38		39		40		41		42	
합계	가: ( )		나: ( )		다: ( )		라: ( )		마: ( )		바: ( )

② 유형별 흥미 평가

각 질문에 대해 O라고 답한 개수를 세로로 센 다음 합해. 6개 항목 중에서 가장 높은 점수가 나온 분야에 가장 많은 흥미를 갖고 있다고 할 수 있어.

• **가 영역: 기계 · 기술 흥미**

기계 · 전기 · 건축 등과 관련된 기술 분야에 흥미가 있다고 할 수 있어. 이 분야에 흥미가 높으면 각종 기계에 관련된 기능공 또는 기술자 · 자동차 기능공 · 기계 공학자 · 로봇 관련 직종 · 전기/전자 관련 직종에 흥미가 있어.

• **나 영역: 생물 · 의료 흥미**

동식물과 자연을 돌보는 일이나 사람의 질병에 대해 관심과 흥미가 많아. 의사 · 간호사 · 임상병리사 · 수의사 · 조련사 ·

축산업 · 농수산업 · 원예 · 조경업 등의 직업이 이러한 흥미를 가진 사람에게 적합해.

• 다 영역: 전문 · 연구 흥미

전문적인 분야에서 지속적인 연구를 통하여 새로운 발견을 얻으려는 과학적 흥미를 가졌다고 볼 수 있어. 과학자 · 연구원 · 대학교수 · 프로그래머 · 유전공학자 등이 관련된 직업이야.

• 라 영역: 예술 · 창작 흥미

예술적이고 창조적인 활동에 관심을 갖고 있는 경우야. 예술가 · 이벤트 회사 · 방송 PD · 디자인 관련 직종, 그래픽, 각종 창작과 관련된 직업을 선택하는 것이 좋아.

• 마 영역: 사회 · 봉사 흥미

사회적인 현상이나 대인관계에 관심을 갖고 있으며 사회를 개선시키고 사람과의 관계를 유지하는 일에 관심이 많은 경우에 해당해.

이 흥미 분야와 관련 있는 직업으로는 공무원 · 교사 · 사회복지사 · 세일즈 · 자영업 · 각종 안내원 · 각종 사회복지단체 종사자 · 상담원 등이 있어.

• 바 영역: 사무 · 경영 흥미

일반적인 행정 사무나 조직 속에서 조직을 잘 이끌어 가는 일에 흥미를 갖고 있어.

공무원 · 은행원 · 회사원 · 무역 · 기업경영 · 호텔경영 · 각종 사무직과 관련되어 있어.

2) 나의 구체적인 진로를 알고 싶어요

진로進路란 무엇일까? 말 그대로 자신이 나아가야 할 길을 뜻해. 상급학교 진학 문제나 학과 또는 계열 선택 혹은 직업 선택 등의 문제를 진로 문제라고 할 수 있어.

중학교 1학년보다는 중학교 3학년이 진로에 대한 고민을 더 많이 한다는 통계 결과가 있어. 아마도 코앞에 닥쳐야 고민을 하게 된다는 의미일 거야.

중학생이라면 자신이 진학하게 될 고등학교를 선택해야 하며 또한 그에 대한 정보를 알고 있어야만 해. 대학 입시를 앞두고 있는 고등학생이라면 대학이나 학과에 대한 어느 정도의 이해가 있어야 하겠지. 또 취업을 앞두고 있는 고등학생이라면 구체적인 직업 또는 직장, 자격증 등에 대한 정보를 갖고 있어야 하구.

이러한 준비 과정 없이 진로를 결정한다면 결국 남는 것은 후회뿐일 거야. 자신에게 가장 적합하고 자신의 능력을 최대한 발휘할 수 있는 진로를 발견할 때만이 행복하고 성공적인 삶을 보장받을 수 있는 것 아니겠니?

진로에 대한 고민 Best 5

하나, 원하는 진로에 비해 자신의 능력이 부족한 것 같다.
둘, 진로에 대한 고민이 남의 일처럼 느껴진다.
셋, 진로에 대한 부모님과 나의 생각이 다르다.
넷, 내가 좋아하는 일과 나의 적성이 다르다.
다섯, 진로에 대한 정보가 부족하다.

(1) 무엇을 어떻게 선택할까?

청소년기를 거치는 동안 누구든지 몇 번은 선택의 순간과 마주치게 돼. 첫 번째 선택의 순간은 중학교 3학년 때 고등학교를 선택할 때일 거야.

'인문계일반계 고등학교로 진학할까?'
'아니면 전문계 고등학교로 진학할까?'
'아니면 특수목적고?'

많은 중학교 3학년 학생들은 고입 원서를 쓰기 직전에서야 어디로 가야 할지 고민하기 시작하는 것 같아. 그러다 보니 자기가 어떤 학교를 가야 할지 몰라서 갈팡질팡하고…….

이런 경우 잘못된 선택을 하기가 쉬워. 전문계 고등학교로 진학을 결정한 사람도 어떤 학과를 선택할지 모른 채 지원하는 경우가 많아. 지원하는 학과에서 무엇을 배우는지 제대로 모르고 입학하면 뒤늦게 후회를 하게 되지.

"진로란 장차 어떠한 직업을 선택하여 자신의 삶에 만족하고 행복하게 지낼 것인가에 대한 방향을 찾아 준비하는 것이야."

인문계일반계 고등학교로 진학한 학생들의 경우 고등학교 1학년 때 두 번째 선택의 순간이 찾아오지. 그건 바로 계열 선택 문제야. '이과반으로 갈까? 문과반으로 갈까?' 하는 고민인데 의외로 해결하기가 어려운 것 같아.

학교에서 이과 · 문과 적성을 알아보는 검사를 하기는 하지만 자신이 생각하는 적성과는 반대로 나오는 경우가 많아서 선택에는 별 도움이 안 되는 것 같아. 또 이과 · 문과 적성 점수가 비슷하게 나오는 경우는 더 헷갈려.

일단 계열을 선택하고 나면 배우는 과목이 전혀 다르고, 대학 학과를 선택하는 데도 큰 영향을 미치거든. 또한 도중에 계열을 변경하는 것이 그다지 쉽지 않기 때문에도 더욱 신중해야 할 것 같아.

고등학교 3학년이 되면 일반 인문계 고등학교 학생들은 어느 대학, 어느 학과를 지망할 것인지 선택해야 해. 또 전문계 학생들은 취업을 할 것인지 또는 학업을 계속할 것인지 선택해야 해. 이 선택이야말로 장래의 직업까지도 결정지을 수 있는 중대한 선택이기 때문에 정말 신중해야 한다고 생각해.

선생님도 고등학교 3년 동안 어느 대학 또는 어느 학과를 갈 것인지에 대해 아무 생각 없이 지냈었어. 우리 선생님도 부모님도 그저 공부만 열심히 하라고 했지 대학에 대한 구체적인 정보를 제공해주지는 않았거든.

대학입시에 실패한 후 곰곰이 생각해본 결과나 자신의 적성과 흥미도 제대로 알지 못하고, 대학이나 학과에 대해서도 거의 모르는 상태로 선택한 것이 바로 실패의 원인이었어. 뒤늦게야 깨닫게 된 거지.

막상 대학 입학원서를 낼 때 충분한 정보나 고려 없이 지망하다 보니 낙방이라는 고배를 마시게 되었단다. 대학입시에 실패한 후 곰곰이 생각해본 결과나 자신의 적성과 흥미도 제대로 알지 못하고, 대학이나 학과에 대해서도 거의 모르는 상태로 선택한 것이 바로 실패의 원인이었어. 뒤늦게야 깨닫게 된 거지.

그래서 너희는 그러한 시행착오를 거치지 않도록 자신에 대한 올바른 이해와 상급학교에 대한 충분한 정보를 가지고 현명한 선택을 내릴 수 있도록 도와주고 싶어.

우선 중학생들을 위해 고등학교 진학에 대한 얘기를 해볼까?

① 첫 번째 선택 – 나는 어느 고등학교로 진학해야 할까?

중학교 3학년이 되면 자신이 진학해야 할 상급학교를 결정하게 돼. 많은 학생들이 원서를 쓸 때 가서야 비로소 선택하느라 갈팡질팡 하는 것을 보게 되는데, 가장 큰 문제는 상급학교에 대한 정보와 이해가 부족하다는 거야.

대부분의 중학교 3학년생은 일반계 고등학교와 전문계 고등학교, 또는 특수목적고 중 어느 한 군데로 간다고 해도 과언은 아니야.

아무래도 일반계 고등학교로 진학하는 학생이 제일 많아. 일반계 고등학교는 주로 대학 진학을 염두에 두고 있는 학생들이 진학한다고 볼 수 있어. 물론 그 중에는 특수목적고등학교나 전문계 고등학교에 특별히 뜻을 두고 있지 않기 때문에 그냥 별 생각 없이 지원하는 아이들도 상당수일 수 있어. 왜냐하면 고입 원서를 쓸 때는 특수목적고와 전문계의 원서를 먼저 쓰기 때문이야.

특수목적고에는 외국어고등학교, 과학고등학교, 예술고등학교, 체육고등학교가 있어. 특수목적고에 지원하려면 그 분야에 대한 특별한 재능도 있어야 하고, 미리 준비를 많이 해야 해. 예를 들어, 예술고의 피아노과에 입학하려는 경우 평소 실력만으로는 안 되거든. 레슨도 받고 연습도 많이 해야겠지. 특수목적고의 경우 구술시험, 면접시험 등이 있고 실기시험도 있어.

전문계 고등학교에는 공업계와 상업계가 대부분이지만 농업계, 수산 · 해양계 고등학교도 있어. 전문계 고등학교에 지원하는 경우 구체적인 학과 지망도 해야 하기 때문에 자신의 적성이나 성적을 좀더 신중하게 고려해 봐야 할 필요가 있어. 그리고 어떤 학과에서는 어떤 과목을 배우고 어떤 직업을 갖게 되는지를 알고 지원해야겠지?

Tip 전문계 고교 출신, 대학에 쉽게 간다!

4년제 대학

〔국 · 공립 산업대: 정원의 20% 이상 / 일반대학: 자율모집〕

전문계 고교 등 비일반계 고교 출신이 대학 진학 희망 시 교육과정 이수 결과 · 소질 · 졸업후 취업 경력에 따라 진학할 수 있는 다양한 경로가 있다.

· 특별전형 대상자
- 취업자 전형: 고교 졸업 후 일정 기간 산업체 취업경력이 있는 자
- 특기자 전형: 전국 규모, 국제 규모 대회 성적에 따라 분야별 특기자 공개 전형
- 전문계고 동일계 전형: 유사 학과 진학 시 교육 과정 이수 결과 · 소질 · 경력에 따라 특별전형을 도입하거나, 학교생활기록부 성적 · 수능 성적 관련 과목에 가산점 부여

2년제 대학

(국 · 공 · 사립대: 정원의 55%(주간) / 65%(야간) 이상 모집)

· 특별전형 대상자
- 전문계 고교 졸업자(예정자 포함)
- 관련 학과 국가자격 또는 민간자격 소지자
- 전문대학 교육과정을 연계 운영하는 전문계 고교 졸업자(예정자 포함)
- 전문대학 독자 기준에 의한 특별전형 시 전문계 고교 연계 과정 졸업자(예정자 포함) 우선 선발 가능

② 두 번째 선택 – 나는 이과로 갈까? 문과로 갈까?

이것은 일반계(인문계) 고등학교로 지원한 학생들에게 해당되는 애기일 거야. 고등학교 1학년 때까지는 문과와 이과의 계열 구분이 없지만, 2학년 때부터는 계열 구분이 생기기 때문에 결정을 잘 해야 해.

흥미로운 것은 계열 선택의 비율을 보면 남 · 녀의 차이가 확실하게 드러난다는 거야. 남학생들은 이과반으로 지원하는 비율이 높지만 여학생들의 경우 문과반의 비율이 훨씬 높지.

"많은 학생들이 원서를 쓸 때 가서야 비로소 상급학교를 선택하느라 갈팡질팡 하는 것을 보게 되는데, 가장 큰 문제는 상급학교에 대한 정보와 이해가 부족하다는 거야."

그것은 남학생과 여학생이 선호하는 과목의 차이에서 비롯된다고도 볼 수 있어. 문과반은 문학이나 사회 · 경제 등의 과목을 이과반보다 더 많이 배워.

과연 나는 이과반으로 가야 할지, 문과반으로 가야 할지 모르겠다고 머리 싸매고 고민하는 사람들을 위해 어떻게 선택하면 좋을지 함께 생각해보자.

다음 O, X중 해당하는 항목에 체크해봐.

1	실험이나 관찰하는 시간이 즐겁다.	O X
2	사회현상에 대해 관심이 많다.	O X
3	생물체의 구조 및 작용에 흥미가 많다.	O X
4	다른 나라의 문화나 언어를 배우고 싶은 생각이 많이 있다.	O X
5	수학 문제를 푸는 것이 재미있고 즐겁다.	O X
6	어떤 사실이나 현상 속에 담겨진 내면의 의미를 찾곤 한다.	O X
7	자연의 법칙을 탐구하는 데 재미를 느낀다.	O X
8	개인의 다양한 가치관을 중시한다.	O X
9	전공을 살려서 취업하고 싶다.	O X
10	책을 읽거나 글을 쓰는 것을 즐긴다.	O X

홀수 번호에 O라고 대답한 개수가 짝수 번호에 O라고 답한 개수보다 많으면 이과를 선택하는 것이 적합해. 반대의 결과라면 문과를 선택하는 것이 좋을 거야. 만일 비슷하게 나왔다면 자신의 마음에 따라 결정을 하면 돼. 이 경우 어떤 과목을

계열 변경을 하게 되면 그에 따른 손해가 이만저만이 아니야. 문과와 이과에서 배우는 과목이 많이 다르기 때문에 3학년 때 계열을 바꾸게 되면 2학년 때 못 배운 과목은 혼자서 독학하는 수밖에 없거든.

더 좋아하는지가 선택의 중요한 기준이 될 거야.

수학이나 과학을 좋아하고 성적도 비교적 잘 나온다면 이과를 가야겠지. 하지만 국어나 사회, 국사 등의 과목을 좋아하고 점수도 더 좋으면 문과 쪽으로 결정해야 할 거야.

고등학교에서 1학년 때 계열을 정하면 2학년, 3학년 때는 정해진 계열 내에서 반편성을 하게 돼. 내신 성적은 같은 계열의 사람들끼리 정한다는 사실도 알아야겠지? 자기 나름대로 신중하게 선택했다고 해도 막상 생활을 하다 보면 잘못 택했다는 후회가 들 경우가 있어. 그래서 간혹 중간에 계열을 바꾸려는 아이들이 있는데 학기 중간에는 계열을 바꿀 수 없다는 점을 주의해야 해. 2학년을 마치고 3학년에 올라갈 때야 비로소 계열을 바꿀 수가 있어.

계열 변경을 하게 되면 그에 따른 손해가 이만저만이 아니야. 문과와 이과에서 배우는 과목이 많이 다르기 때문에 3학년 때 계열을 바꾸게 되면 2학년 때 못 배운 과목은 혼자서 독학하는 수밖에 없거든. 좀더 신중하게 계열 선택을 할 필요가 있겠지?

③ 세 번째 선택 – 어느 대학, 어느 학과 또는 어떤 직장을 선택할 것인가?

고등학교 졸업을 앞두고 있는 고 3학생들은 또 한번의 큰 고민에 휩싸이게 되겠지? 인문계 고등학교를 졸업하는 학생들 대부분은 대학 진학을 선택할 것이고, 상업계 및 공업계 고등학교를 졸업하는 학생들도 진학과 취업의 두 갈림길에서 고민할 거야.

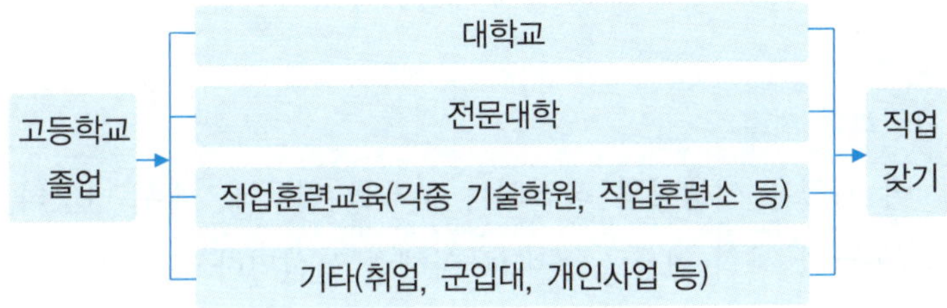

계열별 특징

문과 계열

문과 계열의 학문적 목표는 문헌과 사회상의 실체를 통하여 인생 문제를 바르게 해석하고 이끌어 가는 데 있어. 이 계열을 선택하는 학생은 과거나 현재의 삶을 관찰 · 분석하는 비판적 사고력이 있어야 하며, 역사적 · 시대적 학문 연구에 관심이 있어야 해.

- **어문학 계열:** 각 나라의 언어를 배우고 연구하며, 나아가 그 나라의 문화와 문학을 연구하는 분야를 말해. 언어 습득을 위해서 그 나라의 문화와 지역적인 특성에 대한 이해가 필수적이야. 외국에 대한 호기심 및 외국어에 대한 관심이 있

어야 해.

- **인문과학 계열:** 인간과 사회, 그리고 문명에 관심을 갖는 분야야. 인간과 사회에 대한 이해를 통하여 진리를 탐구하고 올바른 사회와 문명을 형성하는 길을 제시하지. 대표적인 학과로는 문학과, 신학과, 철학과, 역사학과 등이 있어.

사회과학 계열

이 계열은 실생활과 직결되는 문제를 연구해. 매우 다양하고 복잡한 사회 현상을 올바로 이해하고 설명하고자 하는 학문이야.

- **법정 계열:** '법'에 관련된 학과와 '정치'에 관련된 학과로 나눌 수 있어. 법학이란 올바르고 정의로운 사회를 유지할 수 있도록 법을 만들고 법을 집행하고 법을 개선해나가는 분야야. 정치학이란 법률, 경제, 교육, 문화 등 다양한 측면에서 우리의 생활을 풍요롭게 하기 위해 경제제도, 교육제도, 세제개혁, 도시계획을 하는 종합적인 학문이야.
- **경상 계열:** 경영학 관련 학과들과 경제학 관련 학과들로서 가계, 기업, 정부가 당면하는 문제에 대한 객관적인 이해와 합리적인 해결 방안을 찾아서 국가와 인류에 이바지하는 학문이야. 대표적인 학과로는 경제학과, 경영학과, 회계학과 등이 있어.
- **사회 계열:** 기본적으로 인간과 사회에 대한 호기심이 요구되며 사회현상에 대한 남다른 이해를 할 수 있어야 해. 대표적인

학과로 사회학과, 신문방송학과, 사회복지학과 등이 있어.

자연 계열

자연에 대한 원리를 이해하여 자연을 인간 생활에 가장 유용하게 이용하는 자세를 가져야 해. 이 계열을 선택하는 학생은 사물에 대한 이해와 원리를 파악하려는 마음이 있어야 하며, 과학 문명을 주도하는 분야이므로 끊임없는 연구심이 필요해.

- **이학**순수과학 **계열:** 과학자가 되기를 소망하는 사람으로서 수학, 물리학 등에 재능이 있고, 논리적이고 분석적인 사고 및 학구적인 자세의 소유자이어야 해.
- **공학 계열:** 공학계는 응용 과학이므로 실용성이 큰 분야야. 학과의 종류가 많고 세분화 · 전문화되어 있어. 이 계열은 과학, 기술 분야의 연구원과 실무자를 양성하게 돼.
- **의 · 약학 계열:** 인간의 질병을 없애고 건강한 생활을 지향하는 학문이야. 인내심과 봉사정신, 인간애가 요구돼.
- **농학 계열:** 농업 분야의 전문가가 되고자 하는 사람으로서 우리나라 농업의 근대화, 과학화, 농촌개발 등에 선도적 역할을 하고자 하는 사람에게 알맞다고 할 수 있어.
- **수산 · 해양 계열:** 수산 · 해양 자원의 보전과 개발이 이 계열에 주어진 과제야. 다음 세기에는 그 역할이 더욱 증대하겠지.
- **가정 계열:** 의식주 관련 이론과 기술을 익혀 사회에 공헌하

는 분야야.

예 · 체능 계열

예술과 체육 분야에 특별한 적성과 흥미를 가진 학생이 택하는 전공이야.

교육사범 계열

초 · 중등교사 또는 교육 분야의 전문가를 양성하는 계열이야. 전공 과목은 교직의 특수성을 고려하여 포괄적이고 종합적인 성격을 띠고 있어. 적성, 성품, 가치관이 맞아야 해.

④ 학과, 직업을 잘못 선택하는 경우

대학 진학을 앞두고 있는 수험생의 34%가 원서 접수 당시에 학과를 정했다고 대답했대. 그래서 많은 학생들이 자신이 지원한 학과에 대해 제대로 알지 못한 채로 '일단 대학에 들어가면 어떻게 되겠지' 라는 막연한 생각을 갖고서 대학에 진학하게 되는 것 같아. 그저 공부만 열심히 하면 좋은 미래가 보장될 것이라는 막연한 환상은 절대 금물이야.

그러면 어떤 경우에 학과 선택을 잘못하게 되는 걸까?

우선 수능 점수에만 맞춰서 대학과 학과를 선택하는 경우라고 할 수 있어. 자신의 적성과는 상관없이 점수에 따라 명문대학 비인기학과에 지원하는 것이 바로 그런 경우야. 예를 들어, S대에 입학한 학생들의 상당수는 단지 명문대이기 때문에 입학했다고들 해. 그렇게 대학에 들어가면 제대로 적응하기가 어려워 방황하는 경우가 많단다. 결국은 휴학하고 좀더 나은 학과에 들어가려고 재수를 하는 경우도 많이 봤어.

두 번째로 학과 선택에 실패하는 경우는 부모님이나 선생님의 강한 권유에 못 이겨 선택하는 경우야. 명문대 비인기학과를 지원하는 경우 선생님들이 학교 명예를 위해 강하게 권하는 바람에 지원하게 되었다는 학생들도 많더라구. 그런데 인생은 부모님이나 선생님이 대신 살아주는 것이 아니잖니?

학부모를 위한 Tip **대학 학과를 정하기 전에 꼭 생각해 보세요**

대학 학과 선택을 위해 고려할 사항

- **적성:** 개인의 적성과 직업과의 관계를 고려해야 합니다. 1학년 때 했던 적성검사 결과, 계열 적성, 취업 적성, 진학 적성 등을 참조하세요. 학교생활기록부에 기재되어 있으므로 상담을 신청하면 확인할 수 있어요.
- **성격과 흥미:** 자신이 원하는 직업과 관련된 학과를 알아봅니다.
- **가치관:** 인생관, 가치관이 사람마다 다르고 보람된 직업에 대한 견해도 다르므로 이에 따른 고려도 해야 합니다.
- **신체적 조건:** 특정 직종에 종사하기 어려운 신체 조건이 있을 것입니다. 어떤 학과는 입시에서 신체 조건을 제한하는 곳이 있으니 사전에 알아두어야 합니다.
- **학업 성적:** 희망하는 대학 및 학과에 들어가는 데 필요한 성적을 대강 맞춰본 후 제3지망까지 써봅니다.
- **가정 환경:** 부모님의 희망 여부, 경제적 능력, 전공 분야를 위해 부모 등이 지원할 수 있는지 여부를 검토합니다.
- **장래성:** 그 분야가 미래 사회에 어떻게 성장하고 변화할 것인지 예측해 보아야 합니다. 사양 산업이나 공해 산업은 아닌지도 검토해 보세요.

"그저 공부만 열심히 하면 좋은 미래가 보장될 것이라는 막연한 환상은 절대 금물이야."

세 번째로 실패하는 경우는 많은 사람들이 선호하는 유망 학과 또는 인기 학과를 선택하는 거야. 물론 자신의 적성과는 상관없이……. 남들이 부러워하는 의대나 법대에 들어가면 뭣하니?

요즘은 바둑학과, 애니메이션 학과, 컴퓨터 게임 학과까지 생겼다지? 우리가 취미로만 생각하는 바둑, 만화, 컴퓨터 게임을 공부할 수 있는 학과에 들어간다면 자신의 취미도 살리면서 즐겁게 공부할 수 있지 않을까?

세 가지 잘못된 학과 선택의 공통점은 적성이나 소신을 무시한 채 외적인 조건에 의해서만 학과를 결정했다는 거야. 이러한 경우 반드시 후회가 따르게 된다는 걸 기억해.

학과 선택을 잘못한 사람 중에는 체념하고 그냥 다니는 사람도 있을 수 있어. 하지만 대학교 4학년이 되면 취업과 관련하여 또 한번의 고민에 부딪치게 돼. 결국 자신의 전공과는 관계없는 직업을 구하는 경우가 많지.

⑤ 직업선택의 올바른 방법

직업이란 경제적 소득을 얻거나 사회적 가치를 이루기 위해 하는 계속적인 활동이라고 할 수 있어. 우리는 인생의 1/3은 잠으로 보내고, 1/3은 여가생활이나 가정생활로 보내고, 나머지 1/3은 직업생활로 보내지. 인생의 1/3이라는 엄청난 시간을 직업생활에 보내는 만큼 직업 선택은 매우 중요한 문제야.

과거와 달리 직업은 자신의 진정한 모습을 표현하고, 타고난 능력을 최대한 발휘하며, 사회에 봉사하는 수단이 되고 있어.

직업을 선택할 때의 일차적인 기준은 그 직업이 자신의 적성, 성격, 흥미, 가치관에 맞느냐 하는 것이야. 직업의 선택은 배우자 선택만큼이나 중요한 문제거든.

배우자의 잘못된 선택으로 평생을 괴롭게 사는 사람과 마찬가지로 직업을 잘못 택하면 항상 스트레스 속에서 살고, 삶 자체가 의미 없게 느껴지게 돼.

두 번째 직업 선택의 기준은 이 직업이 10년 후 또는 그 이후에도 유망할 것인지 판단하는 것이야. 사회의 변화에 따라 변화하는 것이 바로 직업의 세계이지. 어떤 직업은 사회의 변화와 함께 지속적으로 각광을 받는 반면 어떤 직업은 사양길로 접어들고 결국 역사의 뒤안길로 사라지기도 해.

현존하는 직업의 25%는 25년 전에는 없었던 것이며, 앞으로 25년 후에는 현존하는 직업의 50% 이상이 바뀌게 될 것이라고 해. 참으로 엄청난 일이지?

1990년대 이후 직업변동의 가장 큰 원인은 컴퓨터의 발달로 인해 많은 부분에서 자동화가 진행되었다는 거야. 과거에 사람의 노동을 필요로 하던 것이 이제는 기계가 대신하게 되면서 많은 직업들이 사라지게 됐어. 반면에 새롭게 급부상하는 직업도 있어. 대표적인 것이 인터넷 관련 직업이지. 직업을 선택할 때는 이와 같이 미래를 내다보는 심사숙고의 자세

"직업을 선택할 때의 가장 일차적인 기준은 그 직업이 자신의 적성, 성격, 흥미, 가치관에 맞느냐 하는 것이야. 두 번째는 이 직업이 10년 후 또는 그 이후에도 유망할 것인지 판단하는 것이야."

가 필요해.

그러면 미래에 각광 받는 유망 직업은 어떤 것이 있을까?

대부분의 미래학자들에 의하면, '정보문명시대'로 규정될 미래사회에서는 정보산업, 로봇공학, 해양산업, 우주개발 사업, 건강 · 에너지 사업 등이 특히 유망할 거래. 따라서 미래에는 컴퓨터 시스템 분석가, 자료처리 기사, 우주항공기술자, 유전공학자, 산업디자이너 등의 직업이 좀더 각광을 받겠지.

이 밖에 미래사회에서는 사람이 힘들여 하던 일을 대부분 기계가 도맡아 하게 되므로 단순하고 반복적인 일자리는 줄어들고 사고력과 창의력을 통해서 할 수 있는 창조적인 일자리가 더욱 늘어나겠지?

그렇다면 자기 자신에게 적합한 유망 직업이 무엇인가를 발견하려면 어떻게 해야 할까?

첫째, 길고 멀리 내다볼 수 있는 종합적인 안목과 미래사회에 대한 통찰력을 지녀야 해. 10년 후 또는 20년 후 이 사회가 어떠한 방향으로 발전해갈 것인가를 내다볼 수 있어야 하지. 현재 성장가도를 달리고 있는 인기직종이 반드시 미래에도 인기직종이 되리라고는 아무도 장담할 수 없거든.

둘째, 적극적으로 직업정보를 수집하고 이에 대비해야 해. 미래의 유망 직업을 예측하려면 지난 10년 또는 20년 동안의 직업변화 추이를 확인해 볼 필요가 있어. 선진국들을 살펴보면 첨단과학 분야인 컴퓨터, 통신기술 등이 특히 주목받는 직업군으로서 성장세를 보이고 있거든. 그러나 첨단과학 분야가 중점적으로 육성 · 발전될 것이 확실하다고 해서 그 밖의 다른 분야는 무시해서는 안 돼. 첨단 기계문명의 발달과 함께 정신질환, 심리불안 등이 심해지면 정신요법 전문가나 심리상담가들이 많이 필요하게 될 수도 있거든.

셋째, 자신의 적성을 올바르게 파악해야 하며 구체적인 전문기술을 습득하고 이에 필요한 자격증 등을 취득해야 해.

수많은 직업 가운데에서 자신에게 가장 적합하고 또 장래가 유망한 직업을 선택하려면 자기 적성에 대한 정확하고 바른 이해가 선행되어야 해. 자신의 적성을 발견하고 진로를 선택한 후에는 좀더 구체적인 대비책을 마련할 필요가 있지. 해당 직업에 대한 각종 정보의 입수, 전문자격증 취득, 외국어 실력 배양 등을 통해 전문성을 갖추어야 한다는 말이야.

직업에 대한 더 많은 정보는 인터넷이라는 훌륭한 도구가 있으니까 잘 활용해봐. 개인마다 다른 궁금증을 충족시켜 줄 거야.

다음은 공공기관에 부설된 진로설정을 도와주는 무료 웹사이트야.

- 한글주소- '진학지도'
- 서울시교육청 직업교육정보센터 http://happy-4u.net
- 한국직업능력개발원 진로지도 종합정보망 커리어넷

http://www. careernet.re.kr

· 노동부 한국고용정보원 한국직업정보시스템

http:// know.wokr.go.kr

· 고용정보 정보망 http://www.work.go.kr

Tip 어떤 기준으로 직업을 선택할까?

※직업 선택 시 일반적으로 고려해야 하는 것

고려할 점	내용 예시
① 일의 내용	관리직, 생산직, 사무직, 연구직, 교사직
② 안정성	정년, 임기, 인사 이동의 주기
③ 보수	월급, 수당, 일당
④ 후생복지	의료보험, 교통편의, 중식 제공, 복지 시설
⑤ 근무지역	도시, 농촌, 광산, 해상, 해저, 국외
⑥ 근무시간	정시제, 격일제, 야간 근무, 휴가
⑦ 지위	과장, 부장, 이사, 사장
⑧ 발전 가능성	교육 · 훈련 기회, 전직 가능성, 승진 가능성
⑨ 사회의 지명도	역사, 공헌도
⑩ 직장의 규모	대, 중, 소

※다음 물음에 답하라.

1. 직업을 선택할 때 고려할 조건으로 중요하다고 생각하는 것을 순서대로 번호를 적어보자.

   · 일의 내용 ( )　　· 안 정 성 ( )　　· 보　　수 ( )

   · 후생복지 ( )　　· 근 무 지 역 ( )　　· 근 무 시 간 ( )

   · 지　　위 ( )　　· 발전가능성 ( )　　· 사회지명도 ( )

2. 위에서 ①, ②위로 선정한 이유를 적어보자.

①

②

3. 주변의 직업인 중에서 한 사람을 정하여 그가 직장을 선택하게 된 동기, 자신과의 관계, 그 직장의 장단점, 취업할 때 준비할 점 등을 적어보자.

행복한 공부 만들기

꽤 오래 전에 개봉된 영화 제목처럼 행복은 분명 성적순이 아니다. 성적이 행복을 보장하는 것은 아니라는 의미다. 성적이 좋다고 행복한 것이 아니고 나쁘다고 행복하지 않은 것도 아니다.

그러면 행복이란 어떻게 얻을 수 있을까?
공부를 하면서 과연 행복을 얻을 수 있을까?

"공부하는 게 즐겁니?", "공부하면 행복하니?"라고 물어보면 많은 학생들이 "누가 공부를 즐거워서 하나요. 그냥 마지못해, 어쩔 수 없이 하는 거죠."라고 답한다. 마지못해 하는 공부, 부모님의 잔소리에 떠밀려서 하는 공부로는 행복감을 느끼기가 거의 불가능하다.

그런데 간혹 공부가 정말 재미있다고 말하는 학생들을 만나게 된다. 전에는 공부의 즐거움을 알지 못했는데 이제야 알게 되었다면서……. 그 학생들은 어떻게 공부의 즐거움을 발견했을까 궁금하여 물어보니, 공부를 통해서 전에는 이해되지 않던 것을 이해하게 되었거나 몰랐던 것을 새롭게 알게 되었다는 것을 공통적으로 말한다. '진작 공부의 즐거움을 발견했더라면……' 하는 후회를 덧붙이는 사람들도 많다.

공부의 즐거움은 외부로부터 주어지는 것이 아니라 결국 자기 자신으로부터 비롯된다. 모든 것은 마음먹기에 달렸다고 하지 않았던가.

'공부는 정말 지겹고 재미없어' 라고 생각하고 있는 사람은 정말 행복한 공부를 할 수가 없다. '공부는 하면 할수록 정말 재미있어' 라고 생각하면 점점 공부가 재미있어질 것이다.

여러분이 가지고 있는 재능은 정말 무궁무진하다. 나의 재능이 어느 정도인지 정확하게 잘 모르는 사람들이 대부분이다. 재능을 묻어두고 발휘할 기회를 갖지 않은 사람은 자신의 재능을 파악하지 못할 것이다.

공부는 나 자신의 재능을 꽃 피우게 하는 하나의 도구이다. 자신의 재능을 활짝 꽃 피울 때 우리는 진정으로 행복을 느끼게 될 것이다. 공부는 더 이상 지겨운 것이 아니라 행복으로 가기 위해 거쳐야 할 과정이다.

『1318의 S라인 공부법』은 'Smile Study for Success', 즉 1318세대인 중 · 고등학생들에게 성공에 이르는 즐거운 공부법을 제공하고자 한다. 신체의 건강을 위해 불필요한 몸의 군살을 빼는 다이어트가 필수이듯이, 우리의 공부법에도 정리해야 할 불필요한 요소가 있는지 돌아보아야 한다. 핵심만 취하고 군더더기를 버리는 지혜로운 공부법은 즐거운 성공으로 이끌 것이다. 이 책을 읽는 이 땅의 모든 1318세대가 신체뿐만 아니라 공부에 있어서도 건강한 S라인을 만들기를 기원한다.

최상규 · 유미현

최상규

학 력

- 서울대학교 사범대학 과학교육과 졸업
- 한양대학교 교육대학원 화학교육과 졸업

경 력

- 신용산중, 성수여중, 용산공고, 여의도고, 성동고, 잠신고 교사
- 서울시교육청 과학교육원, 교육연구원 장학사
- 경기고등학교 교감
- 성일중학교 교장
- 서울시교육청 과학교육활성화추진단장
- 현재 양재고등학교 교장으로 재직 중
- 1969년 교사를 시작하여 38년째 교직에 근무 중임.
- 과학교육, 환경교육, 영재교육, 진로 · 진학 지도, 현장체험학습에 관심이 많으며 학습동기 유발과 학습방법 지도에 대하여 꾸준히 고민해오고 있음.

유미현

학 력

- 서울대학교 화학교육과 졸업
- 서울대학교 대학원 과학교육과 졸업(교육학 석사)
- 서울대학교 대학원 과학교육과 박사과정
- 현재 서울 삼성고등학교 교사로 재직 중

저 서

「성공하는 십대의 시간관리와 공부방법」
「성적을 확 올리는 집중공부법」
「스타에게서 배워라」
「중학생 학습혁명」
「어린이 호기심과학」
「영리한 아이들에게는 재미있는 공부비밀이 있다」

1318의 S라인 공부법

초판 1쇄 인쇄 2007년 10월 25일
초판 1쇄 발행 2007년 11월 1일

지은이 | 최상규 · 유미현

펴낸곳 | 함께읽는책
펴낸이 | 양소연

주 소 | (152-790) 서울시 구로구 구로3동 182-13번지
대륭포스트타워 Ⅱ 1205호
전 화 | 02-2082-0260~2
팩 스 | 02-2082-0263

가 격 | 9,800원

ISBN 978-89-90369-61-1 (13370)

공부 특공,
시험 성적을 올려라!
핵심을 공략하자!
달인을 만들어 주는
1% 습관의 차이
공부 잘하는 자녀로 기르자면
학부모님도 함께 가요
공부의 군살을 빼라!
뚜렷한 목적과
목표는 성공하는
공부의 비밀병기
공부의 적은 바로 '나'
나를 아는 것이 승리의 길
공부, 싸워서 이길 수 없다면
친구가 되라!
중간 · 기말 시험
2주 기습 작전